Suicídio inconsciente

EDITORA EME

Solicite nosso catálogo completo, com mais de 400 títulos, onde você encontra as melhores opções do bom livro espírita: literatura infantojuvenil, contos, obras biográficas e de autoajuda, mensagens espirituais, romances, estudos doutrinários, obras básicas de Allan Kardec, e mais os esclarecedores cursos e estudos para aplicação no centro espírita - iniciação, mediunidade, reuniões mediúnicas, oratória, desobsessão, fluidos e passes.

E caso não encontre os nossos livros na livraria de sua preferência, solicite o endereço de nosso distribuidor mais próximo de você.

Edição e distribuição

EDITORA EME
Avenida Brigadeiro Faria Lima, 1080 - Vila Fátima
CEP 13360-000 - Capivari-SP
Telefones: (19) 3491-7000 | 3491-5449
Vivo (19) 9 9983-2575 | Claro (19) 9 9317-2800
vendas@editoraeme.com.br - www.editoraeme.com.br

Edson Ramos de Siqueira

Suicídio inconsciente

Capivari-SP

A Editora EME mantém o Centro Espírita "Mensagem de Esperança" e patrocina, junto com outras empresas, instituições de atendimento social de Capivari-SP.

6ª reimpressão - setembro/2025 - de 11.301 a 11.800 exemplares

CAPA E DIAGRAMAÇÃO | Joyce Ferreira
REVISÃO | Rubens Toledo

Ficha catalográfica

Siqueira, Edson Ramos de, 1956
Suicídio inconsciente / Edson Ramos de Siqueira - 6ª reimp. set. 2025 - Capivari-SP: Editora EME.
288 p.

1ª ed. jun. 2022
ISBN 978-65-5543-074-5

1. Espiritismo. 2. Prevenção ao suicídio. 3. Obras espíritas.
4. Consequências do suicídio. I. Título.

CDD 133.9

Sumário

Por que indico esta obra 7

1 - Suicídio 9
Conceito e origem do termo 9

2 - Quem somos nós? 33
Qual a nossa missão durante o processo encarnatório? 33

3 - A incessante busca pelos prazeres 57

4 - Formas de suicídio inconsciente 93
4.1 Drogas psicoativas 93
4.2 Alimentação 129
4.3 Desrespeito aos ritmos biológicos 138
4.4 Desrespeito aos limites físicos e mentais 143
4.5 Desrespeito aos sentimentos e às emoções 164
4.6 Consumismo 181

5 - Consequências do suicídio consciente ou inconsciente sobre a matriz perispiritual 199

6 - Conceito de disciplina e autocontrole 231

7 - Considerações finais 249

Referências bibliográficas 275
Sites acessados 284

Em termos percentuais, a estatística anunciada por Lísias indica que 71,3% dos desencarnados, que estavam sob seus cuidados, eram suicidas inconscientes.

André Luiz, em *Nosso Lar*.

Por que indico esta obra

Honra-me intensamente o convite trazido pelo amigo Edson para prefaciar seu novo livro. Escritor de talento, pesquisador que brinda seus leitores com frutos enobrecidos do conhecimento e palestrante sempre muito requisitado, o autor dessa nova obra apresenta um trabalho que faltava no meio editorial espírita.

O tema suicídio é sempre muito debatido, discutido, abordado. Campanhas se distribuem em favor da vida, face ao elevado índice de mortes provocadas pelo desejo de fugir dos embates cotidianos, face ao desespero de almas que se inquietam nos enfrentamentos inevitáveis dos desafios que visam nos amadurecer para as experiências que ainda virão.

Mas, o suicídio inconsciente - que é aquele trazido pela negligência em múltiplos aspectos ou pelos variados descuidos com que muitos de nós nos permitimos viver - é tema de reduzida abordagem, para não dizer quase inexistente.

O capítulo 4 do livro traz as formas dessa ocorrência, enumerando as drogas, a alimentação, o desrespeito aos ritmos biológicos, aos limites físicos e mentais e também os maus-tratos aos sentimentos e emoções.

Note que os itens enumerados já trazem ao leitor atento as vinculações com nossas neuroses, vícios e condicionamentos perigosos que vão minando os recursos do corpo físico, instrumento de progresso para o espírito.

A obra é muito rica. O leitor descobrirá em observação atenta ao índice. Este chama a atenção, já de início, sobre a missão que todos trazemos no processo de reencarnação, além do destaque sobre o conceito e origem do termo, e da ótima abordagem sobre os ilusórios e destrutivos pseudoprazeres.

E tudo isso com ampla e rica fonte de pesquisa, que encanta pela abrangência que traz ao raciocínio. Os capítulos finais - todos de máxima importância também —, todavia, deixo ao leitor descobrir...

O ponto central, contudo, é que a vida precisa ser respeitada. Nem sempre estamos atentos a esse detalhe e a busca pela disciplina - inclusive das emoções - apresenta-se como fator preponderante para o uso consciente do patrimônio biológico à nossa disposição.

Como afirmei no início, é obra que faltava para nossos estudos e reflexões e, não tenho dúvidas, abre nossos olhos para situações onde nos comportamos ainda distraidamente, em prejuízo da maravilhosa engenharia biológica de que nos utilizamos para evoluir.

Parabéns e gratidão ao autor. Ao leitor, nosso pedido para que trabalhe também pela divulgação ampla da obra que poderá beneficiar muita gente a permanecer mais tempo com saúde e valorizando a vida.

Matão (SP), outubro de 2018.

Orson Peter Carrara

- Capítulo 1 -

Suicídio

Conceito e origem do termo

Etimologicamente, a palavra suicídio provém do latim: *suicidium*. *Sui* significa a si mesmo, e *cidium* é a forma derivada de *caedere*, cuja tradução é bater, golpear, matar[1].

Ao consultar o dicionário, encontra-se a seguinte definição para suicídio.

"Ação de acabar com a própria vida, de se matar: ele cometeu suicídio. Figurado: infelicidade; desgraça ocasionada por uma atitude, um comportamento, pela falta de senso ou de percepção".

Quando se adota o termo "suicídio inconsciente", a palavra inconsciente assume o papel de adjetivo, cujo significado é: "que não é consciente; que não tem consciência de seus atos".

Aquele que se suicida ou tenta o suicídio, apesar da profunda perturbação, tem consciência do objetivo de exterminar a própria vida, como se a morte fosse o fim de tudo e, consequentemente, a solução do conflito interior que o levou a praticar tão abominável ato.

Solução? Ledo engano; pois o suicida põe fim à vida do "instrumento" físico, não à verdadeira vida, que é a do espírito imortal. Quando, após a desencarnação, ele percebe que a dor que deflagrou o ato equivocado continua inalterada, inicia-se o périplo de sofrimento atroz, que pode demandar várias encarnações para que se atinja o pleno equilíbrio.

---

1 www.origemdapalavra.com.br/site/palavra/suicídio.

Fazendo-se uma analogia com a terminologia jurídica, poder-se-ia considerar que o suicídio seria doloso (há a intenção de tirar a própria vida), e o suicídio inconsciente, culposo (não existe a intenção de matar-se).

Mas, por ignorância a respeito das leis universais que regem a natureza da vida espiritual, o suicida inconsciente pratica atos inconsequentes e ilusoriamente prazerosos que degradam, lenta e progressivamente, o sagrado aparelho físico que dispomos para o cumprimento de nossa missão na crosta da Terra. Essa ação impensada promove, normalmente, o encurtamento do tempo de permanência no corpo físico, pela aceleração do desgaste da reserva de energia vital, paralelamente às lesões perispirituais decorrentes das extravagâncias que terminam em enfermidades físicas, transtornos emocionais e processos obsessivos.

Luiz Gonzaga Pinheiro[2], em sua obra: *Suicídio – a falência da razão*, usa o termo suicídio involuntário; com o mesmo sentido de inconsciente:

> Consideramos suicidas involuntários aqueles que se matam aos poucos por maus-tratos aos seus corpos físicos, exaurindo-lhes as forças e a vitalidade com abusos resultantes de excessos de trabalho, uso de drogas, glutonaria, noites perdidas em baladas e similares.

> A vida lhe foi dada visando deveres a cumprir na Terra, razão bastante para que não a abrevie voluntariamente, sob pretexto algum. Mas ao homem – uma vez que tem o seu livre-arbítrio – ninguém impede a infração dessa lei. Sujeita-se, porém, às suas consequências…
>
> O suicídio não consiste somente no ato voluntário que produz a morte instantânea, mas em tudo quanto se faça

2 Luiz Gonzaga Pinheiro. *Suicídio – a falência da razão*. Capivari-SP - Editora EME, 1ª ed., 2018. 216 p.

> conscientemente para apressar a extinção das forças vitais (Allan Kardec)[3].

A palavra *"conscientemente"*, nessa última frase de Kardec, significa que detemos hábitos nocivos à integridade do corpo físico, e a maioria tem ciência disto. Entretanto, a ilusão que o prazer momentâneo causa, não nos deixa enxergar que, conscientemente, estamos contribuindo para o inevitável e lamentável suicídio inconsciente. Em verdade, grande parte da Humanidade vive à sombra de uma série de vícios e erros das mais diversas naturezas, mais ou menos graves que, ao longo do tempo, desgastam nossa maravilhosa e complexa máquina biológica.

Apesar disto, os consideramos prazeres, que em realidade, nada mais são do que pseudoprazeres, ou seja: falsos, ilusórios. Em sã consciência, o resultado final de um verdadeiro prazer não poderia ser a destruição do que quer que seja, muito menos a autodestruição. Mesmo cientes, na maioria das vezes, do mal que causamos a nós próprios, a dependência fala mais alto, normalmente. Habitantes de mundos de provas e expiações ainda estão na fase evolutiva da inconsequência, da irresponsabilidade consigo mesmo, da infantilidade espiritual.

> Acaso não sabeis que o vosso corpo é santuário do Espírito Santo, que está em vós, o qual tendes da parte de Deus, e que não sois de vós mesmos? Agora, pois, glorificai a Deus no vosso corpo **(Coríntios 1, Cap. VI, versículos 19 a 20).**

O termo suicídio inconsciente foi didaticamente utilizado por André Luiz que, pela mediunidade de Chico Xavier, transmitiu ensinamentos baseados em sua própria trajetória; desde a vida encarnada, que, na última existência aconteceu na cidade do Rio

---

3 Allan Kardec. *O Céu e o Inferno*. São Paulo-SP: Lake – Livraria Allan Kardec Editora,11ª ed., 2004. 351p. (cap. VII).

de Janeiro, passando pela fase de permanência no umbral e, posteriormente, na colônia espiritual Nosso Lar.

Nessa colônia, por intermédio de seus eminentes orientadores, compreendeu porque era, enquanto no umbral, frequentemente chamado de suicida, situação que o incomodava bastante.

> Suicida! Suicida! Criminoso! Infame! – gritos assim, cercavam-me de todos os lados **(André Luiz)**[4].

Diante do desespero gerado por palavras, em princípio tão inacreditáveis, acrescentou André:

> Em verdade, não fora um criminoso, no meu próprio conceito. A filosofia do imediatismo, porém, absorvera-me. A existência terrestre, que a morte transformara, não fora assinalada de lances diferentes da craveira comum.

Nem suicida, nem criminoso, nem infame. As vozes daquelas entidades trevosas eram, simplesmente, a ressonância do próprio subconsciente de André, a anunciar-lhe o pífio aproveitamento do precioso tempo representado por cada encarnação; a evidenciar-lhe a triste consequência do descuido, para que não dizer, da agressão imposta ao sagrado instrumento de aprendizagem denominado corpo físico; a destacar-lhe o incalculável grau de irresponsabilidade em alterar para menos o tempo de permanência no plano físico; período essencial ao nosso desenvolvimento moral e componente fundamental do projeto pedagógico do espírito, cuidadosa e carinhosamente elaborado pela espiritualidade superior.

No momento em que, no plano espiritual, o espírito recobra a consciência, advém o arrependimento:

---

4 André Luiz, psicografia de Chico Xavier. *Nosso Lar*. Rio de Janeiro-RJ – Federação Espírita Brasileira, 3ª ed. especial, *2009. 312 p.*

> Por fim, abafando os impulsos vaidosos, reconheci a extensão de minhas leviandades de outros tempos. A falsa noção da dignidade pessoal cedia terreno à justiça. Perante minha visão espiritual só existia, agora, uma realidade torturante: era, verdadeiramente, um suicida, perdera o ensejo precioso da experiência humana, não passava de náufrago a quem se recolhia por caridade[5].

Então, o orientador Clarêncio disse a André, carinhosamente:

> Na verdade, tua posição é a do suicida inconsciente; mas é necessário reconhecer que centenas de criaturas se ausentam diariamente da Terra, nas mesmas condições.

Num outro momento, em Nosso Lar, André foi atendido por Lísias, visitador dos serviços de saúde. Examinando o seu perispírito ele disse:

> A zona dos seus intestinos apresenta lesões sérias, com vestígios muito exatos do câncer; a região do fígado revela dilacerações; a dos rins demonstra características de esgotamento prematuro.
>
> Sabe o irmão o que significa isso?
>
> Sim - repliquei, o médico esclareceu ontem, explicando que devo esses distúrbios a mim mesmo...

Lísias acrescentou a André:

> Na turma de oitenta enfermos a que devo assistência diária, cinquenta e sete se encontram nas suas condições.

---

5 André Luiz, psicografia de Chico Xavier. *Nosso Lar.* Rio de Janeiro-RJ - Federação Espírita Brasileira, 3ª ed. especial, *2009. 312 p.*

Em termos percentuais, a estatística anunciada por Lísias indica que 71,3% dos desencarnados, que estavam sob seus cuidados, eram suicidas inconscientes.

Que triste realidade! Que cifra alarmante e preocupante! Quantas oportunidades de crescimento consciencial mal aproveitadas! Quanto tempo perdido! Quanta ignorância a respeito da vida real, que é a vida do espírito!

O relato clínico feito por Lísias refere-se ao exame do perispírito, o eterno corpo do espírito. Sua existência é prova inequívoca de que a tão temida morte não existe, realmente. Morre apenas o instrumento físico, cópia fidedigna do perispírito, mas, a verdadeira e eterna vida continua; realidade desconhecida da grande maioria dos humanos, infelizmente. O conhecimento deste mecanismo poderia aliviar muito sofrimento!

Após discorrer sobre os gravíssimos danos causados pelos vícios ao ser humano como um todo, Joanna de Ângelis[6] salientou:

> Não acontecendo a queda espetacular por suicídio, este se dá por processo indireto, graças à sobrecarga destrutiva que o viciado carrega sobre o corpo físico. E quando vem a desencarnação, o que é também doloroso, não cessa a compulsão viciosa, nascendo dramas imprevisíveis do outro lado do túmulo, em que o espírito irresponsável constata que a morte não resolveu os problemas, nem aniquilou a vida.

O importante astrônomo francês Nicolau Camille Flammarion[7] (1842-1925), amigo, seguidor de Allan Kardec e um dos primeiros pesquisadores espíritas, em uma de suas obras: *O desco-*

---

6 Joanna de Ângelis/Divaldo Pereira Franco. *Após a tempestade*. Salvador-BA – Livraria Espírita Alvorada Editora. 59ª ed., 1974.

7 Camille Flammarion. *O desconhecido e os problemas psíquicos* (vol.1). Rio de Janeiro-RJ – Federação Espírita Brasileira, 6ª ed., *2001. 245 p.*

nhecido e os problemas psíquicos, publicada em 1917, escreveu sobre a eternidade do espírito, conforme transcrito em seguida.

> As constantes e universais aspirações da Humanidade pensante, a lembrança e o respeito aos mortos, a ideia inata de uma justiça imanente, o sentimento de nossa consciência e de nossas faculdades intelectuais, a miserável incoerência dos destinos terrestres, comparada à ordem matemática que rege o Universo, a imensa vertigem do infinito e da eternidade que nos vem das alturas da noite constelada e, no fundo de todas as nossas concepções, a identidade permanente do nosso "eu", apesar das variações e das transformações perpétuas da substância cerebral – tudo concorre para nos dar a convicção da existência de nossa alma como entidade individual, da sua sobrevivência à destruição do nosso organismo corporal e da sua imortalidade.

Portanto, o corpo físico (naturalmente portador de energia vital para viver, de maneira saudável, por um tempo muito maior do que o usual) é apenas um receptor daquilo que pensamos. Se estamos em equilíbrio, nos apresentamos sadios, caso contrário, nos tornamos doentes. Se desencarnamos sadios, sadios continuaremos; se enfermos, enfermos estaremos na outra dimensão.

Allan Kardec[8], na questão 257 de *O Livro dos Espíritos* (Ensaio teórico sobre a sensação dos espíritos), escreveu:

> ...Os sofrimentos deste mundo independem, algumas vezes, de nós, mas muitos deles são consequência da nossa vontade. Remontando à origem de cada um, ver-se-á que

8 Allan Kardec. *O Livro dos Espíritos*. Rio de Janeiro-RJ – Federação Espírita Brasileira, 2006 (primeira edição comemorativa do sesquicentenário). 615 p.

> a maior parte de tais sofrimentos são efeitos de causas que poderíamos ter evitado. Quantos males, quantas enfermidades não deve o homem aos seus excessos, à sua ambição, numa palavra: às suas paixões? O homem que vivesse sempre com sobriedade, que não abusasse de nada, que fosse sempre simples nos gostos e modesto nos desejos, se pouparia de muitas tribulações. Dá-se o mesmo com o espírito. Os sofrimentos por que passa são sempre a consequência da maneira pela qual viveu na Terra...

A vida é verdadeiramente ininterrupta; em cada morte do corpo físico e em cada renascimento no equipamento carnal, nós, espíritos, apenas mudamos de dimensão. Os problemas espirituais também mudam-se conosco, porque a vida continua, sempre, eternamente.

Então, por que nossa tendência à estagnação ainda é tão proeminente? Em função do sono consciencial.

Até quando a enfermidade perispiritual? Até que interiorizemos que os males que nos afligem não são obras divinas, e sim produtos de nossas emanações mentais nocivas. Se criamos grande parte das doenças, somente nós seremos capazes de eliminá-las. Somos indivíduos dotados de livre-arbítrio; não existem milagres no Universo. Já temos plena condição cognitiva para entender e praticar isso com intensidade muito maior.

Mas, a indolência que domina os humanos, mantendo-nos na zona do pseudoconforto, não permite que busquemos a cura da normose, definida como a patologia da normalidade, ou seja, entendemos como normal aquilo que nos é extremamente nocivo, causando-nos, consequentemente, males tão profundos, a ponto de abreviar a vida do corpo físico.

> É mister acender, em derredor de nossos irmãos encarnados na Terra, a luz da compaixão fraterna, traçando caminhos à responsabilidade individual. Haja mais amor ante os

> vales da demência do instinto e as derrocadas cederão lugar a experiências santificantes. **(André Luiz/Chico Xavier)**[9]

A fase de provas e expiações, em que nos encontramos, representa um importante momento de transição, totalmente dependente do despertar da consciência do profundo sono que mantém grande parte da sociedade humana mergulhada nas profundezas escuras e gélidas do oceano das ilusões.

Joanna de Ângelis é bastante enfática no que diz respeito à nossa falta de lucidez. Em sua extensa e elucidativa obra psicológica, ela alerta e mostra o caminho para que saiamos da inércia espiritual. Num pequeno trecho de seu livro *O despertar do espírito*[10], psicografado por Divaldo Pereira Franco, assinala o potencial evolutivo do ser humano; via de regra, em estado latente. O título do 3º subitem do capítulo I, ao qual pertence o texto transcrito a seguir, é autoexplicativo: "Perda do sentido ético-existencial".

> O indivíduo possui, mesmo que inconscientemente, o germe do sentido ético da existência terrena. Chispa do Psiquismo Divino que é, traz no âmago do "Eu" profundo esse embrião que se desenvolve na razão direta em que o conhecimento e a emoção predominam sobre os instintos primários, abrindo espaço para a razão, o discernimento, a evolução.

No 3º subitem do capítulo X (Encontro com a saúde) da mesma obra, Joanna ressaltou:

> A pouco e pouco, enquanto a consciência desperta para os valores éticos relevantes e a necessidade da plenitude, al-

---

9 André Luiz / Chico Xavier. *No mundo maior*. Rio de Janeiro-RJ – Federação Espírita Brasileira, 2008. 263p.

10 Joanna de Ângelis, psicografia de Divaldo Pereira Franco. *O despertar do espírito*. Salvador-BA – LEAL,1ª ed., 2014. 212 p.

> teram-se as paisagens antes afligentes, porque há mudança no ângulo de observação dos quadros da vida, que é sempre generosa e rica de dádivas, cabendo a cada ser humano retirar a parte que melhor o atenda e o felicita. A saúde legítima não é algo que se busca fora da própria realidade...[11]

> Desculpar-se dos seus defeitos com a fraqueza da carne é, pois, lançar mão de um sofisma (argumento falso) para escapar à responsabilidade. A carne só é fraca quando o espírito é fraco, o que inverte a questão e deixa ao espírito a responsabilidade de todos os seus atos. A carne, que não tem pensamento nem vontade, jamais prevalece sobre o espírito, que é o ser pensante e dotado de vontade (Allan Kardec)[12].

> Oh! Amigos da Terra! Quantos de vós podereis evitar o caminho da amargura com o preparo dos campos interiores do coração? Acendei vossas luzes antes de atravessar a grande sombra. Buscai a verdade, antes que a verdade vos surpreenda. Suai agora para não chorardes depois[13].

Mas, em face da alienação mental, momentaneamente predominante, nossa tendência é chorar bastante. Sofremos por ignorarmos a própria realidade espiritual; não nos conhecemos.

Bastante adequada a máxima de Santo Agostinho: *"Tão cegos são os homens, que chegam a gloriar-se da própria cegueira"*.

A seguir, mensagem de Bezerra de Menezes[14], na qual dis-

---

11 Joanna de Ângelis.

12 Allan Kardec. *O Céu e o Inferno*. São Paulo-SP – Lake – Livraria Allan Kardec Editora, 11ª ed., 2004. 351p. (cap. VII).

13 André Luiz, psicografia de Chico Xavier. *Nosso Lar*. Rio de Janeiro-RJ – Federação Espírita Brasileira, 3ª ed. especial, 2009. 312 p.

14 Bezerra de Menezes / José Carlos De Lucca. *Recados do meu coração*. São Paulo-SP – Intelítera Editora, 2010. 160 p.

corre sobre a importância do autoconhecimento na mitigação das dores:

> Tenham bom ânimo, meus filhos, não há dor que se eternize, não há problema sem solução. Toda dor demanda tempo para ser equacionada; geralmente, o tempo necessário ao nosso aprendizado e transformação.
>
> Se a dor ainda não se retirou é porque não logramos o aprendizado necessário, nem soubemos corrigir o mal que ainda há em nós e que hoje nos faz sofrer. Carecemos de melhor estudo de nós mesmos. No autoconhecimento está a chave que nos liberta do mal que entrou em nós e aí permaneceu por uma questão de sintonia.
>
> Precisamos cuidar mais de nossa vida íntima, harmonizar os sentimentos, equilibrar o raciocínio, enxergar sem maldade, ouvir sem as distorções causadas por nossos próprios conflitos.
>
> Há tanto a fazer em nosso mundo interno, que por vezes nos indagamos como o homem ainda é capaz de viver tão distraído de si mesmo?

Alguém tem noção do tempo que se perde em cada reencarnação? Certamente não!

A reencarnação é uma dádiva; oportunidade única e magistral no transcorrer da aprendizagem que permite ao espírito, ao longo do tempo infinito, transpor a incalculável distância existente entre a sua origem como indivíduo 100% simples e 100% ignorante (questão 115 de *O Livro dos Espíritos*) e a Divindade.

> [...] Desde esse momento, começa imediatamente a modificar-se, sofrendo as influências ambientes. Forças invisíveis, tanto do plano físico como do etéreo, começam a atuar sobre ele, perturbando-o. Sentimentos ainda desconhecidos nascem em seu coração e aí se radicam, influin-

do poderosamente sobre ele. Ideias vindas, não se sabe de onde, penetram sua mente, dando-lhe, cada vez mais, vastos horizontes de pensamentos a respeito de si mesmo e de tudo que o rodeia.

Os instintos inferiores da materialidade, as atrações do mundo da forma, o pavor do desconhecido, a incerteza do seu destino, a ignorância de sua origem e, sobretudo, sua fragilidade, todo esse conjunto desorientador de circunstâncias começa a atuar sobre ele, impelindo-o ora para aqui, ora para ali, nesta ou naquela direção, desordenadamente, como um trapo que o vento sacode para onde quer.

Mas, todas estas forças e circunstâncias, vindas de fora e de dentro determinam, cada uma, reação diferente e repercutem nele de formas diversas, levando-o para esta ou aquela direção. Esse fenômeno é o que se conhece com o nome de livre-arbítrio, isto é, a possibilidade que tem o espírito criado de optar por isto ou por aquilo, resolver duma ou doutra maneira, seguir para esta ou aquela direção.

Por esse livre-arbítrio, decorrente desse conjunto de reações, é que o espírito estabelece e forja o seu destino. A essa trama de ações e reações, que é a base inexorável de justiça que os orientalistas denominaram carma, ninguém pode escapar, justamente porque ela é que dá campo à evolução do espírito.

Realmente, se este permanecesse imóvel, inativo, e não reagisse de forma alguma às solicitações ambientes, ficaria à margem da vida e nada aconteceria para ele. Nenhum progresso obteria e seria uma força negativa e estéril, coisa absolutamente impossível de existir na Criação, que é dinamismo e movimento permanente e eterno[15].

---

15 Edgard Armond. *O Livre-arbítrio e textos selecionados*. São Paulo-SP – Editora Aliança, 3ª ed., 2017. 159 p.

A propósito, Allan Kardec[16], em sua obra *A Gênese*, ressaltou a inteira responsabilidade que nós espíritos temos sobre nossos destinos, inclusive naquilo que diga respeito às próprias características de nossos corpos (perispírito e corpo físico). Assim escreveu o codificador, no item 11 do capítulo 11:

> Para ser mais exato, será preciso dizer que é o próprio espírito que fabrica seu envoltório e o torna adequado às suas novas necessidades; ele o aperfeiçoa, o desenvolve e completa o organismo à medida que sente a necessidade de manifestar novas faculdades; numa palavra, ele o talha conforme sua inteligência; Deus lhe fornece os materiais; fica por sua conta, colocá-los em função; é assim que as raças adiantadas têm um organismo, ou se assim o preferirmos, um instrumento cerebral mais aperfeiçoado que as raças primitivas. Assim se explica igualmente o cunho especial que o caráter do espírito imprime aos traços da fisionomia, e às linhas do corpo.

Se nos remetermos ao item 7 do capítulo 8 da mesma obra de Kardec, observaremos um complemento do conceito anteriormente descrito:

> [...] O desenvolvimento orgânico está sempre em relação ao desenvolvimento do princípio intelectual; o organismo se completa à medida que as dificuldades da alma se multiplicam; a escala orgânica segue constantemente, em todos os seres, a progressão da inteligência, desde o pólipo até o homem; nem poderia ser de outro modo, pois que a alma necessita de um instrumento apropriado à importância das funções que deve executar. De que serviria à ostra ter a inteligência do macaco, sem os órgãos necessários à sua manifestação? [...].

---

16 Allan Kardec. *A Gênese*. São Paulo-SP – Lake (Livraria Allan Kardec Editora), 22ª ed., 2005 (1ª ed. francesa, 1868). 400 p.

Mas, a velocidade de evolução é escolha de cada um, pois o livre-arbítrio é uma lei espiritual inexorável. De maneira geral, não sabemos usá-lo da forma que deveríamos, por desconhecermos sua profundidade. Alguns confundem liberdade com libertinagem, outros mantêm-se enclausurados em seus interiores, reféns de si próprios: de suas crenças, fantasias, de seus traumas, das mágoas, das ilusões. Tanto uma como a outra situação decorrem da ignorância acerca das leis espirituais, condição propícia à estagnação evolutiva espiritual.

Léon Denis[17], como em todas as suas abordagens filosóficas, definiu, de forma profunda e magistral, a essência do livre-arbítrio.

> A liberdade é a condição necessária da alma humana que, sem ela, não poderia construir seu destino...
>
> A noção é simples e clara. Os druidas haviam-na formulado desde os primeiros tempos de nossa História e está expressa nas Tríades:
>
> Há três unidades primitivas: Deus, a luz e a liberdade...
>
> A liberdade e a responsabilidade são correlativas no ser e aumentam com sua elevação; é a responsabilidade do homem que faz sua dignidade e moralidade.
>
> Sem ela, não seria ele mais do que um autômato, um joguete das forças ambientes: a noção de moralidade é inseparável da de liberdade.
>
> A responsabilidade é estabelecida pelo testemunho da consciência, que nos aprova ou censura segundo a natureza dos nossos atos.
>
> A sensação do remorso é uma prova mais demonstrativa que todos os argumentos filosóficos.

---

17 Léon Denis. *O problema do ser, do destino e da dor*. Brasília-DF – Federação Espírita Brasileira, 2013. 374p.

> Para todo espírito, por pequeno que seja o seu grau de evolução, a lei do dever brilha como um farol, através da névoa das paixões e interesses.
>
> Por isso, vemos todos os dias homens nas posições mais humildes e difíceis preferirem aceitar provações duras a se abaixarem a cometer atos indignos.
>
> Se a liberdade humana é restrita, está pelo menos em via de perfeito desenvolvimento, porque o progresso não é outra coisa mais do que a extensão do livre-arbítrio no indivíduo e na coletividade.
>
> A luta entre a matéria e o espírito tem precisamente como objetivo libertá-lo cada vez mais das forças cegas.
>
> A inteligência e a vontade chegam, pouco a pouco, a predominar sobre o que a nossos olhos representa a fatalidade. O livre-arbítrio é, pois, a expansão da personalidade e da consciência.
>
> Para sermos livres é necessário querer sê-lo e fazer esforço para vir a sê-lo, libertando-nos da escravidão da ignorância e das paixões baixas, substituindo o império das sensações e dos instintos pelo da razão.
>
> Isto só se pode obter por uma educação e uma preparação prolongada das faculdades humanas: libertação física pela limitação dos apetites; libertação intelectual pela conquista da verdade; libertação moral pela procura da virtude. É esta a obra dos séculos [...].

O que depreendemos desse texto?

Primeiramente, que cada indivíduo planeja o próprio destino, ao contrário do que normalmente se entende. A linha mestra do projeto reencarnatório é traçada, sim, pela espiritualidade superior, contendo diretrizes que possam contribuir significativamente com nossa aprendizagem, como por exemplo: em qual família, cidade, país..., deveremos renascer, dentre outros detalhes facilitadores da evolução.

Entretanto, a construção das ramificações da linha mestra, ao longo do período de existência no corpo físico, estarão sempre por conta do reencarnante, que se valerá da lei do livre-arbítrio para determinar suas escolhas. Infelizmente, na fase evolutiva de provas e expiações em que se encontram os seres humanos, a maior parte das escolhas é equivocada; por exemplo, os vícios materiais e morais, causas precípuas do suicídio inconsciente. Tomamos, com exagerada frequência, os caminhos errados, apesar das insistentes orientações subconscienciais dos mentores espirituais, os quais, no entanto, não violam, em hipótese alguma, o nosso livre-arbítrio. Façamos o que quisermos, mas, não nos esqueçamos da outra lei fundamental do Universo: causa e efeito.

> Dos estudos dos casos apresentados pelo espírito Manoel Philomeno de Miranda, pela psicografia de Divaldo Pereira Franco, ressalta-se o espírito como senhor de seu destino, construtor de sua história feliz ou infeliz, de acordo com o uso da liberdade ofertada pelo Criador, bem como o valor do Evangelho, prescrevendo o amor, a fé, o perdão, a esperança e a caridade como caminhos de cura da alma em seu movimento evolutivo de retorno à casa do Pai[18].

São evidências concretas que estimulam a saída da zona de pseudoconforto, pois iludidos se encontram aqueles que esperam que a espiritualidade superior comande nossas vidas, resolva nossos problemas, mude nossos pensamentos e comportamentos. Enquanto agirmos nessa direção, não sairemos da paralisia evolutiva.

Um outro ponto importante é que o conceito de liberdade esteve sempre presente no seio da Humanidade, desde as épocas mais remotas. Os druidas, grupamento dos sábios e sacerdotes

---

18 Léon Denis. *O problema do ser, do destino e da dor*. Brasília-DF – Federação Espírita Brasileira, 2013. 374p.

da civilização celta (1800 a.C. - 100 d.C.), do qual o codificador do espiritismo fez parte em encarnação pretérita, tinham nas Tríades a sua base teológica. De uma delas constava a liberdade como indissociável do conceito de Deus e da luz. Ou seja, Deus pressupõe liberdade, Deus é luz, liberdade é luz.

Infere-se que a Humanidade não tem noção da grandiosidade do significado dessas duas palavras: livre-arbítrio. Não nos sentimos livres e, inconscientemente, preferimos que assim seja. Por outro lado, também não respeitamos o direito à liberdade do próximo, do qual, não raras vezes, nos sentimos proprietários e tentamos direcionar seus passos.

> Você é o viajante, você é o caminho e você é o destino. Não se perca! A distância mais longa é entre a cabeça e o coração (Thomas Merton).

> Sua visão se tornará clara somente quando você olhar para dentro do seu coração. Quem olha para fora sonha. Quem olha para dentro acorda (Carl Gustav Jung).

> Que não se tenha pressa, mas, que não se perca tempo (José Saramago).

É pelo uso do livre-arbítrio que o perispírito humano atingirá mais rapidamente sua natureza diáfana ou opaca, fixando nele seu roteiro de dores ou alegrias futuras, num determinismo por ele imposto. Sabe-se que livre-arbítrio e determinismo coabitam com a alma, forjando o destino sempre mutante, a depender das decisões do espírito.

Deus impôs ao homem um destino pré-fixado que consiste na perfeição. No entanto, o deixou livre na escolha dos caminhos para o aperfeiçoamento. Nisso se forma a infinita variedade de rumos, vielas, travessas, destinos, naufrágios e escaladas alternativas para atingir esse objetivo.

> Aqueles que, conhecendo o mapa do caminho mais curto adentram em atalhos pedregosos sem o seguro abrigo da fé ativa, perdendo-se nos pantanais umbralinos, o fazem por livre vontade, no que devem arcar com as consequências da escolha.
>
> O espírito é, portanto, senhor do seu destino; criador de suas dificuldades; construtor dos seus infortúnios e bem-aventuranças; modelador do seu perispírito, usando a argamassa que o livre-arbítrio permite. O mérito ou o demérito de ser bom ou mau artesão, dos quais resulta a delicadeza dos contornos da sua obra ou a mediocridade conjuntural apresentada, mostrando ulcerado ou fistuloso, aquilo que deveria zelar, aperfeiçoar e fazer luzir, é de sua inteira responsabilidade[19].

Liberdade pressupõe responsabilidade, a qual nos direciona para a moralidade e a dignidade. Como nos falta o senso de responsabilidade, a imoralidade é a palavra de ordem no âmago da Humanidade desorientada.

Consequência: sofrimento, em todos os seus matizes.

Não somos autômatos controlados por forças desconhecidas; somos espíritos livres, apesar de ignorarmos as profundezas da verdadeira liberdade. Para que ela seja plena é preciso que nos libertemos, primeiramente, das próprias mazelas, através da superação da ignorância acerca das leis espirituais universais, assumindo, a partir de então, a responsabilidade pelos próprios pensamentos, palavras e obras. Sejamos conscientes quanto à complexidade da liberdade. Pode ser que nos sintamos livres, mas, a realidade é que ainda não somos e estamos longe de sê-lo, pois nós mesmos cerceamos a própria liberdade; somos escravos de preconceitos, traumas, medos, tabus, fantasias, inverdades, ilusões, mágoas...

---

19 Léon Denis. *O problema do ser, do destino e da dor*. Brasília-DF – Federação Espírita Brasileira, 2013. 374p.

> Somos assim.
> Sonhamos o voo, mas tememos as alturas.
> Para voar, é preciso ter coragem para enfrentar o terror do vazio. Porque é só no vazio que o voo acontece.
> O vazio é o espaço da liberdade, a ausência de certezas.
> Mas, é isto que tememos: o não ter certezas.
> Por isso, trocamos o voo por gaiolas. As gaiolas são o lugar onde as certezas moram (Rubem Alves).

Palavras de Gabriel Delanne[20], em 31/3/1883, na comemoração da desencarnação de Kardec:

> Não temamos divulgar nossa fé; mais que qualquer outra filosofia, o espiritismo fortalece e penetra as almas com seus doces eflúvios.
>
> Temos a convicção, façamo-la penetrar entre nossos irmãos; unamos nossos esforços para semear fartamente nossas ideias nas massas e marcharemos para a conquista da sociedade moderna, apoiados, de um lado, na ciência, e, de outro, na razão.

Léon Denis[21], em sua admirável obra *Depois da morte*, tece sábios comentários sobre o livre-arbítrio:

> [...] No estado de humanidade, a alma atingiu a liberdade moral. Seu raciocínio, sua consciência desenvolvem-se cada vez mais, à medida que percorre sua imensa jornada. Colocada entre o bem e o mal, compara e escolhe livremente. Esclarecida através de suas decepções e seus males, é no meio das provas que sua experiência se forma, que sua força moral se tempera.

---

20 Gabriel Delanne

21 Léon Denis. *Depois da morte*. Rio de Janeiro-RJ - Centro Espírita Léon Denis, 3ª edição, 2011. 417 p.

A alma humana, dotada de consciência e de liberdade, não pode degenerar na vida inferior. Suas encarnações se sucedem até que tenha adquirido esses três bens imperecíveis, alvo de seus longos trabalhos: a sabedoria, a ciência e o amor. Sua posse liberta-a para sempre dos renascimentos e da morte e abre-lhe o acesso à vida celeste.

Pelo uso de seu livre-arbítrio, a alma fixa seus destinos, prepara suas alegrias ou suas dores. Mas, nunca, no decorrer de sua marcha, na prova amarga como no meio da ardente luta da paixão, nunca os socorros do Alto lhe foram recusados. Por mais que se abandone a si mesma, por mais indigna que pareça, desde que desperte sua vontade de caminhar pelo caminho reto, a via sacra, a Providência a ajuda e sustenta.

A Providência é o espírito superior, é o anjo que vela sobre o infortúnio, é o consolador invisível, cujos fluidos vivificantes sustentam os corações acabrunhados; é o farol aceso na noite para a salvação daqueles que erram no mar tempestuoso da vida. [...]

A alma é criada para a felicidade, mas essa felicidade, para apreciá-la no seu valor, para conhecer-lhe o preço, deve ela própria conquistá-la e, para isso, desenvolver livremente as potências que nela estão. Sua liberdade de ação e sua responsabilidade aumentam com sua elevação, pois, quanto mais se esclarece, mais pode e deve conformar o jogo de suas forças pessoais às leis que regem o Universo. [...]

Ora, se há males que a inteligência humana tem o dever de conjurar e de destruir – por exemplo, aqueles que provêm do meio terrestre – há outros, inerentes à nossa natureza moral, que só a dor e a compreensão podem dominar e vencer; tais são os nossos vícios.

No momento em que convém, acima de tudo, revigorar as energias enfraquecidas, fortificar as almas para a provas futuras, não é uma amarga ironia dizer ao homem que ele é um joguete das forças ambientes, uma espécie de autômato dominado por diversas influências contra as quais ele é fraco para reagir?

Não é uma linguagem condenável declarar aos criminosos, aos depravados, aos perversos, a todas as feras com aparência humana que desolam a Terra, que eles não são responsáveis por seus atos?

Não seria demais protestar contra tais teorias que, em lugar de despertar as consciências que dormem, em lugar de restituir a coragem aos desesperados, deixariam o homem sem defesa nos combates da vida e precipitariam sua degradação moral e sua queda.

Não, certamente os sutis raciocínios, os engenhosos sofismas dos deterministas nunca conseguirão fazer desaparecer das almas vacilantes sua iniciativa, sua força moral, e enganar o homem honesto sobre suas responsabilidades[22].

Fosse o mundo apenas um vale de lágrimas, ou a região de dores infernais, defrontaríamos um absurdo ético, ao analisarmos a Divindade com todos os atributos da Perfeição, atirando criaturas psicologicamente infantis e desequipadas em uma experiência impossível de ser vivenciada com dignidade e elevação.

Quaisquer exceções que ocorressem se apresentariam como portadoras do transtorno masoquista, que haviam elegido a desdita e o infortúnio, a fim de alcançarem a glória como compensação pelas dores sofridas. Seria uma conquista difícil de ser conseguida pelo ser humano, constituindo um paradoxo na área da razão e do bom-senso, em

---

22 Claire Baumard. *Léon Denis na intimidade.* Rio de Janeiro-RJ – Celd, 1ª ed., 2011. 240p.

> face do impositivo de que o sofrimento é o caminho único para facultar o equilíbrio e o júbilo.
>
> Isso constituiria a morte do amor, o aniquilamento da esperança e a destruição da caridade.
>
> Em nenhum momento, o Homem-Jesus anuiu com essa ideia ou fez algum pronunciamento que pudesse dar validade a esse conceito absurdo e cruel, desnaturando a magnanimidade de Deus.
>
> O mundo tem as suas características e legislação, condutas e ética ainda imperfeitas, certamente, mas que se aprimoram à medida que o ser humano se aperfeiçoa e adquire equidade, enobrecimento....
>
> Para que houvesse esse procedimento evolutivo e qualitativamente ocorressem transformações incessantes, Jesus veio viver nele, participar das suas conjunturas, abençoar as suas paisagens, ensinando como transformar os fatos constritores, limítrofes, em linhas direcionais para o bem, ante a inevitabilidade do fenômeno da morte física.
>
> A sua é uma doutrina toda alicerçada nas expressões imortalistas, na vida futura que a todos aguarda, propiciando a autotransformação, a elevação de propósitos, a eleição de metas significativas e profundas[23].

Reagir é preciso; o caminho está convenientemente preparado pela espiritualidade superior. Sair da paralisia espiritual e percorrê-lo é opção exclusivamente nossa, lembrando que o objetivo único de todos os espíritos é evoluir, tendo como ferramentas de aprendizagem todos os desafios inerentes à convivência humana e à convivência com a matéria densa.

Para isso, estamos sendo sempre chamados.

---

23 Joanna de Ângelis/Divaldo Pereira Franco. *Jesus e o Evangelho à luz da psicologia profunda*. Salvador-BA – Leal, 2014. (Edição comemorativa dos 25 anos da Série Psicológica Joanna de Ângelis, volume 11). 256 p.

Mas, *muitos os chamados e poucos os escolhidos*. Qual a interpretação objetiva e prática dessa máxima, título do capítulo XVIII de *O Evangelho segundo o Espiritismo*?[24]

A primeira questão: *muitos os chamados;* para quê? Para galgar os degraus da longa escada evolutiva e adquirir a condição moral de adentrar o Mundo da Regeneração, terceiro grau do processo de evolução espiritual, numa escala de um a cinco, conforme explicitado no capítulo III de *O Evangelho segundo o Espiritismo.*

A segunda questão: quem são os *muitos chamados*? Toda a Humanidade.

A terceira questão: como ocorre a *escolha dos poucos*? Não haverá julgamento num tribunal espiritual, como muitos ainda creem. Alcançar um mundo mais pacífico, mais justo, mais equilibrado, mais harmônico, mais sereno, onde a felicidade possa ser sentida com muito mais realismo, sem as ilusões materiais de um planeta de provas e expiações como a Terra, é opção de cada um. Apenas nós, e mais ninguém, poderá escolher o seu destino; eternamente. Afinal, o livre-arbítrio é lei universal, desprovida de exceções oportunistas, como as frágeis e efêmeras leis criadas por nós.

Portanto, o futuro espiritual está em nossas mãos. Nada acontecerá de melhor se não tivermos vontade de melhorar os pensamentos e as consequentes atitudes e hábitos. Além de tudo, é preciso coragem para que saiamos da inércia espiritual, para que vençamos a normose.

Emmanuel[25] nos ensina:

> Ante os tempos novos e considerando o esforço grandioso da renovação, requisita-se o concurso de todos os servidores fiéis da verdade e do bem para que, antes de tudo, vivam a

---

24 Allan Kardec. *O Evangelho segundo o Espiritismo*. São Paulo-SP – Lake – Livraria Allan Kardec Editora, 59ª ed., 2003. 352 p.

25 Prefácio de Emmanuel no livro *Missionários da luz* – André Luiz/Chico Xavier – FEB.

> nova fé, melhorando-se e elevando-se cada um, a caminho do mundo melhor, a fim de que a edificação do Cristo prevaleça sobre as meras palavras das ideologias brilhantes.

Despertar a consciência para as verdades de nossa existência, eis a palavra de ordem.

> Somos uma consciência que recebe um corpo físico para uma experiência evolutiva e, muitas vezes, devemos nos perguntar o que estamos fazendo conosco.
>
> Que caminhos e possibilidades estamos elegendo? As que nos engrandecem ou as que nos apequenam? Embora possam existir apelos e influências múltiplas, não podemos olvidar que a escolha será sempre nossa e a responsabilidade por ela, também. Por que as pessoas se prendem a vícios? Por que muitas se entregam a uma vida mesquinha, sem brilho, quase sem evolução?
>
> Provavelmente não as ensinaram a sonhar com nada melhor, a conhecer a beleza do seu ser e a se trabalhar de dentro para fora[26].

Essa triste realidade da grande maioria dos espíritos dos mundos de provas e expiações redundará, um dia, numa profunda dor consciencial. O mestre Chico Xavier ilustra isso muito bem, através da frase: *"A questão mais aflitiva para o espírito no Além é a consciência do tempo perdido"*.

Tempo perdido: eis a ocorrência mais comum no âmago da sociedade humana, certamente pelo fato de ignorarmos a própria identidade, a origem, a missão e o destino.

Afinal, quem somos nós?

---

26 Moacir Costa de Araújo Lima. *Afinal, quem somos?* Porto Alegre-RS - AGE, 2006. 126 p.

- Capítulo 2 -

Quem somos nós?

Qual a nossa missão durante o processo encarnatório?

> Te advirto, seja tu quem fores! Oh! Tu que desejas sondar os arcanos da natureza, que se não achas dentro de ti mesmo aquilo que buscas, tão pouco poderás achar fora. Se tu ignoras as excelências de tua própria casa, como pretendes encontrar outras excelências? Em ti está oculto o Tesouro dos tesouros. Oh homem! "Conhece a ti mesmo e conhecerás o Universo e os Deuses (Tales de Mileto[27], considerado o primeiro filósofo ocidental, nascido em 625 a.C. e desencarnado em 547 a.C.).

Conhecer-se significa, numa primeira fase, demolir os muros que construímos sobre o berço e sobre o túmulo; ou seja, existe vida antes do berço e existe vida depois do túmulo. Interiorizar essa certeza é fundamental para iniciarmos a análise e chegarmos à complexa resposta à uma simples pergunta:

Quem somos nós?

A resposta correta transcende a matéria densa; se a soubéssemos, nossas dores seriam significativamente menores e, consequentemente, não buscaríamos as equivocadas rotas de fuga, não perderíamos, de maneira fútil, tanto do precioso tempo destinado, exclusivamente, à evolução.

---

27 Tales de Mileto. *A ti mesmo. https://outrocais.com/2013/10/04/a-ti-mesmo.*

Sim; exclusivamente! Pois, o conjunto de todos os nossos pensamentos, palavras, atitudes, comportamentos e obras, podem estar envoltos por amor ou por desamor. Quando o amor se faz presente, evoluímos; quando o desamor predomina, permanecemos estacionados. A escolha do caminho a trilhar cabe a cada um de nós, inexoravelmente.

A maior causa de todas as incertezas reside na ignorância espiritual. Nossa mente foi, ao longo do tempo, recheada de fantasias e de inverdades provenientes de um processo dogmático ortodoxo; e as fixações mentais são de difícil e demorada reversão, levando os seres humanos às crises existenciais usuais.

Ilustraremos essa questão através de um trecho de carta escrita por um jovem, transcrito da obra de Felicitas Vogt[28].

Eu quero seguir minha estrela...

> Vejo agora que atrás de mim existe um passado e diante de mim um futuro. Olho retrospectivamente para uma história que é a minha história, e à minha frente se abrem caminhos que não sei aonde levam. Só uma coisa parece certa: vou caminhar, e cada passo escreve um trecho a mais de minha história. Eu sinto temor diante desta incerteza. Depois me sinto novamente preenchido de confiança ao pensar: é a minha vida, meu futuro que eu mesmo quero construir, ao qual eu mesmo quero dar forma. Mas a quê tudo isso leva, finalmente? Onde e como principia? Por que, afinal, principia? Quando eu olho para trás, chego a um ponto onde a memória se apaga. Antes disto há escuridão, o nada. Ou...? As pessoas me dizem: "Agora você tem idade suficiente para saber que num futuro distante também há um ponto como esse, onde tudo se rom-

28 Felicitas Vogt. *O vício tem muitas faces: por que o uso de drogas? Compreender, prevenir, tratar.* São Paulo-SP – Antroposófica – Ad Verbum Editorial, 2013. 135 p.

> pe e fica escuro. O ser humano precisa conviver com este fato." E...? Isso é tudo? No início nada, no final nada e no meio histórias quaisquer, que devem fazer sentido? O que me importam seus conceitos morais, seus encorajamentos para me colocar ativamente na vida, para eu assumir responsabilidades por mim mesmo e por outros; suas admoestações dizendo que eu devo aprender, me esforçar, almejar, me tornar útil - se isto é tudo o que vocês têm a dizer? Não me venham com sua religiosidade cômoda. Aquele velho com sua barba já foi, e de qualquer forma eu não sei o que fazer com a ideia de que o ser humano, tendo vivido a sua vida, retorna a uma grande paz que tudo abrange, onde ninguém mais significa algo para si mesmo. Como assim? Se ninguém mais existe! Este tipo de paraíso não é menos amedrontador do que o grande breu do nada. Até mesmo vazios rodeados de flores continuam vazios. Se vocês se resignaram frente às grandes perguntas, então é melhor assumir e confessar do que espalhar névoa misteriosa - eu poderia me perder nessa neblina misteriosa onde vocês querem esconder seu medo [...].

O que traduzem essas palavras de um jovem perdido nesse Universo, que não se convence com as explicações vazias, abstratas, ingênuas e fantasiosas, emanadas de uma sociedade humana da mesma forma perdida, por encontrar-se espiritualmente cega?

Traduzem desespero, um pedido de socorro de alguém que sabe que a vida do corpo material é efêmera e que não vislumbra uma razão razoável para a vida. Destaco novamente, uma frase elucidativa por ele escrita, como réplica à estéril explicação a ele dirigida pelos "adultos": *"No início nada, no final nada e no meio histórias quaisquer, que devem fazer sentido?"*

Realmente, se nada existisse antes do berço e depois do túmulo, qual seria o sentido da vida?

> Por que e para que vivemos? Segundo o espiritismo, vivemos para desenvolver as potencialidades psíquicas de que todos somos dotados. Nossa existência terrena tem por fim a transcendência, ou seja, a superação constante da nossa condição humana[29].

A ignorância predominante na maior parte da Humanidade, a respeito do Mundo Espiritual e da verdadeira e eterna vida, que é a do espírito, é a causa precípua de todo o desespero, de todas as angústias, de todos os caminhos tortuosos trilhados pela maioria. Só existe uma forma de reverter essa triste realidade existencial dos humanos em provas e expiações: A educação holística, que pressupõe, como queria Jan Amos Comenius, no século XVII, educar para a Eternidade. Ou seja, preparar o espírito para a vida enquanto dotado de corpo físico, e para a vida em dimensões de matéria com estrutura sutil; dando ao educando a certeza que não existe morte, a tranquilidade da continuidade eterna da existência, a responsabilidade de trabalhar incessante e incansavelmente pelo crescimento moral e intelectual, rumo à angelitude.

Então, a ignorância espiritual, que nos faz mergulhar no vazio existencial, pode nos levar às rotas de fuga trágicas, ilusórias. Estes caminhos espinhosos se iniciam nos vícios, a partir dos mais simples, aparentemente inofensivos, e vão se agravando. Num determinado momento, quando nada mais preenche o vazio, pode advir o maior dos equívocos humanos: o suicídio.

Em *Memórias de um suicida*, autoria da célebre Yvonne do Amaral Pereira, assim está descrito o processo educacional ao qual nossos irmãos que tiram a vida do corpo físico são submetidos quando, numa determinada fase, se encontram em condição

29 José Herculano Pires. *Obsessão, o passe, a doutrinação*. São Paulo-SP - Editora Paideia, 10ª ed., 2009. 98 p.

psicológica de aprenderem; requisito essencial à árdua e, normalmente, demorada recuperação espiritual:

> Outros cursos fazíamos, não menos importantes para a nossa reeducação, alternadamente com o da moral estatuída pelo insigne Mestre Nazareno. Um deles prendia-se à ciência universal, cujos rudimentos nos deram, então, a conhecer - dois anos depois de iniciados no curso de moral cristã -, através de estudos profundos, análises tão penosas quão sublimes! E nestas mesmas análises entrava a necessidade de estudarmos a nós próprios, aprendendo a nos conhecermos intimamente! Exames pessoais melindrosos eram efetuados com minúcias aterrorizantes para o nosso orgulho e para a nossa vaidade, paixões daninhas que nos haviam ajudado na queda para o abismo, ao mesmo tempo que, sendo as aulas mistas, adquiríamos o duplo ensinamento de dissecar também o caráter, a consciência, a alma, enfim, de nossos pares, como de nossas irmãs de infortúnio, o que nos conferia valioso conhecimento da alma humana![30]

Observa-se por esse relato a consequência nefasta do suicídio. Por ignorância espiritual retardamos o processo evolutivo, escolhemos um caminho extremamente tortuoso, sendo que sempre nos é apresentada a estrada reta e desprovida de obstáculos pungentes. Por que o desinteresse em nos debruçarmos sobre a obra que ensina as verdades da vida? Conhecê-la e segui-la evitaria tantos equívocos, tantos dissabores, tanto sofrimento!

Quem consegue imaginar o significado e as consequências da perturbação pós-desencarnação, que assola a maioria dos habitantes de planetas de provas e expiações? Poucos conseguem, pois a grande parte dos terráqueos sequer com-

30 Yvonne do Amaral Pereira. *Memórias de um suicida*. Rio de Janeiro-RJ – Federação Espírita Brasileira, 21ª ed., 2000. 568 p.

preende a existência e o funcionamento do mecanismo reencarnatório. Diante dessa lamentável realidade, como conhecer-se plenamente?

Aprendamos sobre a gravíssima perturbação pós-desencarnação com Allan Kardec[31], que escreveu a respeito em *O Livro dos Espíritos*, respectivamente nas questões 164, 165 e 257.

> Q. 164: Todos os Espíritos experimentam, no mesmo grau e pelo mesmo tempo, a perturbação que se segue à separação da alma e do corpo?
>
> Não; depende da elevação de cada um. Aquele que já está purificado se reconhece quase imediatamente, porque se libertou da matéria durante a vida do corpo, ao passo que o homem carnal, aquele cuja consciência não é pura, guarda por muito mais tempo a impressão da matéria.

> Q. 165: O conhecimento do espiritismo exerce alguma influência sobre a duração, mais ou menos longa, da perturbação?
>
> Influência muito grande, visto que o espírito já compreendia de antemão a sua situação. Mas, a prática do bem e a confiança pura exercem maior influência.
>
> A duração da perturbação que se segue à morte é muito variável. Pode ser de algumas horas, como de vários meses e até de muitos anos.
>
> É menos longa naqueles que, desde a vida terrena, se identificaram com o seu estado futuro, pois esses compreendem imediatamente a posição em que se encontram.
>
> A perturbação que se segue à morte nada tem de penosa para o homem de bem: é calma e em tudo semelhante àquela que acompanha um despertar tranquilo.

31 Allan Kardec. *O Livro dos Espíritos*. Rio de Janeiro-RJ – Federação Espírita Brasileira, 2006 (primeira edição comemorativa do sesquicentenário). 615 p.

Para aquele cuja consciência não está pura, a perturbação é cheia de ansiedade e de angústias, que aumentam à medida que ele reconhece a sua nova situação.

Nas pessoas desequilibradas e apegadas à matéria, o desligamento dos laços fluídicos que unem o espírito ao corpo também é imediato à morte física, porém, seu perispírito permanece carregado de energias densas por um tempo maior.

As pessoas cruéis experimentam muito sofrimento, podendo ficar ligadas ao seu corpo físico, vivenciando todo o processo de decomposição. Também passam por perturbação bastante acentuada.

Porém, esse sofrimento não é físico, é uma espécie de repercussão moral que transmite ao espírito o que está acontecendo com o corpo, pois a separação desse do perispírito não é completa.

O mesmo acontece com o suicida:

> Q. 257: ...Um suicida nos disse: Não, não estou morto - e ajuntou - entretanto, sinto os vermes que me roem. Ora, seguramente, os vermes não roíam o perispírito, e muito menos o espírito; roíam apenas o corpo... A visão do que se passava no corpo, ligado ainda ao seu perispírito, produzia nele uma ilusão, a qual tomava por uma realidade.

A visão e a leitura que a maioria das pessoas tem de sua vida e de sua infância necessitam de uma revisão e uma releitura sob a ótica reencarnacionista, para iniciarmos o processo de libertação de nossa persona e nos endereçarmos para o nosso Eu Superior. O Eu Superior não deseja, por exemplo, que usemos cigarro e bebidas alcoólicas, as drogas lícitas, pois esse hábito contraria o anseio desse nosso aspecto superior de que busquemos aqui na Terra uma

> limpeza, uma purificação, que nos oportunize uma elevação em nosso grau de sutileza, de elevação de frequência, rumo à nossa pureza interior[32].

O astronauta brasileiro Marcos Pontes[33] escreveu sobre a importância de sempre termos um sonho, independentemente da idade de nosso corpo físico.

> Todos nós estamos em uma jornada através da vida. Seja pelas nossas escolhas, ou pela falta delas, estamos sempre caminhando para algum resultado, para algum destino.
>
> Não é uma questão de querer mudanças. Estamos no meio de uma mudança constante. O tempo não para, e a vida segue seu curso, independentemente de nossa vontade.
>
> Assim, é importante que você escolha bem o seu destino para não descobrir, muitos anos mais tarde, que estava no trem errado.
>
> A falta de um sonho nos torna indiferentes ao futuro. Quando ouço um jovem dizer que não tem sonhos, sinto uma enorme tristeza. É o que acontece em *Alice no país das maravilhas*: se não sabemos para onde queremos ir, qualquer estrada serve.

Entretanto, quando mentalmente trabalhamos a gênese de um sonho, devemos nos condicionar a analisar se a busca de sua realização poderá nos propiciar oportunidades de evolução espiritual.

Cláudio Sinoti[34] apresentou, na obra *Refletindo a alma: a psi-*

---

32 Mauro Kwitko. *Como evoluir espiritualmente em um mundo de drogas*. Porto Alegre-RS - BesouroBox, 2011. 296 p.

33 Marcos Pontes. *É possível! Como transformar seus sonhos em realidade*. São Paulo-SP - McHilliard Editora, 2ª ed., 2010. 367 p.

34 Mansão do Caminho. Núcleo de Estudos psicológicos Joanna de Ângelis. *Refletindo a alma: a psicologia espírita de Joanna de Ângelis*. Salvador-BA - Livraria Espírita Alvorada Editora, 2. Ed. 2012. 440 p.

cologia espírita de Joanna de Ângelis, os quatro pilares essenciais à evolução espiritual, propostos por ela:

1. Aprender a se conhecer.
2. Aprender a viver.
3. Aprender a ser.
4. Aprender a amar.

A seu respeito, assim se pronunciou o apóstolo Paulo:

> Irmãos: eu sei que em mim, isto é, na minha natureza, não habita o bem, pois querer o bem está ao meu alcance, mas realizá-lo não está. Na verdade, não faço o bem, que quero, mas pratico o mal, que não quero (Paulo - Rom. 7, 18s).

Paulo expressou uma realidade natural do homem: não fazemos o bem, mas gostaríamos de fazê-lo, optamos pelo mal, apesar de não o querermos.

Paradoxal? Sem dúvida!

Mas, por quê? Porque nossa essência é divina, somos verdadeiramente amor, em todas as suas nuances; entretanto, a sombra do mal persistirá enquanto estivermos consciencialmente adormecidos e, consequentemente, iludidos, vivendo uma realidade fictícia. Conhecer-se significa despertar a consciência e deparar-se com o Eu real: espírito carente de subsídios morais fundamentais à empreitada evolutiva.

Palavras de Léon Denis[35]:

> Dissemos que, para esclarecer o seu futuro, o homem deveria antes de tudo aprender a conhecer-se. Para se caminhar com segurança, é necessário saber aonde se vai. É con-

35 Léon Denis. *O porquê da vida*. Rio de Janeiro-RJ – Federação Espírita Brasileira, 16ª ed., 1991. 165 p.

> formando seus atos com as leis superiores que o homem trabalhará eficazmente pelo seu próprio melhoramento e pelo da sociedade. O que precisamos é discernir essas leis, determinar os deveres que lhes são inerentes, prever as consequências das nossas ações.
>
> Quando se compenetrar da grandeza da sua missão, o ser humano saberá desprender-se melhor daquilo que o rebaixa e abate; saberá governar-se criteriosamente, preparar pelos seus esforços a união fecunda dos homens numa grande família de irmãos.
>
> Mas, quão longe estamos desse estado de coisas! Ainda que a Humanidade avance na via do progresso, pode-se entretanto dizer que a imensa maioria de seus membros caminha através da vida como no meio duma noite escura, ignorando a si mesmo, nada sabendo do fim real da existência. Trevas espessas velam a razão humana...
>
> A Terra é um degrau inferior na escala dos mundos. Nela residem apenas espíritos principiantes, isto é, almas nas quais a razão começa a despontar.

Seguindo a linha de pensamento de Léon Denis, André Luiz, pela psicografia de Chico Xavier[36], em sua obra *No mundo maior*, nos remete a uma profunda reflexão a respeito de nossas existências, levando a deduzir que, em face do desconhecimento de nossas origens como espíritos que somos, atrasamos significativamente o processo evolutivo espiritual, mesmo tendo suficiente capacidade cognitiva para sairmos da eventual e costumeira estagnação. O despertar da consciência é auspicioso e pode nos maravilhar, pois, livres da destrutiva ilusão materialista, vislumbramos o esplendor das dimensões superiores do Universo, atingíveis apenas por aqueles que se esforçam incansavelmente para

---

36 André Luiz/Chico Xavier. *No mundo maior*. Rio de Janeiro-RJ – Federação Espírita Brasileira, 2008. 263p.

se libertar dos sentimentos de desamor que, primeiramente, atingem a nós mesmos; depois, os nossos irmãos. A máxima evangélica: "amai o próximo como a si mesmo" é instigante, porque, dentre outras coisas, salienta a importância de abandonarmos a disseminada prática do suicídio inconsciente. Quem se ama não busca a autodestruição!

Leiamos, então, a orientação de André Luiz:

> Desde quando fazemos e desfazemos, terminamos e recomeçamos, empreendemos a viagem reparadora e regressamos, perplexos, para o reinício? Somos, no palco da Crosta Planetária, os mesmos atores do drama evolutivo. Cada milênio é ato breve, cada século um cenário veloz. Utilizando corpos sagrados, perdemos, entretanto, quais despreocupadas crianças, entretidas apenas em jogos infantis, o ensejo santificante da existência; destarte (consequentemente), réprobos (condenados) das leis soberanas, que nos enredam aos escombros da morte, como náufragos piratas por muito tempo indignos do retorno às lides do mar. Enquanto milhões de almas desfrutam bons ensejos de emenda e reajustamento, de novo entregues ao esforço regenerativo nas cidades terrestres, milhões de outras deploram a própria derrota, perdidas no atro (tenebroso) recesso da desilusão e do padecimento.

Para o médico e terapeuta reencarnacionista Mauro Kwitko[37]:

> Todos nós somos bipolares, vamos de um polo para outro, mas não no sentido clínico que a psiquiatria trabalha, e sim numa maneira de ser que faz com que às vezes estejamos no "polo ego" e às vezes (raramente) no "polo espírito".

37 Mauro Kwitko. *Como evoluir espiritualmente em um mundo de drogas.* Porto Alegre-RS – BesouroBox, 2011. 296 p.

> Ou seja, somos todos bipolares porque não conseguimos, ainda, permanecer por muito tempo no "polo espírito" e vivemos mais frequentemente no "polo ego". Quando estamos no "polo ego", o que ocorre na maior parte do nosso tempo, estamos subordinados aos desejos e às vontades dessa nossa parte míope, que busca, antes de tudo, a própria satisfação, a realização de suas necessidades, numa atitude perante a vida baseada no "eu", "meu" e "minha". Nas poucas vezes em que estamos no "polo espírito", nada disso tem importância, e surge dentro de nós uma estranha sensação de que esses desejos, essas satisfações, essas buscas, esses lucros, não nos trarão uma real sensação de paz, de alegria verdadeira.

Kwitko ressaltou que o ego possui a capacidade de mentir para nós, de nos convencer que o ruim é bom e que o errado é certo.

Há um grande desafio para o qual devemos angariar coragem e discernimento para enfrentar: nosso "polo espírito" precisa vencer o "polo ego".

É de bom alvitre que conheçamos o conceito de *ego*, palavra oriunda do latim, que traduzida para o português significa *eu*. Para isso, nada melhor que a leitura da definição construída pelo psiquiatra suíço Carl Gustav Jung (1875-1961), o fundador da psicologia analítica.

> Entendo o Eu (Ego) como um complexo de representações que constitui para mim (indivíduo), o centro do meu Campo de Consciência, e que me parece ter grande continuidade e identidade comigo mesmo. Por isso, falo sempre do complexo do Eu ou do Ego. Esse complexo é tanto conteúdo quanto condição da Consciência, pois um elemento psíquico me é consciente enquanto estiver relacionado com o complexo do Eu. Enquanto o Eu for ape-

> nas o centro do meu Campo Consciente, não é idêntico ao todo de minha psique, mas apenas um complexo entre outros complexos.
>
> Por isso distingo entre Eu (Ego) e Si Mesmo (Self). O Eu é o sujeito apenas da minha Consciência, mas o Self é o sujeito do meu todo, também da psique inconsciente. Dentro dele está o Eu[38].

Mas, quem somos nós?

Nós somos espíritos do Universo, momentaneamente reencarnados no Planeta Terra, em mais uma fase da aprendizagem moral e intelectual visando, num futuro muitíssimo e inimaginavelmente distante, atingirmos a plenitude, ou seja, a Divindade.

Allan Kardec[39], em *O Livro dos Espíritos*, define espíritos como os seres inteligentes da Criação, que não precisariam experimentar o mal para chegar ao bem. Segundo ele, os que optam pelo mal, o fazem por ignorância, considerando-se que são dotados do livre-arbítrio; consequentemente, prevalece a vontade de cada um.

> Deus criou todos os espíritos simples e ignorantes, isto é, sem saber. A cada um deu uma missão, com o fim de esclarecê-los e de os fazer chegar progressivamente à perfeição, pelo conhecimento da verdade, para aproximá-los de si[40].
>
> O arcanjo começou pelo átomo[41].

38 psicoandressa.blogspot.com.br/2015/10/ego-segundo-jung.html

39 Allan Kardec. *O Livro dos Espíritos*. Rio de Janeiro-RJ – Federação Espírita Brasileira, 2006 (primeira edição comemorativa do Sesquicentenário). 615 p.

40 Allan Kardec. *O Livro dos Espíritos*. Rio de Janeiro-RJ – Federação Espírita Brasileira, 2006 (primeira edição comemorativa do Sesquicentenário). 615 p.

41 Allan Kardec. *O Livro dos Espíritos*. Rio de Janeiro-RJ – Federação Espírita Brasileira, 2006 (primeira edição comemorativa do Sesquicentenário). 615 p.

> O protoplasma foi embrião de todas as organizações do globo terrestre e os primeiros habitantes da Terra, no plano material, são as células albuminoides, as amebas e todas as organizações unicelulares (Emmanuel).

> O princípio espiritual, desde o obscuro momento da criação, caminha sem parar, à frente. Viajou do simples impulso para a irritabilidade, da irritabilidade para a sensação, da sensação para o instinto, do instinto para a razão (André Luiz).

Convém salientar que a palavra irritabilidade, conforme uso empreendido por André Luiz, significa uma resposta a um estímulo. Pode se manifestar de diversas formas, desde uma contração num organismo unicelular, até respostas envolvendo os sentidos de animais e plantas superiores, de forma complexa[42].

Na questão 114 de *O Livro dos Espíritos*, Kardec perguntou aos espíritos da codificação:

> Os espíritos são bons ou maus por natureza, ou são eles mesmos que se melhoram?
> São os próprios espíritos que se melhoram e, melhorando-se, passam de uma ordem inferior para uma ordem superior.

Então, fomos criados simples e ignorantes, não como espíritos humanos, mas como entidades que receberam, para início de suas experiências evolutivas na Terra, um corpo físico animal extremamente simples, com sistema nervoso compatível com o incipiente grau de desenvolvimento espiritual à época, bilhões de anos atrás.

Em sua obra *A reencarnação*, Gabriel Delanne[43] comenta:

---

42 *https://pt.wikipedia.org/wiki/irritabilidade (acesso em 17/4/2016).*

43 Gabriel Delanne. *A reencarnação.* Rio de Janeiro-RJ – Federação Espírita Brasileira, 11ª edição, 1998. 311 p.

> Admitindo que o princípio espiritual tenha passado pela série animal para chegar progressivamente até a Humanidade, não me afasto da tradição espírita, porque Allan Kardec, em *A Gênese*, aceita perfeitamente essa possibilidade, e a justifica, demonstrando que é ela uma explicação lógica da existência dos animais e do papel que representam na Terra.

A seguir, trecho do capítulo III escrito por Allan Kardec em *A Gênese*, ao qual se referiu Delanne:

> Tomando a Humanidade no menor grau da escala intelectual, entre os selvagens mais atrasados, pergunta-se se é aí o ponto de partida da alma humana.
>
> Segundo a opinião de alguns filósofos espiritualistas, o princípio inteligente, distinto do princípio material, individualiza-se, passando pelos diversos graus da espiritualidade; é aí que a alma se ensaia para a vida e desenvolve suas primeiras faculdades pelo exercício; seria, por assim dizer, seu tempo de incubação. Chegada ao grau de desenvolvimento que este estado comporta, ela recebe as faculdades especiais que constituem a alma humana. Haveria, assim, filiação espiritual do animal ao homem, como há filiação corporal. Esse sistema, fundado na grande lei de unidade que preside a Criação, responde, é preciso convir, à justiça e à bondade do Criador; Ele deu um destino, um fim aos animais, que não são mais seres deserdados, porém que encontram, no futuro que lhes está reservado, uma compensação aos seus sofrimentos. O que constitui o homem espiritual não é sua origem, mas os atributos de que está dotado em sua entrada na Humanidade, atributos que o transformam e fazem dele um ser distinto, como é distinto o fruto saboroso, da raiz amarga de que saiu. Por ter passado pela fieira da animalidade, o homem não seria menos

> homem por isso; não seria mais animal, como o fruto não é a raiz, como o sábio não é o informe feto pelo qual estreou no mundo.

Gabriel Delanne[44], de uma maneira muito lógica, deixou clara a questão da evolução espiritual em concomitância com a evolução biológica. Ele assim escreveu:

> Nessa imensa e prodigiosa multiplicidade dos seres vivos observam-se todos os graus; as manifestações da inteligência quase se confundem, nos reinos inferiores, com as reações puramente físico-químicas, que determinam esses movimentos mecânicos, aos quais os fisiologistas deram o nome de tropismos. Com a elevação na escala dos seres, toda indecisão desaparece. Um verdadeiro psiquismo se manifesta; não só os instintos se complicam, senão ainda a inteligência se traduz por atos comparáveis aos nossos, porque o elefante, o cão e o macaco mostram que não existe uma diferença de natureza entre algumas de suas ações e as que executamos, em consequência de uma deliberação raciocinada.

Ainda da mesma obra de Delanne, destacamos mais alguns trechos bastante elucidativos:

> [...] A verdadeira causa da evolução deve ser procurada, segundo penso, nos esforços que o princípio inteligente tem feito para se ir desprendendo das faixas da matéria...
>
> [...] Desde as plantas até o homem, passando por todo o reino animal, há uma série gradual e contínua, que parte da inconsciência quase total até a plena luz da razão que ilumina os homens superiores.

---

44 Gabriel Delanne. *A reencarnação.* Rio de Janeiro-RJ – Federação Espírita Brasileira, 11ª edição, 1998. 311 p.

> Em lugar de ver nessa grandiosa hierarquia unidades separadas, de que cada uma seria efêmera centelha, a teoria das vidas sucessivas obriga-nos a pensar que todo ser, chegado ao ápice, passou pelas fases inferiores, e que seu desenvolvimento não é devido ao capricho de um criador, que o teria privilegiado, mas ao seu próprio esforço.

Portanto, somos responsáveis por nosso destino, cujo projeto tem sua linha mestra planejada pela espiritualidade superior, mas, a execução e os resultados finais são determinados pelo livre-arbítrio, considerando-se que não somos autômatos. Estamos diante de um mecanismo estabelecido pelas leis naturais do Universo, inexoráveis, imutáveis.

Em sua brilhante obra *Depois da morte*, Léon Denis[45], ao se referir à essência de outras doutrinas, escreveu:

> A compaixão do budismo, sua caridade, estende-se a todos os seres. Todos, aos seus olhos, estão destinados ao Nirvana (conquista, pela alma, da perfeição, a libertação definitiva das transmigrações e do renascimento no seio das humanidades). E, por seres, é preciso compreender os animais, os vegetais e até os corpos inorgânicos. Todas as formas de vida encadeiam-se, segundo a lei grandiosa da evolução e da transformação. Em parte alguma a vida está ausente no Universo. A morte é apenas uma ilusão, um dos agentes que permitem uma renovação incessante e incessantes transformações.

Repitamos a essencial pergunta já formulada anteriormente: Quem somos nós?

Vejamos o que nos diz sobre isso Alírio de Cerqueira Filho:

45 Léon Denis. *Depois da morte*.

> Vivemos em uma sociedade que privilegia aquilo que é impermanente, em detrimento daquilo que é permanente. Assim, ao buscar responder à pergunta Quem sou eu - que deveria nos remeter àquilo que somos essencialmente, isto é, ao que é permanente - a maioria responde a respeito do seu estado atual, o que faz, o que gosta, o que tem, tudo o que é impermanente, menos aquilo que a pessoa é em sua essência.
>
> Com isso a pessoa confunde o Ser, com o estar, fazer, ter, gostar etc. Em outras palavras, confunde o Ser com a autoimagem, com o próprio ego...
>
> A maior dificuldade que encontramos ao buscarmos o autoconhecimento é a confusão que se estabelece entre o Ser que somos e o ego que temos.

O Ser é eterno, por isso somos; o ego é passageiro, consequentemente o temos apenas enquanto permanecermos nos estágios inferiores do processo evolutivo espiritual.

Em sua obra: *A sublime oração de Francisco de Assis*, Alírio[46] ressalta que, sob a ótica da psicologia transpessoal[47] (considerada a quarta força da psicologia, surgiu em 1967, pelo psicólogo norte-americano Abraham Harold Maslow, que dizia que o ser humano necessita transcender sua psique (pessoal), conectando-se ao Todo, ou a outras realidades mais abrangentes, transpessoais), os seres humanos são compostos pelo *eu menor* (ego) e pelo *Eu maior* (Ser Essencial). O Ser Essencial é a Essência Divina amorosa que todo ser humano é, e o ego é fruto da imperfeição e ignorância que ainda residem em nossos interiores, sendo constituído por duas faces: uma evidente (desamor): ódio, egoísmo, orgulho, re-

46 Alírio de Cerqueira Filho. *Saúde espiritual*. Santo André, SP: Editora Bezerra de Menezes, 2005. 277 p.

47 https://pt.wikipedia.org/wiki/psicologia_transpessoal (acesso em 12/7/2018).

volta, raiva, mágoa, ressentimento, angústia, tristeza, ansiedade, desespero, medo, violência, cólera, ciúme etc; e outra mascarada (pseudoamor): euforia, autopiedade, perfeccionismo, pseudoperdão, martírio, puritanismo, mistificação etc.

Então, o lentíssimo processo evolutivo, que pressupõe a gradativa superação dos sentimentos de desamor (eu menor) e o consequente e crescente desabrochar dos sentimentos de amor (Eu maior), reforça o fantástico e perfeito mecanismo da pluralidade das existências, objetivamente ensinado pela literatura espírita. Realmente, as essenciais e profundas transformações ético-morais que pressupõem o processo de evolução do espírito, demandam muito tempo, diversas experiências e incontáveis vivências em diferentes situações, em distintos corpos físicos.

Sobre essa questão, o célebre apóstolo do espiritismo, Léon Denis[48], escreveu:

> Se tudo começasse por nós com a vida atual, como explicar tanta diversidade nas inteligências, tantos graus na virtude ou no vício, tantos degraus nas situações humanas? Um mistério impenetrável pairaria sobre esses gênios precoces, sobre esses espíritos prodigiosos que, desde sua infância, lançaram-se com ímpeto nas veredas da Arte e da Ciência, enquanto jovens empalidecem no estudo e permanecem medíocres, apesar dos seus esforços.
>
> Todas essas obscuridades se dissipam diante da doutrina das existências múltiplas. Os seres que se distinguem pelo seu poder intelectual ou suas virtudes, viveram mais, trabalharam mais, adquiriram uma experiência e aptidões mais vastas.
>
> Os progressos e a elevação das almas dependem unicamente de seus trabalhos, da energia ostentada por elas no

48 Léon Denis. *Depois da morte.* Rio de Janeiro-RJ – Centro Espírita Léon Denis, 3ª edição, 2011. 417 p.

combate da vida. Umas lutam com coragem e franqueiam rapidamente os degraus que as separam da vida superior, enquanto outras se imobilizam durante séculos através de existências ociosas e estéreis. Mas, essas desigualdades, resultado de ações do passado, podem ser resgatadas e niveladas através de nossas vidas futuras.

Em resumo, o ser se constrói através do desenvolvimento gradual das forças que nele estão. Inconsciente no início da sua carreira, sua vida torna-se mais inteligente e consciente, logo que chega à condição de humanidade e entra na posse de si mesma. Sua liberdade é ainda limitada pela ação das leis naturais que intervêm para assegurar sua conservação. Assim, o livre-arbítrio e o fatalismo equilibram-se e temperam um o outro. A liberdade e, consequentemente, a responsabilidade, são sempre proporcionais ao adiantamento do ser.

Tal é a única solução racional do problema. Através da sucessão dos tempos, na superfície de milhares de mundos, nossas existências desenrolam-se, passam e se renovam: em cada uma delas um pouco do mal que está em nós desaparece, nossas almas se fortificam, se depuram, penetram mais adiante no nosso caminho sagrado, até que, livres das reencarnações dolorosas, tenham conquistado pelos seus méritos o acesso aos círculos superiores, onde irradiam, eternamente, beleza, sabedoria, poder, amor!

Pela psicografia de Divaldo Pereira Franco, o eminente Manoel Philomeno de Miranda[49] nos apresentou conceito semelhante ao abordado por Léon Denis:

O ser humano, durante o périplo carnal, é o princípio inteligente do Universo, desenvolvendo os sublimes te-

49 Manoel Philomeno de Miranda/Divaldo Pereira Franco. *Perturbações espirituais.* Salvador-BA – Leal, 2015. 248 p.

> souros que nele jazem adormecidos, e através de sucessivas reencarnações, atinge o estágio de vibração sublime, quando se torna espírito iluminado.
>
> Nessa larga experiência evolutiva, acumula os valores defluentes das vivências, crescendo sempre na direção da perfeição relativa que lhe está reservada.
>
> Em cada etapa aprimora específicos recursos, trabalhando as anfractuosidades morais resultantes dos tentames iniciais da fase do instinto, atravessando o período da razão, no rumo da intuição...
>
> Enquanto transita pelas faixas mais grosseiras do processo evolutivo, submete-se às injunções penosas que lhe rompem as couraças da ignorância, para facultar-lhe o discernimento que o alça ao conhecimento e à liberdade.

As palavras de Léon Denis e de Manoel P. de Miranda nos chamam a atenção para o magno significado da pluralidade das existências no contexto da evolução espiritual.

Diante disso, devemos sempre perguntar para nós mesmos:

Por que reencarnamos e desencarnamos incontáveis vezes?

Por que as leis naturais do Universo contêm esse maravilhoso e complexo projeto pedagógico denominado reencarnação?

Partícipes desse processo, como espíritos que somos, como estamos desempenhando nossa tarefa de superação das imperfeições morais e de busca do conhecimento, visando o progresso espiritual?

Até quando orgulhar-nos-emos dos vícios que equivocadamente interiorizamos, em grande parte das vezes nas encarnações passadas, sempre criando subterfúgios, débeis e desprovidos de nexo, para tentar justificar o injustificável?

Até quando preferiremos mergulhar nas águas escuras e turbulentas da normose, ao invés de o fazermos nas águas límpidas e serenas dos ensinamentos superiores?

Até quando a ilusão?

Até quando a relutância em trilhar o caminho da verdadeira felicidade?

Segundo Hahnemann[50]:

> O corpo não dá impulsos de cólera a quem não os tem, como não dá outros vícios. Todas as virtudes e todos os vícios são inerentes ao espírito. Sem isso, onde estariam o mérito e a responsabilidade?
>
> [...] Vícios são dependências vigorosas e profundas de uma pessoa que se encontra sob o controle de outras ou de determinadas coisas.
>
> Portanto, deve ser considerado como vício não apenas o consumo de tóxicos e de outros produtos de origem natural ou sintética. O conceito é mais amplo. Analisando-o em profundidade, podemos interpretá-lo como atitude mental que nos leva compulsoriamente à subjugação a pessoas e situações. [...] Entendemos que os fatores que propiciam os vícios e as compulsões ocorrem em ambientes familiares/sociais desarmônicos, desta ou de outras encarnações, onde deixamos as pressões, traumas, coações desajustes e conflitos se enraizarem em nossa zona mental ou perispiritual, porquanto os vícios não passam de efeitos externos de nossos conflitos internos.
>
> [...]. Inquestionavelmente, as chamadas viciações resultam do medo de assumir o controle de nossa vida e, ao mesmo tempo, do medo de nos responsabilizarmos por nossos atos e atitudes, permitindo que eles fiquem fora de nosso controle e de nossas escolhas[51].

---

50 Allan Kardec. *O Evangelho segundo o Espiritismo*. São Paulo-SP - Lake - Livraria Allan Kardec Editora, 59ª ed., 2003. 352 p.

51 Hammed/Francisco do Espírito Santo Neto. *Renovando atitudes*. Catanduva, SP: Boa Nova Editora, 1997. 243 p.

A busca incansável pelo aperfeiçoamento espiritual é o caminho para nos afastarmos, gradativamente, das regiões energeticamente pesadas do planeta, galgando os degraus que nos permitem acessar zonas cada vez mais equilibradas e serenas, caracterizadas pela circulação de energia mais leve e, consequentemente, com predominância da paz.

Allan Kardec[52] em *O Livro dos Espíritos*, questões 167, 168, 169 e 170, respectivamente, nos informa sobre a lógica do mecanismo reencarnatório, que certamente nos incentiva a um maior esforço evolutivo:

> Qual é o objetivo da reencarnação?
>
> - Expiação, aprimoramento progressivo da Humanidade, sem o que, onde estaria a justiça?
>
> O número de existências corporais é limitado, ou o espírito se reencarna perpetuamente?
>
> - A cada nova existência o espírito dá um passo no caminho do progresso; quando se despojou de todas as suas impurezas, não tem mais necessidade das provas da vida corporal.
>
> O número de encarnações é o mesmo para todos os espíritos?
>
> - Não; aquele que caminha depressa se poupa das provas. Todavia, as encarnações sucessivas são sempre muito numerosas porque o progresso é quase infinito.
>
> Em que se transforma o espírito depois da sua última encarnação?
>
> - Espírito bem-aventurado; é um espírito puro.

Se é assim, como explicar nossa incessante busca pelos ilusórios e destrutivos prazeres?

---

52 Allan Kardec. *O Livro dos Espíritos*. Rio de Janeiro-RJ – Federação Espírita Brasileira, 2006 (primeira edição comemorativa do sesquicentenário). 615 p.

- Capítulo 3 -

A incessante busca pelos prazeres

O mal que me faz mal, não é o mal que me fazem, é o mal que eu faço! O bem que me faz bem, não é o bem que me fazem, é o bem que eu faço! (Joanna de Ângelis, citada por Armando Falconi Filho[53]).

Sob qualquer aspecto considerado, o vício - esse condicionamento pernicioso que se impõe como uma segunda natureza constritora e voraz - deve ser combatido sem trégua desde quando e onde se aloje.

Classificado pela leviandade de muitos dos seus seguidores como de pequeno e grande porte, surge com feição de hábito social e se instala em currículo de longo tempo, que termina por deteriorar as reservas morais, anestesiando a razão e ressuscitando com vigor os instintos primitivos de que se deve o homem libertar[54].

Se a Lei de Amor foi apresentada por Jesus há tanto tempo, o que impediria o ser humano de praticá-la? Certamente os conflitos psicológicos, provocados pela falta de

---

53 Armando Falconi Filho. *Perdão gera saúde*. Capivari-SP - Editora EME, 1ª edição, 2014. 224 p.

54 Joanna de Ângelis/Divaldo Pereira Franco. *Após a tempestade*. Salvador-BA - Livraria Espírita Alvorada Editora. 59ª ed., 1974.

uma vida interior clara, objetiva, coerente. Essa ausência de metas superiores gera um vazio existencial, erroneamente preenchido por meio de uma postura hedonista, na qual a única busca que interessa ao indivíduo é a do prazer sem discernimento. Em consequência, abrem-se espaços para o desenvolvimento de vícios devoradores[55].

A patogênese da alma está dividida em quadros dolorosos. A cólera, a intemperança, os desvarios do sexo, as viciações de vários matizes formam criações inferiores que afetam profundamente a vida íntima. Quase sempre o corpo doente assinala a mente enfermiça[...]. [...] muita gente cultiva a vocação para o abismo. Cada viciação particular da personalidade produz as formas sombrias que lhe são consequentes, e estas, como as plantas inferiores que se alastram no solo, por relaxamento do responsável, são extensivas às regiões próximas, onde não prevalece o espírito de vigilância e defesa [...].

Os pais terrestres, com raríssimas exceções, são as primeiras sentinelas viciadas, agindo em prejuízo de seus filhinhos [...].

[...] Cumpre ainda reconhecer, que nós mesmos, em todo o curso das experiências terrestres, na maioria das ocasiões fomos campeões do endurecimento e da perversidade contra as nossas próprias forças vitais. Entre abusos do sexo e da alimentação, desde os anos mais tenros, nada mais fazíamos que desenvolver as tendências inferiores, cristalizando hábitos malignos. Seria, pois, de admirar tantas moléstias do corpo e degenerescências psíquicas?[56]

55 Divaldo Pereira Franco, organização de Luiz Fernando Lopes. *Vivências do amor em família*. Salvador-BA - Leal, 1ª ed., 2017. 576 p.

56 André Luiz, psicografia de Chico Xavier. *Missionários da luz*. Brasília-DF - Federação Espírita Brasileira, 45ª ed., 2013. 382 p.

Eurípedes Barsanulfo[57], que no plano espiritual dirige o Hospital Esperança, nos relata na obra *A loucura tem cura*, o caso de Firmino, um de seus pacientes.

O personagem Firmino é um exemplo dos inúmeros casos psiquiátricos de irmãos que chegam ao nosso hospital em completo desequilíbrio. Com a mente fragmentada pelas incursões dolorosas realizadas em inúmeras encarnações, estes indivíduos se veem envolvidos com circunstâncias vivenciais difíceis e penosas. Como consequência destas experiências toscas, por muito tempo o perispírito de Firmino foi sendo lesionado, e o seu chacra frontal, prejudicado em seu funcionamento, dificultando o fluxo energético do complexo sistema nervoso e dos hemisférios ligados ao controle emocional. Pela matriz de um perispírito defeituoso, foram plasmados, no cérebro material e no sistema nervoso central, mecanismos defeituosos, fazendo com que o organismo fosse privado de equilíbrio.

Muito sofrimento existe para os irmãos que jornadeiam nestes meandros enfermiços! Muito desespero se pode ver em suas faces doentias; olhares devassados, transtornados, fora da realidade, fazendo com que as relações interpessoais se tornem intoleráveis, e os laços afetivos não possam traduzir confiança e, consequentemente, amizade. Perdem-se na paranoia, e a perseguição passa a ser sua companheira.

Estes irmãos Firminos, que vagueiam pela vida, necessitam muito de nossa compreensão. Não o tapinha nos ombros, como a desmerecer a profunda confusão mental em que se encontram. Eles percebem quando o amor é genuinamente verdadeiro, e este é o antídoto para que eles

57 Espírito Luciano/Maria Helena Azulay. *A loucura tem cura*. Rio de Janeiro-RJ – FEIC, 2012. 168 p.

> possam ser transportados, com muito respeito e carinho, à condição de usufruir da consciência e do controle de si mesmos.
>
> Muitos irmãos ainda vagam enlouquecidos no Umbral desta vida e da material. Expurgam toxinas densas para que um dia, libertos destes grilhões pesados, possam formatar, na matéria, organismos mais saudáveis, e assim, aos poucos, irem purgando seus débitos siderais para, finalmente, usufruírem de maiores oportunidades, vivenciando mais paz em seus corações.

> O desculpismo sempre foi a porta de escape dos que abandonam as próprias obrigações.
>
> Irmãos nossos, que tiveram a infelicidade de escorregar na delinquência, costumam justificar-se com vigoroso poder de persuasão, mas isso não lhes exonera a consciência do resgate preciso.
>
> Companheiros que arruínam o corpo em hábitos viciosos arquitetam largo sistema de escusas, tentando legitimar as atitudes infelizes que adotam, comovendo a quem os ouve; entretanto, acabam suportando em si mesmos as consequências das responsabilidades a que se afeiçoam[58].

O espírito Vianna de Carvalho[59], pela psicografia de Divaldo Pereira Franco, fez uma sábia caracterização da sociedade atual, da qual transcrevemos alguns trechos.

> Nunca houve tanta dor e impotência humana em relação às penosas circunstâncias existenciais, quanto nestes tormentosos dias de beleza e de aflição, de cultura e de agres-

58 www.significados.com.br (acesso em 28/10/2016).

59 Vianna de Carvalho/Divaldo Pereira Franco. *Espiritismo e vida.* Salvador-BA – Livraria Espírita Alvorada Editora, 2009. 192 p.

> sividade, de decantadas liberdades democráticas e espezinhamento dos direitos do cidadão... [...].
>
> Concomitantemente, em fugas espetaculares do medo e da ansiedade, as multidões alucinadas atiram-se no desbordar das paixões sensuais e devastadoras do sexo, do alcoolismo, do tabagismo, da drogadição, tornando a existência um palco de exibição dos seus tormentos disfarçados de risos e embriaguez dos sentidos, como se a vida pudesse permanecer reduzida ao tóxico das momentâneas ilusões!
>
> Em consequência, aumentam, assustadoramente, os transtornos de conduta, avolumam-se a depressão, o transtorno da afetividade bipolar, a síndrome do pânico, as doenças degenerativas, as cardiopatias, o câncer, culminando em loucura e suicídio [...].
>
> A soberba do ser humano, porém, é-lhe também adversário cruel, porque, mantendo-o na ignorância a respeito dos elevados deveres que lhe cumpre desempenhar, impede-o de desenvolver-se espiritualmente, avançando pela senda do progresso conforme seria de desejar, de modo que atingisse os níveis de lucidez que o capacitariam à legítima compreensão da finalidade existencial na Terra.
>
> Bloqueando-se pelo orgulho desmedido, mergulhado na vã loucura do materialismo, ele pensa poder a tudo explicar através das suas concepções ousadas, mas pobres de significado, atravessando as horas do rio do tempo na frágil embarcação da ignorância da realidade.

O médico Ricardo de Souza Cavalcante, professor da Faculdade de Medicina da Unesp e integrante da Associação Médico-Espírita (AME) de Botucatu (SP), seguindo uma linha de raciocínio semelhante à de Vianna de Carvalho, teceu uma análise realíssima sobre o perfil comportamental predominante na sociedade humana moderna, em artigo intitulado: "Devemos resgatar nosso significado existencial"[60], do qual transcrevemos um trecho.

> Temos ouvido de muitas pessoas que o mundo caminha para o colapso. Cada vez mais, observa-se o aumento da criminalidade e da violência, seja na vida cotidiana, com assaltos, sequestros, homicídios, bem como das inúmeras guerras civis a produzir milhares de refugiados e do terrorismo que tem dizimado a vida de inúmeras pessoas ao redor do globo. Parece que a corrupção entre os homens também adotou esta direção ascendente, quando vemos o poder público de um país corrompido e desmoralizado. Quem assiste um telejornal ou acessa a internet, para ler notícias do Brasil e do mundo, vai ficar estarrecido com tanta informação negativa.
>
> E o que dizer dos comportamentos sociais vigentes? Vivemos em uma sociedade hedonista, que cultua o prazer e nada mais. O que interessa é o ter, a qualquer custo, para poder. Busca-se as profissões mais rentáveis, mesmo que a contragosto das aptidões pessoais. Observa-se grande número de indivíduos perdidos em suas ambições, apegados de tal modo nos bens materiais que possuem, que acabam sendo possuídos e dominados por eles. E aqueles que não têm o que gostariam, mas têm o necessário, e deixam de viver o presente para aguardar o dia em que alcançarão a riqueza material, dia este que pode nunca chegar. O sexo está sendo tratado como mero joguete das sensações físicas, distante do amor e da responsabilidade.
>
> Não há dúvida o quanto estes fatos têm trazido medo, insegurança e ansiedade para os nossos dias. E a criatura humana aturdida, busca compensar o vazio que carrega na

60 Ricardo de Souza Cavalcante. Devemos resgatar nosso significado existencial. Botucatu-SP: *O caminho da luz* (Informativo oficial do Centro Espírita Caminho da Luz), ano VIII, número 54, nov./dez. de 2016.

alma. Assim, exagera o culto ao corpo, com exercícios extenuantes, cirurgias plásticas descabidas, dietas sem sentido salutar. Foge dos relacionamentos reais para os virtuais, na ilusão de que o isolamento emocional lhe proporcionará equilíbrio e paz. Lança-se no abuso das substâncias psicoativas, tal qual o álcool, o tabaco e as drogas ilícitas, como meio de escape para não enfrentar a realidade vigente. E o número de doentes, sejam acometidos por enfermidades orgânicas ou emocionais, aumenta a cada dia, abarrotando os consultórios e hospitais.

Com enfoque similar, assim expressou-se o médico espírita Alírio de Cerqueira Filho[61]:

> Vivemos hoje em dia em uma sociedade na qual há uma profunda inversão de valores. O valor do Ser Humano reside em ter, fazer e parecer, em detrimento do Ser.
>
> Essa inversão de valores tem gerado uma crise existencial, jamais vista em outros tempos, devido a essa fragmentação do Ser Humano, tornando-o um "ter" humano.
>
> Para a sociedade atormentada na qual vivemos, os valores materiais vêm em primeiro lugar. Essa busca de uma razão para viver, puramente materialista, tem produzido o que a medicina e a psicologia modernas denominam de doenças de sentido.
>
> Doenças diversas do corpo e da mente são vistas, hoje, por muitos médicos e psicólogos espiritualistas, como doenças existenciais, causadas por um distanciamento do Ser Humano do verdadeiro sentido da vida.
>
> Apesar de todo avanço tecnológico, doenças que expressam a falta de sentido na vida têm aumentado de

61 Alírio de Cerqueira Filho. *Saúde existencial, o despertar para a essência da vida.* Santo André-SP – EBM Editora, 1ª edição, 2008. 205 p.

> maneira assustadora, a ponto de se tornarem verdadeiras pandemias.
>
> Depressão, suicídio, alcoolismo, abuso de drogas, doenças degenerativas etc. são pedidos de socorro de uma sociedade atormentada, carente de valores espirituais próprios do Ser Humano. [...].
>
> O Ser Humano está carente de mais sentido para a sua existência, com a finalidade de torná-la mais saudável.

Em sua obra *S.O.S. família*, Joanna de Ângelis[62] traça um panorama bastante profundo e realista a respeito da magnitude dos efeitos das drogas na destruição do indivíduo, da família e, consequentemente, da sociedade; a qual, via de regra, se omite em contribuir para que o processo educacional pleno se torne efetivo na mitigação desse mal devastador. Leiamos alguns trechos dos escritos de Joanna.

> Paisagem humana triste, sombria e avassaladora, pelos miasmas venenosos que destilam os grupos vencidos pelo uso desregrado dos tóxicos, constitui evidência do engano a que se permitiram os educadores do passado: pais ou mestres, sociólogos ou éticos, filósofos ou religiosos [...].
>
> Mais preocupado com o corpo do que com o espírito, o homem moderno deixou-se engolfar pela comodidade e prazer, deparando, inesperadamente, o vazio interior que lhe resulta amarga decepção, após as secundárias conquistas externas.
>
> Acostumado às sensações fortes, passou a experimentar dificuldade para adaptar-se às sutilezas da percepção psíquica, do que resultariam aquisições relevantes promotoras de plenitude íntima e realização transcendente.

62 Joanna de Ângelis/Divaldo Pereira Franco. *S.O.S família*. Trecho publicado na revista *Fidelidade Espírita*. Campinas-SP - Centro de Estudos Espíritas Nosso Lar, edição 113, 2012.

Tabulados, no entanto, programados por aferição externa de valores objetivos, preocuparam-se pouco os encarregados da educação em penetrar a problemática intrínseca dos seres, a fim de, identificando as nascentes das inquietações no espírito imortal, serem solvidos os efeitos danosos e atormentadores que se exteriorizam como desespero e angústia.

Estimulado pelo receio de enfrentar dificuldades, ou motivado pela curiosidade decorrente da falta de madureza emocional, inicia-se o homem no uso dos estimulantes - sempre de efeitos tóxicos —, a que se entrega, inerme, deixando se arrastar desde então, vencido e desditoso (infeliz).

Não bastassem a leviandade e intemperança da maioria das vítimas potenciais da toxicomania, grassam os traficantes inditosos que se encarregam de arrebanhar catarmas que se lhe submetem ao comércio nefando, aumentando, cada hora, os índices dos que sucumbem irrecuperáveis [...].

Fixando-se nas estruturas muito sutis do perispírito, em processo vigoroso, os entorpecentes desagregam a personalidade, porquanto produzem na memória anterior a liberação do subconsciente que invade a consciência atual com as imagens torpes e deletérias das vidas pregressas, que a misericórdia da reencarnação faz jazer adormecidas... De incursão em incursão no conturbado mundo interior, desorganizam-se os comandos da consciência, arrojando o viciado nos lôbregos alçapões da loucura que os absorve, desarticulando os centros do equilíbrio, da saúde, da vontade, sem possibilidade reversiva, pela dependência que o próprio organismo físico e mental passa a sofrer, irresistivelmente...

Faz-se apologia de uns alucinógenos em detrimento de outros e explica-se que povos primitivos de ontem, e remanescentes de hoje utilizavam-se e usam alguns vegetais portadores de estimulantes para experiências paranormais

> de incursão no mundo espiritual, olvidando-se que o exercício psíquico pela concentração consciente, meditação profunda e prece, conduz a resultados superiores, sem as consequências danosas dos recursos alucinatórios.
>
> A quase totalidade que busca desenvolver a percepção extrassensorial, através do uso do entorpecente, encontra em si mesmo o substractum do passado espiritual que se transforma em fantasmas, cujas reminiscências assomam e persistem, passada a experiência, impondo-se a pouco e pouco, colimando na desarmonização mental do neófito irresponsável.
>
> Vale, ainda, recordar que, adversários desencarnados, que se demoram à espreita das suas vítimas, utilizam-se dos sonhos e "viagens" para surgirem na mente do viciado, no aspecto perverso em que se encontram, causando pavor e fixando matrizes psíquicas para as futuras obsessões em que se repletarão emocionalmente, famílias da infelicidade em que se transformam.
>
> A educação moral à luz do Evangelho sem disfarces nem distorções; a conscientização espiritual sem alardes; a liberdade e a orientação com bases na responsabilidade; as disciplinas morais desde cedo; a vigilância carinhosa dos pais e mestres cautelosos; a assistência social e médica em contribuição fraternal constituem antídotos eficazes para o aberrante problema dos tóxicos - autoflagelo que a Humanidade está sofrendo, por haver trocado os valores reais do amor e da verdade pelos comportamentos irrelevantes quão insensatos da frivolidade.

O psicoterapeuta reencarnacionista Mauro Kwitko[63], baseado nas suas experiências em sessões de regressão a outras existências, afirmou:

---

63 Mauro Kwitko. *Como evoluir espiritualmente em um mundo de drogas*. Porto Alegre-RS - BesouroBox, 2011. 296 p.

> Frequentemente, nessas viagens de autoconhecimento, os usuários de substâncias prejudiciais encontram vidas passadas em que já utilizavam drogas (lícitas ou ilícitas) e percebem que estão repetindo um mesmo padrão comportamental, do qual se arrependeram e se envergonharam quando voltaram para casa no mundo espiritual. Prometeram lá que na sua próxima encarnação (a atual) não iriam cometer o mesmo erro, e descobrem que estão cometendo... Essa recordação pode operar milagres. Outros usuários estão sintonizados em situações de solidão, de abandono, de tristeza, em outras encarnações, e essa sintonia traz para os dias de hoje o mesmo sentimento, a mesma sensação, que faz com que fumem para não se sentirem sós, encontrando no cigarro um companheiro para sua tristeza e abandono[...]. Uma outra sintonia que alguns usuários encontram em seu passado transpessoal é com uma situação de culpa que, escondida dentro do seu inconsciente, faz com que queiram destruir-se, sem consciência dessa intenção subliminar [...]. Muitas pessoas tabagistas ou alcoolistas ou usuárias de outras substâncias não conseguem se libertar desse hábito, sem se desligarem dessas sintonias com outras encarnações, pela força que essas situações exercem subconscientemente.

Pesquisa efetuada na Inglaterra[64], em 2016, com jovens de 16 a 25 anos, revelou que a metade deles afirmou ter problemas emocionais, com consequente dificuldade para se concentrar nos estudos ou nas atividades laborais; 37% declararam-se estressados. Dentre eles, 46% disseram que não revelam seus segredos para ninguém, 58% acham que a busca de ajuda não

---

64 https://oglobo.globo.com (10/01/2017). Matéria sobre pesquisa realizada na Inglaterra, por Martina Milburn e colaboradores, acerca dos efeitos do álcool sobre a ocorrência de câncer.

resolveria seus problemas e 25% disseram que não têm controle sobre suas vidas. Segundo os pesquisadores, a saúde mental dos jovens nunca esteve tão afetada. Martina Milburn, uma das autoras da pesquisa, ressaltou:

> Mostramos um resultado preocupante de como a nova geração está perdendo a habilidade de moldar o seu próprio futuro. É chocante ver tantas pessoas desesperadas com suas situações.
>
> A principal característica do espírito encarnado é esquecer-se de sua natureza espiritual, esquecer-se que saiu de sua casa e veio fazer uma viagem de estudos; e cair nas armadilhas terrenas[65].

> Muito antes da valiosa contribuição dos psiquiatras e psicólogos humanistas e transpessoais, [...], que colocaram a alma como base dos fenômenos humanos, a psicologia espírita demonstrou que, sem uma visão espiritual da existência física, a própria vida permaneceria sem sentido ou significado[66].

> A Humanidade, em geral, vive em estado de sono, em letargo, e, por isso mesmo, padece da enfermidade mais dominadora, que é a ignorância de si, da destinação de cada um, do significado da existência. Acomodados à situação em que se encontram, os indivíduos queixam-se, mas quase nada fazem para mudar os fatores degenerativos do conjunto social, normalmente neles mesmos presentes; [...], não se esforçando, realmente, para conseguir a superação

---

65 Mauro Kwitko. *Como evoluir espiritualmente em um mundo de drogas.* Porto Alegre-RS - BesouroBox, 2011. 296 p.

66 Joanna de Ângelis/Divaldo Pereira Franco. *Autodescobrimento: uma busca interior.* Salvador-BA - LEAL, 2014. (Edição comemorativa dos 25 anos da Série Psicológica Joanna de Ângelis, volume 6). 168 p..

de todo aparente obstáculo que surge como ameaça ou impedimento ao seu progresso[67].

A necessidade, portanto, do autodescobrimento, em uma panorâmica racional, torna-se inadiável, a fim de favorecer a recuperação, quando em estado de desarmonia, ou o crescimento, se portador de valores intrínsecos latentes. Enquanto não se conscientize das próprias possibilidades, o indivíduo aturde-se em conflitos de natureza destrutiva, ou foge espetacularmente para estados depressivos, mergulhando em psicoses de várias ordens, que o dominam e inviabilizam a sua evolução, pelo menos momentaneamente.

A experiência do autodescobrimento faculta-lhe identificar os limites e as dependências, as aspirações verdadeiras e as falsas, os embustes do ego e as imposturas da ilusão [...].

Não identificado com os propósitos da finalidade superior da Vida, quando convidado à libertação dos vícios e paixões perturbadoras, das aflições e tendências destrutivas, essa dualidade do negativo e do positivo desenha-se-lhe no pensamento, dificultando-lhe a decisão. É comum, então, o assalto mental pela dúvida: isto ou aquilo? A definição se faz com insegurança e o investimento para a execução do propósito novo diminui ou desaparece em face das contínuas incertezas [...].

Liberando-se das imagens errôneas a respeito da vida, o ser deve assumir a realidade do processo da evolução e vencer-se, superando os fatores de perturbação e de destruição[68].

---

67 Joanna de Ângelis/Divaldo Pereira Franco. *Vida: desafios e soluções*. Salvador-BA – LEAL, 2014. (Edição comemorativa dos 25 anos da Série Psicológica Joanna de Ângelis, volume 8). 176 p

68 Joanna de Ângelis/Divaldo Pereira Franco. *Autodescobrimento: uma busca interior*. Salvador-BA – LEAL, 2014. (Edição comemorativa dos 25 anos da Série Psicológica Joanna de Ângelis, volume 6). 168 p.

Dentre esses fatores, não poderíamos deixar de mencionar as questões relativas à influenciação de espíritos obsessores, que encontram nos portadores de vícios, campos férteis e companhias fiéis para que continuem desfrutando de seus ilusórios prazeres.

> O hábito vicioso, facilita a interferência de mentes desencarnadas também viciadas, que se ligam em intercâmbio obsessivo simples, a caminho de dolorosas desarmonias [...] (Divaldo Pereira Franco).
>
> Não poucos viciados renitentes são vítimas do mesmo hábito que mantiveram em existência anterior, na qual mergulharam em abismo profundo e retornaram com as marcas da dependência que os consome, avançando para expiações muito graves no futuro.
>
> Sob outro aspecto, as vinculações com personalidades psicopatas desencarnadas, ou inimigos pessoais de outras experiências carnais, respondem pela indução à dependência viciosa, na qual também se comprazem em mecanismos de vampirização cruel, em verdadeira interdependência espiritual[69].
>
> As patologias obsessivas resultantes de processos reencarnacionistas sob injunções morais de alta gravidade, contribuem para que se manifestem desde cedo as tendências viciosas, nessa área turbulenta do comportamento psicossocial do ser humano.
>
> Tal ocorrência, a da obsessão, é fruto de reencarnações compulsórias, as quais os infelicitadores se recusaram a aceitar como recurso de recuperação moral; produziram-

---

69 Joanna de Ângelis / Divaldo Pereira Franco. *Conflitos existenciais*. Salvador-BA - LEAL, 2014. (Edição comemorativa dos 25 anos da Série Psicológica Joanna de Ângelis, volume 13). 240 p..

-lhes no íntimo revolta contra as Leis de Deus, que não puderam ludibriar ou infringir impunemente.

A revolta natural, dessa conduta decorrente, e os mecanismos de recuperação psíquica, abrem campo mental para a indução perniciosa, facultando a sintonia espiritual e a busca insensata da absorção de drogas geradoras de dependência.

A falta de ideal, de objetivo existencial, de fatores que proporcionem a autorrealização, de conduta religiosa otimista, de solidariedade fraternal, de afetividade equilibrada, constituem armadilhas que precipitam os incautos nos fossos terríveis da loucura, do suicídio, do homicídio [...][70].

[...] com grande frequência, espíritos desencarnados se manifestam durante as sessões mediúnicas ainda presos ao seu vício e falando da sua desencarnação prematura, provocada pelo uso de cigarro, bebida alcoólica, gula e falta de cuidado com sua saúde. Muitos deles estão vampirizando encarnados descuidados, invigilantes, pela empatia entre seus hábitos. O diálogo com estes espíritos nem sempre é fácil, porque eles sempre têm suas justificativas para estar perto dos encarnados usuários, de conformidade com a lei de que "semelhante atrai semelhante". O tratamento espiritual tanto do espírito desencarnado como do encarnado está baseado na compreensão do erro e na necessidade de mudança de comportamento. Não adianta um espírito obsessor ser afastado do obsidiado se não houver modificação de comportamento por parte deste, pois aquele será substituído por outro e assim sucessivamente. Todo hábito vicioso deve ser tratado em seu aspecto psicológico ou psiquiátrico associado a uma terapia baseada nas Leis

70 Joanna de Ângelis, psicografia de Divaldo Pereira Franco. *O despertar do espírito*. Salvador-BA – LEAL,1ª ed., 2014. 212 p

Divinas, para que o reequilíbrio e a correção de rumo sejam alcançados. O tratamento médico e/ou alternativo e o tratamento espiritual devem caminhar juntos, um dando apoio ao outro[71].

Muitos jovens são frequentadores de boates e baladas da noite, cujos ambientes de baixa frequência favorecem a presença e a ação de entidades viciosas, tornando-se assim, presas fáceis das drogas e dos vícios morais, sendo facilmente induzidos ao alcoolismo, ao tabagismo, ao uso de outras substâncias tóxicas, ao sexo desregrado, frequentemente sem os cuidados preventivos necessários, embalados por músicas endereçadas aos seus chakras inferiores, que, ativados ao extremo, fazem com que seu raciocínio desça a um nível crítico de perda de controle dos instintos[72].

Conforme Luiz Gonzaga Pinheiro[73],

> [...] a história do vampirismo sobre a Terra teve seus capítulos iniciais com os primeiros habitantes, intensificando-se até os nossos dias com a ajuda da invigilância e do desregramento que grassa em grande parcela da população planetária, fornecedora do combustível para tal incêndio.
>
> No entanto, microscópica parcela da população terrestre conhece a atuação vampiresca e os prejuízos decorrentes dela, podendo precaver-se desse intercâmbio, evitando a drenagem de fluido vital de um plano para outro. Essa despudorada intimidade é embasada no aviltamento das

71 Mauro Kwitko. *Como evoluir espiritualmente em um mundo de drogas.* Porto Alegre-RS - BesouroBox, 2011. 296 p.

72 Idem.

73 Luiz Gonzaga Pinheiro. *O perispírito e suas modelações.* Capivari-SP - Editora EME, 15ª reimpressão, 2013. 352 p..

funções básicas e necessidades dos encarnados, tais como alimentação e sexo.

Os vampiros desencarnados buscam entre os encarnados o tônus vital, a essência ou vapores alcoólicos, as emanações carnívoras das mesas fartas, os prazeres sexuais, a alucinação das drogas e demais excessos afins.

Os encarnados que se perdem nos vícios abusivos, tais como o sexo desregrado, as drogas, a glutonaria (vício do glutão, que é aquele que come excessivamente e com avidez), o tabagismo e outros, tornando-se deles escravos, atravessam a existência física a encharcarem-se de fluidos grosseiros, condicionando-se às exigências e atendimentos de tais apetites. Tornam-se carentes de energias mais sutis, de vez que seus perispíritos se acostumam a fluidos pesados e grosseiros, únicos a lhes satisfazerem a materialidade quase palpável. São ainda brutalizados; instinto sobrepondo-se à razão. Adentram o túmulo na mesma dependência em que sempre viveram, pois a satisfação dos desejos são exigências da alma e não do corpo, no que são atraídos magneticamente para zonas específicas da erraticidade, onde se comprazem uns com os outros, como se encarnados fossem. É o vampirismo entre desencarnados.

Com a mente refletindo incessantemente seus desejos, resquícios da vida física, criam mentalmente essas zonas de difícil acesso e de perigosa estadia, para quem se aproxime sem as devidas reservas adquiridas pela sublimação e pela renúncia. Nessas regiões, os espíritos em viciação sexual se buscam e se locupletam (se saciam), o mesmo acontecendo com relação às drogas, a glutonaria e a todo baixo procedimento que se possa observar entre os encarnados. [...]

Pobre Humanidade! Fornece a matéria-prima para os vampiros, e estes, sentindo-se vitalizados, contra ela investem, induzindo-a a partilhar do aviltamento das paixões

> desregradas, no que se debilita física e moralmente. Põe a arma na mão de quem lhe deseja apunhalar.

Luiz Gonzaga Pinheiro[74] relatou que numa reunião mediúnica de desobsessão, em conversa com espíritos vampiros que assediavam um viciado em bebidas alcoólicas, perguntou a um deles:

> - Meu irmão! Havendo aí no mundo que você habita, bebidas, cigarros, drogas, por que a necessidade tão urgente em subjugar esse pobre viciado?
>
> Tem, mas não é a mesma coisa. É tudo mais fraco. Eu gosto é de coisa forte. Além do mais, ele me chama pelo pensamento e eu sempre atendo aos seus apelos.

> Uma das razões do sofrimento humano é o querer, equivocadamente, conforme a ilusão do prazer imediatista e alucinado, que elege o dispensável em detrimento do essencial, de acordo com o transitório e não com o permanente. E para lográ-lo, age segundo as tendências negativas, comprometendo-se moral e espiritualmente. Esse querer equivocado escraviza o ser às paixões inferiores [...]. Para o seu prazer, o indivíduo quer o que não lhe convém [...].[75]

Mauro Kwitko[76] descreveu seis possíveis causas dos vícios, transcritas a seguir.

---

74 Luiz Gonzaga Pinheiro. *O perispírito e suas modelações*. Capivari-SP - Editora EME, 15ª reimpressão, 2013. 352 p.

75 Joanna de Ângelis/Divaldo Pereira Franco. *Plenitude*. Salvador-BA - LEAL, 2014. (Edição comemorativa dos 25 anos da Série Psicológica Joanna de Ângelis, volume 3). 160 p.

76 Mauro Kwitko. *Como evoluir espiritualmente em um mundo de drogas*. Porto Alegre-RS - BesouroBox, 2011. 296 p.

1) Pode ser uma atitude decorrente do esquecimento da nossa natureza espiritual, numa fixação em nosso próprio umbigo, em nosso egocentrismo.

2) Pode ser consequência de traumas de encarnações passadas, somando-se a circunstâncias da infância ou da vida atual.

3) Pode ser a repetição de um padrão anteriormente praticado em encarnações passadas.

4) Pode dever-se a estímulos subliminares de uma sociedade materialista e imediatista, baseada em consumismo e falsos valores.

5) Pode ser um excesso de sensibilidade de espíritos com dificuldade com a vida terrena.

6) Pode ser reforçada pela existência de influências espirituais inferiores.

Independentemente da causa, os vícios produzem a sensação de prazer, mesmo que efêmero e com consequências sabidamente catastróficas. Considerando-se o título desse capítulo 3, poderíamos considerar os "ilusórios e destrutivos prazeres", verdadeiramente prazeres? Ou seriam pseudoprazeres?

Antes de conceituar o que seja pseudoprazer, porém, definamos prazer:

> Prazer é uma sensação de bem-estar. Uma pessoa pode ter prazer sem demonstrar alegria e vice-versa. Mas, socialmente, as pessoas costumam demonstrar alegria ao sentirem prazer. Em geral, é uma resposta do organismo ou da mente, indicando que nossas ações estão sendo benéficas à nossa saúde. O prazer pode ser atingido através de várias maneiras, tais como: praticando exercícios físicos, comendo, tendo relação sexual, ouvindo música, lendo, conversando, trabalhando etc. [...][77]

77 https://pt.wikipedia.org/wiki/pseudo. (Acesso em 28/10/2016).

Essa definição leva a crer que, quando nossas escolhas propiciam benefícios, de qualquer natureza, às estruturas física, emocional e espiritual, sentimos, verdadeiramente, prazer. Entretanto, em nossa atual condição evolutiva, distorcemos o real significado de prazer. Então, a palavra de origem grega, *pseudo,* que significa mentira ou falsidade[78], se ajusta perfeitamente bem à palavra prazer.

Logo, pseudoprazer denota uma sensação agradável, porém efêmera e com consequências maléficas à saúde integral do indivíduo. Os pseudoprazeres se relacionam, via de regra, à autodestruição, normalmente decorrente de um vazio existencial, por sua vez, proveniente do desconhecimento das verdades da Vida (escrevemos Vida e não vida, pois nos referimos ao Espírito: eterno, imortal); causa do atraso moral da sociedade humana, em todos os sentidos, conforme bem explicitado no pensamento a seguir, de Allan Kardec[79]:

> A Humanidade não é má por natureza; mas é ignorante e, por isso mesmo, mais apta a se deixar governar por suas paixões. É progressiva e deve progredir para atingir os seus destinos; esclarecei-a; mostrai seus inimigos ocultos na sombra; desenvolvei sua essência moral, nela inata, e apenas adormecida sob a influência dos maus instintos, e reanimareis a centelha da eterna presciência do infinito, do belo e do bom, que reside para sempre no coração do homem, mesmo do mais perverso.

Voltando à questão existencial, como o vazio atinge a grande maioria dos seres humanos, os pseudoprazeres redundam em normose, a já referida patologia da normalidade: tudo aquilo que

---

78 www.significados.com.br (acesso em 28/10/2016).

79 Allan Kardec. *Revista Espírita (fevereiro de 1868).* Rio de Janeiro-RJ – Federação Espírita Brasileira, 3ª ed., 2009.

é considerado normal pela sociedade, mas que, em verdade, pode ser pernicioso à saúde física, psíquica e à evolução espiritual, sob todos os ângulos de análise.

Um dos pontos essenciais à evolução é o desenvolvimento da coragem para enfrentar as normoses e os normóticos, que tendem a marginalizar aqueles que não seguem os preceitos ditados pela maioria, no que diga respeito às questões prejudiciais à saúde integral do ser e do planeta.

> Se a aventura de nossa espécie algum dia findar, terá sido pelos normóticos que fomos. A grande ameaça global se chama normose. É tempo de conspirar pela nobreza e inteireza do projeto humano. Temos contas a prestar às gerações vindouras[80].

> Aprender a viver deve nos desconectar, em muitos sentidos, das estruturas coletivas, para encontrarmos o nosso caminho, a nossa estrada, a individuação, muitas vezes perdida ou deixada para trás[81].

Na obra *Triunfo pessoal,* Joanna de Ângelis, pela psicografia de Divaldo Pereira Franco[82], aborda a questão do significado existencial:

> A visão hedonista (hedonismo consiste numa doutrina

80 Pierre Weil, Jean-Yves Leloup, Roberto Crema. *Normose - A patologia da normalidade*. Petrópolis-RJ - Vozes, 2011.

81 Mansão do Caminho. Núcleo de Estudos psicológicos Joanna de Ângelis. *Refletindo a alma: a psicologia espírita de Joanna de Ângelis*. Salvador-BA - Livraria Espírita Alvorada Editora, 2. Ed. 2012. 440 p.

82 Joanna de Ângelis/Divaldo Pereira Franco. *Triunfo pessoal.* Salvador-BA - LEAL, 2014. (Edição comemorativa dos 25 anos da Série Psicológica Joanna de Ângelis, volume 12). 185 p.

> em que a busca pelo prazer é o único propósito da vida[83]) sobre a existência humana tem levado multidões às alucinações do prazer, numa interpretação totalmente equivocada sobre a realidade do ser. A descoberta do significado da vida é de relevante magnitude, porque dá sentido à luta e aos desafios que surgem frequentemente, convidando o indivíduo ao avanço e ao crescimento interior.
>
> Esse sentido existencial é uma forma de religiosidade que deve possuir um alto significado motivador para que o indivíduo não desfaleça nos empreendimentos evolutivos [...].
>
> O ser humano é um feixe de emoções por deslindar e desenvolver, de forma que se facultem estados interiores de bem-estar e de plenitude, que independem de coisas e de lugares, de circunstâncias e de posses. Não se trata de uma questão filosófica ou teórica, mas de uma realidade existencial, na qual todo indivíduo experiencia valores internos que lhe podem estimular ao autoconhecimento ou bloquear-lhe as percepções extrafísicas.
>
> Inevitavelmente, vendo a vida como um amontoado de enigmas, certo aturdimento invade a pessoa, que parece desestruturada para os resolver, temendo ser vencida pela variedade dessas ocorrências inesperadas [...].
>
> O esforço para se encontrar o significado existencial deve ser contínuo, porquanto a sua falta e o seu não conhecimento, podem produzir transtornos internos que dão surgimento a processos psiconeuróticos.

Portanto, precisamos buscar meios para nos libertarmos da paralisia evolutiva espiritual, para que sigamos na árdua tarefa de decifração dos referidos enigmas da vida. Sem isso não sairemos do círculo vicioso: reencarna, desencarna, reencarna, desen-

83 www.significados.com.br (acesso em 28/10/2016)

carna..., quase sempre permanecendo no mesmo lugar, afundados num poço de ilusões.

Essa triste rotina só poderá ser gradativamente modificada através da mitigação da ignorância acerca de nós mesmos e das leis naturais que regem o Universo. Enquanto continuarmos a pensar como corpos físicos que temos, mas que não somos, e não como espíritos eternos, individuados, centelhas divinas; portanto, verdadeiramente filhos da Energia Suprema, continuaremos a errar gravemente, ao colocarmos em evidência os destrutivos e falsos prazeres carnais, em detrimento dos construtivos e verdadeiros, que além da saúde do corpo físico, promovem sobriedade e a progressiva sublimação dos prazeres da alma.

> A psicoterapia reencarnacionista quer nos ensinar a mudar o foco da história ilusória da nossa persona (Raciocínio) para a história real do espírito (Contra-Raciocínio), para que possamos passar o comando da nossa vida ao nosso Eu Superior e aos nossos Mentores Espirituais, representantes mais próximos da perfeição Divina.

Isso pode ser denominado "o despertar da consciência"; momento ímpar, em que nos reconhecemos como espíritos imperfeitos, com profundas necessidades de aprendizagem. Munidos da vontade, certamente sentiremos a lenta e gradativa transformação moral e o aumento do ângulo da visão espiritual. A partir de então nossa concepção de vida não será a mesma. Estaremos envoltos pelos mesmos desafios, problemas, obstáculos e dores; mas, cientes do rumo certo a seguir, os enfrentaremos com serenidade, confiança, alegria....

O médico Roberto Brólio[84], na obra *Psicologia da alma,* da qual transcrevemos o trecho abaixo, chama a atenção para a importân-

84 Roberto Brólio. *Psicologia da alma.* São Paulo-SP - FE Editora Jornalística, 1998. 174 p..

cia do autoconhecimento, bem como do significado espiritual da vida, tendo também ressaltado que ela é comandada pela alma.

> Muitas pessoas passam pela vida desconhecendo a existência de sua própria alma, de seu verdadeiro eu. Sentem-se estranhas, confusas, perturbadas, ausentes.
>
> E como não conhecem suas necessidades primárias, partem numa corrida para a satisfação dos interesses materiais que lhes proporciona as comodidades da vida [...]. Muitas vezes, movidas pela ansiedade, angústia ou depressão, procuram consolo ou derivativo nos vícios, que estão entre os maiores problemas de saúde pública do mundo atual, relacionados a diferentes setores da sociedade, em todos os países.
>
> Assim, passam pela vida numa cansativa insatisfação, perdendo a oportunidade que lhes é oferecida para evoluírem espiritualmente...
>
> A psicologia da alma nos mostra que o pensamento é a força que comanda a vida. Através do pensamento, o homem pode elevar-se a realizações admiráveis, e pode, igualmente, desviar-se para um mundo de trevas para si mesmo e para seus semelhantes[85].

Há uma necessidade urgente de reprogramar-se a mente. Hábitos longamente mantidos, viciações sustentadas por longo prazo, acomodações psicológicas e acontecimentos e atitudes justificadas por mecanismos de evasão do ego, tornam-se outra forma de natureza nos automatismos da própria natureza.

Quando a mente está pronta, parece que todas as coisas o estão igualmente, isto porque dela dependem o senso crítico, a avaliação, o discernimento. Enquanto se encontra

---

85 Pierre Weil, Jean-Yves Leloup, Roberto Crema. *Normose – A patologia da normalidade.* Petrópolis-RJ – Vozes, 2011.

entorpecida ou mal desenvolvida, não consegue abranger a finalidade existencial, e também se adapta ao habitual, automatizando-se[86].

A função da mente é pensar.

O hábito de pensar amplia as possibilidades de discernir.

A mente é capaz de reconhecer, pela razão, os próprios erros nos quais se apoia, e corrigi-los.

A preguiça de pensar é responsável pela limitação do discernimento, da razão.

Adaptando-se às análises estreitas e superficiais da vida e das suas manifestações, o ser permanece em estágio inferior, malbaratando o tempo e a oportunidade[87].

O que determina nossa escolha entre o caminho largo das certezas sublimes, e a estreita e perigosa trilha dos erros recorrentes?

Certamente, as crenças que adquirimos e cultivamos ao longo do tempo, representam um papel fundamental.

Bruce H. Lipton[88], conhecido biólogo celular norte-americano e autor do importante livro *A biologia da crença*, relatou que, enquanto estudava os mecanismos que controlam a fisiologia e o comportamento das células, constatou que a vida delas é controlada pelo ambiente físico e energético e não pelos genes, simples modelos moleculares para construção do organismo.

Lipton concluiu que, se a célula pode ser controlada pelo ambiente, nós, dotados de cerca de 50 trilhões delas, também podemos.

---

86 Joanna de Ângelis Divaldo Pereira Franco. *Autodescobrimento: uma busca interior*. Salvador-BA – LEAL, 2014. (Edição comemorativa dos 25 anos da Série Psicológica Joanna de Ângelis, volume 6). 168 p.

87 Joanna de Ângelis/Divaldo Pereira Franco. *Momentos de saúde e de consciência*. Salvador-BA – LEAL, 2014. (Edição comemorativa dos 25 anos da Série Psicológica Joanna de Ângelis, volume 4). 175 p.

88 Bruce H. Lipton. *A biologia da crença*. São Paulo-SP – Butterfly Editora, 2007. 255 p.

Acrescentou o cientista:

> Assim como cada célula, o destino de nossa vida é determinado não por nossos genes, mas por nossas respostas aos sinais do meio ambiente que impulsionam e controlam todos os meios de vida.

Depreende-se que a postura diante de todos os componentes do nosso entorno é que determina nosso destino.

> Não há a menor dúvida de que nós, seres humanos, temos a capacidade de nos apegarmos a falsas crenças e a defendê-las com unhas e dentes... A crença de que somos meras e frágeis máquinas controladas por genes está sendo gradualmente substituída pela consciência de que somos os próprios geradores e administradores de nossa vida e do mundo que nos cerca... Espero que você compreenda que muitas das crenças que impulsionam e controlam sua vida não são reais, e sim conceitos limitadores, e que passe a querer modificá-los. Ao fazer isso, você reassumirá o controle de sua vida, permitindo a si mesmo ter mais saúde e felicidade[89].

A matéria terrena envolve a mente e retarda o desenvolvimento da percepção espiritual. Vivemos encarcerados pelas futilidades efêmeras cultivadas por nós mesmos, sustentados por paradigmas seculares e desprovidos de nexo.

De forma distorcida ou não, existe uma verdade irrefutável: os seres humanos apresentam a marcante característica de crer em algo que transcende o limite dos sentidos biológicos, independentemente do grau de desenvolvimento moral e intelectual. Nossas mentes são muito criativas; mas, uma criatividade que,

89 Idem.

muitas vezes, toma o rumo da ilusão, do subjetivismo, da utopia, da fantasia.

Apresentamos a seguir um modelo simples e bastante didático da gênese de uma crença, adaptado de Maria Aparecida Martins[90], pelo qual inferimos que as crenças sem embasamento objetivo são fixações mentais que aprisionam o espírito. E este cárcere não se rompe com a desencarnação, nem com a reencarnação; apenas com o despertar da consciência, que promove a coragem para a mudança de paradigmas. Vamos então ao exemplo:

> Denise me ligou dizendo que gosta de frequentar nossas oficinas, mas que está com dificuldades porque o marido não gosta que ela estude. Ele costuma queixar-se de que ela está sempre inventando um curso para fazer:
>
> "Não sei se ele vai deixar".
>
> As crenças mantidas por Denise são:
>
> - dependo da aprovação do meu marido;
>
> - minha liberdade de conhecimento depende dele.
>
> Os sentimentos gerados pela crença são: insegurança, dependência, insatisfação.
>
> Se o pensamento mobiliza forças criativas, o que ela está criando?
>
> Ela está criando uma chance de se sentir tolhida, sem direito de escolha. Pode não parecer, mas é uma criação.
>
> Nossas crenças são como ganchos que nos mantêm plugados numa certa situação. Mudo o modo de pensar, mudo o modo de sentir. É a mecânica.
>
> Quando criança o pai escolhia, agora o marido escolhe o que é bom para ela segundo a escala de valores dele. Ela ainda cultiva a crença de que só será aceita se abrir mão do poder de escolha - então ela escolhe não escolher.

90 Maria Aparecida Martins. *Conexão, uma nova visão da mediunidade*. São Paulo-SP - Centro de Estudos Vida & Consciência Editora Ltda., 4ª edição, 2006. 277 p.

> Denise sente (campo astral), ainda hoje, que só tem permissão para existir se obedecer a sinalização externa. É a crença, e não o pai ou o marido, que cria uma atmosfera mental na qual atuamos, e atrai energias em forma de experiências para nós.
>
> Quando ela diz: "meu marido não me deixou ir", arremessou uma "culpa" da situação a ele, o que não é a verdade última da situação.
>
> E qual é a verdade última da situação? Ela crê no poder de decisão dele sobre ela.
>
> Que ela entregue o poder para quem melhor lhe aprouver é direito dela. Contudo, quem age assim fica empacado, na condição e na frustração.

Da mesma forma: que nos submetamos a qualquer tipo de vício é um direito indiscutível e intocável, determinado pelo pleno livre-arbítrio, um dos principais componentes do conjunto de leis naturais às quais se submetem os espíritos universais. Entretanto, o viciado, autêntico protótipo do suicida inconsciente, fica estagnado em sua trajetória de evolução espiritual, por ter interiorizado uma crença de que os vícios, de qualquer natureza, podem propiciar prazer, euforia, segurança, autoafirmação, e até uma ilusória felicidade.

Aliás, a ilusão envolve a Humanidade de forma avassaladora. Um importante indicador dessa realidade é a não priorização das questões espirituais no transcorrer de cada reencarnação; característica típica dos espíritos de planetas de provas e expiações como a Terra.

Em sã consciência, ninguém escolheria caminho tão tortuoso, tão repleto de obstáculos causadores de profundos sofrimentos. Mas, conforme nos ensina Joanna de Ângelis[91]:

---

91 Joanna de Ângelis/Divaldo Pereira Franco. *Momentos de saúde e de consciência.* Salvador-BA - LEAL, 2014. (Edição comemorativa dos 25 anos da Série Psicológica Joanna de Ângelis, volume 4). 175 p.

> És livre para imprimir na tua existência o padrão de felicidade ou de aflição com o qual desejes conviver. A liberdade é lei da vida, que faz parte do concerto da harmonia universal. Os imperativos inamovíveis e deterministas são vida e morte, no que diz respeito aos equipamentos orgânicos, mesmo assim, sob o fatalismo de incessantes transformações.

Todavia, somos espíritos ainda muito enfermos, materialistas exacerbados, ignorantes da missão precípua nessa efêmera permanência na clausura do instrumento físico.

E qual é essa missão? Evoluir.

E o que mais? Somente evoluir; o que mais quereríamos?

Ressaltamos novamente que tudo aquilo que pensarmos, falarmos e fizermos, que não venha contribuir com a nossa evolução espiritual ou com a do próximo, é um tempo perdido que só nos trará sofrimento, mesmo que momentaneamente até nos sintamos, ilusoriamente, felizes.

> O livre pensamento eleva a dignidade do homem, dele fazendo um ser ativo, inteligente, em vez de uma máquina de crer (Allan Kardec)[92].

Outra questão fundamental em relação aos vícios avassaladores, que explica a imensa dificuldade em superá-los, é a usualmente grande dispersão de suas raízes nas profundezas do inconsciente. Considerando-se a pluralidade das existências, é certo que a maior parte das nossas imperfeições não foram geradas na atual encarnação. Joanna de Ângelis[93] explica a seguir:

---

92 Allan Kardec. *Revista Espírita* (fevereiro de 1867). Rio de Janeiro-RJ - Federação Espírita Brasileira, 3ª ed., 2009.

93 Joanna de Ângelis/Divaldo Pereira Franco. *Momentos de saúde e de consciência.* Salvador-BA - LEAL, 2014. (Edição comemorativa dos 25 anos da Série Psicológica Joanna de Ângelis, volume 4). 175 p.

> Nos alicerces do inconsciente dormem todos os processos da evolução antropológica e as aquisições psicológicas do ser em forma de experiências vividas.
>
> Toda vez que uma delas não pôde ser assimilada e passou aos arquivos profundos, permanecerá com possibilidade de emergir do arcabouço onde dorme, reaparecendo na feição de conflito.
>
> Os conflitos resultam igualmente das ambições insatisfeitas, dos desejos frustrados e das manifestações íntimas que ficaram recalcadas sem o concurso da razão.
>
> O ser humano, libertando-se das heranças do primarismo, estagia na fronteira dos hábitos instintivos e do discernimento do que lhe é factível realizar.

É exatamente nessa fronteira que se encontra grande parte da Humanidade. Já podemos discernir entre o que é bom e o que é ruim à evolução espiritual. Já podemos angariar vontade e coragem para o início do árduo e complicado processo de libertação das grossas e pesadas correntes representadas pelos vícios, com consequente abandono da triste condição de suicida inconsciente.

Mas, não bastam vontade e coragem. É preciso conhecer as verdades da vida sob os pontos de vista moral, científico e filosófico. Ninguém evolui através de sistema impositivo de conhecimentos que, em parte, está contaminado por pseudoconhecimentos. As ignorâncias moral e intelectual levam, mais cedo ou mais tarde, ao surgimento do vazio existencial, causa precípua de diversos males emocionais e físicos, gerados pela mente que desconhece as verdades básicas da Vida.

> Espíritas: amai-vos, eis o primeiro ensinamento; instruí-vos, eis o segundo (Espírito da Verdade, Paris, 1860)[94].

---

94 Allan Kardec. *O Evangelho segundo o Espiritismo*. São Paulo-SP - LAKE - Livraria Allan Kardec Editora, 59ª ed., 2003. 352 p.

Então, para evoluir é imprescindível que sejamos submetidos a um complexo e holístico processo educacional. Sem margem a qualquer dúvida, educação e amor são as palavras chaves do Universo, e no processo pedagógico elas até se confundem, pois o amor é um pré-requisito do ato de educar. Sobre isso escreveu Johann Heinrich Pestalozzi (1746-1827)[95], o grande mestre de Allan Kardec, dos 10 aos 18 anos de idade:

> Falar de amor pedagógico é quase praticar um pleonasmo, porque o amor, na mais alta e completa acepção do termo, é sempre educativo. Mas antes, é preciso saber que tipo de amor é esse, que pode ser empregado na educação do próximo; que tanta eficácia possui, que pode despertar a essência divina dormente no indivíduo...
>
> ... O amor bem direcionado pode e deve facilitar as condições materiais da existência e favorecer o bem-estar mental e o alimento intelectual. Porém, mais do que isso, ele deve atuar nas camadas profundas do ser, fazendo brotar o impulso divino da evolução.

Ressaltou Dora Incontri[96]:

> O amor pedagógico é aquele que consegue acender no outro - seja o outro, filho, aluno, esposo, esposa, amigo, irmão ou a Humanidade em geral - o desejo do bem, o anseio da luz, a vontade irresistível de evoluir, o sentimento de Deus e a segurança do caminho a perseguir. Pelo amor, podemos nos tornar médiuns de Deus, na educação da Humanidade. Mas, somente se nos transfiguramos nesse amor, se nós mesmos buscamos ardentemente a luz e se

---

95 Dora Incontri. *A educação segundo o espiritismo*. Bragança Paulista-SP - Editora Comenius, 2012. 269 p.

96 Dora Incontri. Idem acima.

trilhamos com todo o esforço as veredas do autoaperfeiçoamento e, nesse impulso, sentimos e exalamos um entusiasmo vivo, uma energia poderosa e uma confiança plena - é que poderemos partilhar com o outro essa vibração.

Ensinou-nos Kardec[97]:

> A Educação, se bem entendida, é a chave do progresso moral.

> Entendemos educação como formação global (integral) do indivíduo. Aquela que lhe dá mais do que conhecimento científico, filosófico, literário, mais do que costumamos chamar de informação; educação é aquela que possibilita, além do conhecer, vivenciar, incorporar valores: morais, estéticos, religiosos...
>
> Mas, podemos perceber que: a) um professor, mesmo sendo o melhor em sua disciplina, pode não ser, necessariamente, um educador; b) pode-se ocupar cargos na área da educação, e não ser um educador; c) e há a recíproca: de ser um educador, sem ocupar nenhuma das posições acima (Waldir Cauvilla, citado por Thiago Borges de Aguiar)[98].

Transcrevo, a seguir, alguns pensamentos de Thiago Borges de Aguiar[99]:

> A educação é um ato de transformação.
>
> Há um valor ético no ato educativo.
>
> Se não há um fim positivo para a educação, a própria vida humana deixa de ter valor.

---

97 Allan Kardec. *O Livro dos Espíritos.* Rio de Janeiro-RJ - Federação Espírita Brasileira, 2006 (primeira edição comemorativa do sesquicentenário). 615 p.

98 Thiago Borges de Aguiar. www.geher.fe.usp.br (acesso em 23/9/2016).

99 Idem.

> Só é um educador o sujeito que promove a transformação das pessoas dentro dos parâmetros éticos.
>
> Um educador não é aquele que se afirma como tal, mas aquele que assim é reconhecido pelo educando.

O pensamento da educadora Dora Incontri, integrante da Associação Brasileira de Pedagogia Espírita, vem ao encontro do supracitado:

> Ser educador é muito mais do que ser professor. Para ser educador, não basta conhecer teorias, aplicar metodologias, é preciso uma predisposição interna, uma compreensão mais ampla da vida, um esforço sincero em promover a própria autoeducação, pois o educador verdadeiro é aquele que, antes de falar, exemplifica; antes de teorizar, sente e antes de ser um profissional, é um ser humano.
>
> Qualquer pessoa, em qualquer relacionamento humano, pode se tornar um educador. Bom seria se cada um se empenhasse em colaborar com a evoluçao do próximo, ensinando o que sabe, partilhando suas conquistas espirituais e sacrificando-se pelo progresso da Humanidade.

Se ser educador é isso, o que é ser educando?
Marcus De Mario[100], bem o definiu:

> Quem é o educando?
>
> Quem é aquela criança ou adolescente que está à nossa frente?
>
> Para o estudioso do espiritismo não há dúvida quanto a resposta: é um espírito reencarnado, dotado de múltiplas experiências existenciais, com variado cabedal de

100 Marcus De Mario. *Educando o espírito imortal*. Jornal *Tribuna do Espiritismo*. Matão-SP - Instituto Cairbar Schutel, ano 4, número 38, novembro de 2016.

> conhecimentos, e com um determinado grau de desenvolvimento moral já realizado. É, portanto, um agente ativo do processo educacional, não é um sujeito passivo, como se pensou durante largo tempo. Informam os benfeitores espirituais que somos construtores de nós mesmos ao longo das experiências reencarnacionistas.

A correta interação educadores-educandos propicia sucesso à prioridade existencial que é a evolução do espírito. A essência da educação moral deve ser oferecida no lar e reforçada na escola, sobretudo por intermédio dos exemplos de comportamento. Somente uma educação adequada poderá possibilitar um bom aproveitamento da maravilhosa oportunidade de aprendizagem concedida no processo reencarnatório.

Mas, infelizmente, a Humanidade não tem cumprido a missão educacional com eficácia. De maneira geral, os pais são despreparados para educar e desconhecem os preceitos elementares do processo de transformação moral do espírito.

Faltam os exemplos: como podemos dizer a uma criança ou adolescente que os vícios são prejudiciais, se nós mesmos os praticamos com naturalidade diante desses espíritos necessitados de transformações morais profundas? E pior, em muitas situações até incentivamos, por exemplo, esses jovens a ingerir bebidas alcoólicas, ou a outros equívocos, por entendermos que é normal e que os jovens precisam "aproveitar a vida".

Precisamos nos conscientizar de que qualquer tipo de vício não pode ser considerado forma de aproveitar a vida.

O que significa aproveitar a vida? Destruir-se? Esse conceito representa um dos mais equivocados paradigmas que ainda persistem no âmago da Humanidade, cujas consequências são gravíssimas ao espírito em processo educativo.

Portanto, mudá-lo passa a ser uma prioridade a ser enfaticamente perseguida por todos aqueles que desejam sair da mesmice, da paralisia espiritual, da rotina degradante e deprimente que predomina na jornada evolutiva da maior fração da população da Terra.

Além dessas distorções observadas no principal ambiente educacional, denominado lar, quando analisamos as escolas concluímos que contam com muitos professores apenas professores e poucos professores também educadores.

Por outro lado, o avanço da tecnologia da informação expõe os educandos, com mais facilidade, a severos riscos de desvio dos caminhos do bem. Logicamente, não é a tecnologia a responsável por isso, mas aqueles que a manipulam, colocando os interesses materialistas acima dos valores morais.

Quando todos os envolvidos no sistema educacional entenderem o porquê de o espírito reencarnante retornar à crosta planetária num corpo infantil, envolto por todo um processo lento e gradativo de desenvolvimento, a maioria, certamente, sofrerá uma profunda dor consciencial, pois concluirá que agiu irresponsavelmente diante de um mecanismo tão complexo, criado por nossos superiores invisíveis como ferramenta para a ascensão do espírito.

Na questão 383 de *O Livro dos Espíritos*, já citada, Allan Kardec perguntou aos espíritos da codificação:

> Qual é, para o espírito, a utilidade de passar pelo estado de infância?
>
> Encarnando com o objetivo de aperfeiçoar-se, o espírito, durante esse período, é mais acessível às impressões que recebe e que podem auxiliar o seu adiantamento, para o qual devem contribuir os que estão encarregados de educá-lo.

A resposta à questão 385 de *O Livro dos Espíritos* é longa, entretanto, destacamos um trecho bastante elucidativo ao assunto em discussão:

> A infância ainda tem outra utilidade. Os espíritos só entram na vida corporal para se aperfeiçoarem, para se melhorarem. A fragilidade dos primeiros anos os torna brandos, acessíveis aos conselhos da experiência e dos que devam fazê-los progredir. É quando se pode reformar o seu caráter e reprimir seus maus pendores. Esse é o dever que Deus confiou aos pais, missão sagrada pela qual terão que responder.

Diante de tantas evidências exaradas por nossos superiores espirituais perguntemo-nos:

Estamos cumprindo nosso papel de educador?

Consideramos educador aquele que trabalha a educação holística, integral, agregando as questões intelectuais clássicas às morais e espirituais, visando a transformação do espírito eterno; e educador aquele que educa parcialmente, com foco predominante no intelecto, com severas falhas nas questões morais e espirituais, das quais decorrem as distorções observadas na maioria, culminando no suicídio inconsciente e mesmo no suicídio de fato, preocupantemente crescente na atualidade.

- Capítulo 4 -

Formas de suicídio inconsciente

4.1 Drogas psicoativas

Drogas psicoativas são substâncias químicas que agem no sistema nervoso central, promovendo alteração da função cerebral, com consequentes efeitos sobre a percepção, humor, comportamento e consciência[101]. Bebidas alcoólicas, tabaco e as demais drogas (ilícitas) são todas consideradas substâncias psicoativas.

> A vinculação alcoólica, por exemplo, escraviza a mente, desarmonizando-a, e envenena o corpo, deteriorando-o. Tem início através do aperitivo inocente, quão dispensável, que se repete entre sorrisos e se impõe como necessidade, realizando a incursão nefasta, que logo se converte em dominação absoluta, desde que aumenta de volume na razão direta em que consome[102].

Quase todo usuário das drogas ditas "pesadas" começa o ritual em direção à morte, pois é exatamente isso que

101 https://pt.wikipedia.org/wiki/Droga_psicoativa.

102 Joanna de Ângelis / Divaldo Pereira Franco. *Após a tempestade*. Salvador-BA - Livraria Espírita Alvorada Editora. 59ª ed., 1974.

> as drogas representam - um ritual em direção à morte -, enfim, inicia-se, quase na totalidade, com o vício do álcool e do fumo para só então, mais tarde, entrar no uso da maconha, da cocaína ou do crack. Hoje, está provado cientificamente que existe ligação íntima dos pequenos vícios com a dependência determinante que os viciados nas drogas pesadas experimentam na fase terminal dessa jornada sinistra[103].

Na obra *Conflitos existenciais*, Joanna de Ângelis[104] manifestou-se sobre a dependência química:

> Iniciado o uso de qualquer substância química tóxica, após a euforia mentirosa e a queda na angústia pela falta do estímulo artificial, muitas vezes o paciente experimenta mal-estar compreensível.
>
> Os relacionamentos sedutores e os grupos de convivência doentia encarregam-se de proporcionar novos estímulos e, ao repetir a experiência, inicia-se a torpe dependência que leva aos desastres mais imprevisíveis, tanto em relação ao desgaste orgânico como à degenerescência mental e emocional, e também aos imprevisíveis desvios para o crime [...].
>
> [...] De início, uma pequena dose é suficiente para gerar estímulos agradáveis em alguns pacientes, enquanto outros são empurrados para os porões do inconsciente, sendo vítimas de terríveis alucinações, que os desvairam.

O suicídio causado pelas viciações é pior do que os outros, porque no suicídio direto, muitas vezes a pessoa se mata em

103 Djalma Santos da Silva. *Os caminhos sombrios das drogas e a libertação do espírito.* Rio de Janeiro-RJ - Educandário Social Lar de Frei Luiz, 2013. 136 p.

104 Joanna de Ângelis / Divaldo Pereira Franco. *Conflitos Existenciais.* Salvador-BA - LEAL, 2014. (Edição comemorativa dos 25 anos da Série Psicológica Joanna de Ângelis, volume 13). 240 p.

um ato de desespero, já nesses tipos de viciações ela se mata lentamente, ao longo do tempo, tendo possibilidade de refletir, mas não o faz, continuando com a viciação.[105]

A própria busca dos alcoólicos, assim como dos tóxicos, decorre de uma necessidade inconsciente de autodestruição, fugindo pelos corredores estreitos do prazer alucinado até a consumpção (definhamento), por não dispor de espaço emocional para a alegria ampla, nem as experiências gratificantes do prazer natural.

É uma chaga social e moral das mais graves o alcoolismo, porque muito bem aceito nos conglomerados humanos, por significar, nos grupos economicamente elevados, um *status* correspondente ao poder, à glória, à fama, ao destaque... e nos guetos, por representar um mecanismo de fuga da realidade; de igual forma é a asfixia na ilusão...

... Da mesma forma, o uso de drogas estimulantes umas e alucinatórias outras, que geram estados alterados de consciência, tem os seus estímulos nos grupos de desajustados que se reúnem por afinidades de propósitos e de comportamentos, permitindo-se as fugas espetaculares da realidade que temem e tentam anular, para as viagens ligeiras e traiçoeiras da volúpia dos prazeres falsos e de consequências imprevisíveis [...].

[...] Nos delírios que o álcool e a droga proporcionam, a insegurança do paciente faz-se substituída pelo destemor e valentia, que são resultados da irresponsabilidade, produzindo sensações de vitória sobre os limites soterrados no inconsciente pelos fatores dissolventes da personalidade[106].

105 Alírio de Cerqueira Filho. *Suicídio, falsa solução!* Santo André-SP – EBM Editora, 2011. 328 p.

106 Joanna de Ângelis, psicografia de Divaldo Pereira Franco. *O despertar do espírito*. Salvador-BA - LEAL,1ª ed., 2014. 212 p..

> Considerando-se a falta de estrutura dos valores éticos na sociedade hodierna (atual), determinados comportamentos que deveriam ser considerados como exóticos, quando não perturbadores e censuráveis, assumem respeitabilidade e passam a constituir-se modelos a serem seguidos pelas personalidades dúbias. O alcoolismo é um desses fenômenos comportamentais que, desde priscas eras, vem atormentando o ser humano.
>
> A criança e o jovem ambientados ao clima vigente, por imitação ou estimulação de outra natureza qualquer, aderem às libações (ato de beber) alcoólicas, procurando ser semelhantes aos outros, estar no contexto geral, demonstrar aquisição de identidade e de liberdade pessoal...[107].

Inácio Ferreira[108], médico e escritor, foi diretor clínico do Sanatório Espírita de Uberaba, desde o início de suas atividades em 1933, tendo introduzido a terapia espírita como tratamento complementar às enfermidades mentais. Essa terapia apresentou excelentes resultados nos casos de loucura sem lesão cerebral e doenças mentais causadas por processos obsessivos. A seguir, um trecho de sua obra, cuja primeira edição foi publicada em 1987.

> O alcoolismo ainda constitui um dos grandes flagelos que assolam a Humanidade, desequilibrando as normas de vida, provocando tragédias contínuas e contínuos desassossegos e enchendo os manicômios com uma percentagem aterradora. [...].
>
> Alcoolismo - espectro horrendo que paira sobre os lares e as sociedades para deles arrancar, com as garras adun-

---

107 Joanna de Ângelis/Divaldo Pereira Franco. *Conflitos existenciais*. Salvador-BA - LEAL, 2014. (Edição comemorativa dos 25 anos da Série Psicológica Joanna de Ângelis, volume 13). 240 p..

108 Inácio Ferreira. *Psiquiatria em face da reencarnação*. São Paulo-SP - Federação Espírita do Estado de São Paulo, 4ª edição, 1992. 117 p.

cas (curvas), os filhos, os esposos, os noivos, fazendo com que venham participar da sua cruzada imensa que segue para o país da desgraça, por entre lamentações lúgubres, levando, pela estrada do desespero, os despojos da alegria e da felicidade.

E a ciência dos homens, incapaz de um auxílio direto, continua presenciando esse cortejo lúgubre, condoída e desesperada por não encontrar um recurso capaz de deter essa marcha ou atenuar as lamentações que se tornam mais sentidas e mais plangentes (tristes), quanto maior o número daqueles que reforçam as fileiras dos infelizes.

Materialidade! Materialidade!

Filtro que estimula o orgulho do saber, anuviando a razão e entorpecendo o raciocínio, não lhes permitindo acompanhar, pari-passu, a evolução, que segue, indiferente aos desentendimentos humanos.

Apegados aos males físicos, esquecem-se dos males psíquicos, ignorando a questão da sensibilidade mediúnica dos indivíduos e indiferentes à ação quase avassaladora de entidades desencarnadas e inteligentes.

Apoiados na hereditariedade orgânica com as suas consequências naturais ou patológicas, se esquecem da hereditariedade psíquica - acervo de vícios e intoxicações que o espírito traz de existências passadas.

Atribuem ao meio ambiente atual e aos arrastamentos dos amigos de agora, e não se lembram da possibilidade e da realidade dos meios e dos arrastamentos produzidos em vidas passadas. [...].

Morto o alcoólatra, o seu espírito continua intoxicado e enfermo; tanto que se em vida humana o seu vício o levou ao manicômio, nos manicômios do espaço continuará para desintoxicação perispiritual [...].

O espírito sobrevive ao corpo, levando consigo, todos os sentimentos e todos os desejos, e almas atormentadas

> pelo vício são verdadeiros tóxicos que se deixam levar para fora da estrada dos bons sentimentos, arrastando também, os seus irmãos encarnados, de cujas taras psíquicas se aproveitam em benefício próprio.
>
> A drogadição constitui, na atualidade, um dos mais graves problemas de saúde mental e orgânica, em face das substâncias tóxicas, que exercem sobre o sistema nervoso um predomínio perturbador[109].
>
> A palavra drogadição se refere a todos os vícios bioquímicos da Humanidade, em relação a uma droga, independentemente de ser lícita ou ilícita[110].
>
> Drogando-se, o ser humano perde o seu projeto evolutivo que fizera antes de reencarnar, sofrendo assim, uma estagnação intelectual e espiritual" (Marcos Paterra).

Joanna de Ângelis[111] esclarece:

> Na psicogênese da drogadição encontra-se o espírito aturdido, inseguro, às vezes revoltado, que traz do passado uma alta carga de frustrações e de rebeldia [...].
>
> Existem níveis diferentes de pessoas que podem tombar nas malhas da drogadição:

109 Joanna de Ângelis/Divaldo Pereira Franco. *Conflitos existenciais*. Salvador-BA – LEAL, 2014. (Edição comemorativa dos 25 anos da Série Psicológica Joanna de Ângelis, volume 13). 240 p.

110 https://wikipedia.org/wiki/Pedagogia (acesso em 25/3/2016).

111 Joanna de Ângelis/Divaldo Pereira Franco. *Conflitos existenciais*. Salvador-BA – LEAL, 2014. (Edição comemorativa dos 25 anos da Série Psicológica Joanna de Ângelis, volume 13). 240 p.

a. Aquelas que se apresentam atemorizadas, receando a vida, que lhes parece sempre injusta e perversa, destituídas de tolerância em relação às próprias frustrações.
b. Aqueloutras que podem ser consideradas dependentes, isto é, para quem a existência deve ser sempre agradável e compensadora, buscando, na droga química, seja qual for, uma fuga da realidade que, em face da sua injunção aflitiva, deve ser negada ou apagada a qualquer preço...

O primeiro grupo encontra, no uso da droga, a segurança que falta no estado de lucidez, embora reconheça que é de curta duração, mantendo a esperança de renovação de outras doses até o desespero que não tarda. O segundo, vitimado pela ansiedade, refugia-se no tóxico, evitando o trânsito pelas situações desafiadoras para as quais acredita-se incapaz de enfrentamento[112].

Definição de dependência química, conforme o Código Internacional de Doenças (CID-10), da Organização Mundial de Saúde (OMS):

> Conjunto de fenômenos comportamentais, cognitivos e fisiológicos que se desenvolvem após repetido consumo de uma substância psicoativa, tipicamente associado ao desejo poderoso de tomar a droga, à dificuldade de controlar o consumo, à utilização persistente, apesar de suas consequências nefastas, a uma maior prioridade dada ao uso da droga em detrimento de outras atividades e obrigações, a um aumento da tolerância pela droga e, por vezes, a um estado de abstinência física.

112 Frederico Eckschmidt. *A cultura do ecstasy e a busca do prazer sem limites*. www.jornalconceitosaude.com.br (acesso em 19/9/2016).

> Por que as pessoas se drogam? Porque estão desajustadas e procuram fugir dos seus complexos, da sua tristeza, da insatisfação da vida que levam. A característica básica dos seres que habitam planetas de provas e expiações é a imperfeição. Ignora-se os verdadeiros valores a serem vividos e conquistados em cada encarnação; por isso, nunca estamos satisfeitos.
>
> Quando julgamos um drogado, considerando-o um fraco, que faz viagem sem volta, voltemos os olhos para dentro de nós e percebamos quantas drogas nos consomem, apesar de nos considerarmos equilibrados (Octávio C. Serrano).

Chico Xavier escreveu:

> O tóxico é outro problema para nossos irmãos que se enfraqueceram diante da vida, que procuram uma fuga. Não são criminosos. São criaturas carentes de mais proteção, de mais amor. Porque, se os nossos companheiros se enveredaram pelo caminho do tóxico, eles procuraram esquecer algo. E esse algo são eles mesmos[113].

> Vivemos em uma sociedade permissiva e, muitos problemas que nos assolam na vida adulta, têm sua raiz na educação enquanto crianças e adolescentes. A falta de bons exemplos dos pais, carência de convivência familiar, a pobreza e a falta de políticas públicas e boas escolas, colaboram para a formação de uma sociedade com educação deficiente e vícios. Dependências de drogas colaboram para a degeneração moral e espiritual do indivíduo que, além de facilitar seu desenlace do corpo físico, o prende por muitos e dolorosos anos nos sítios do umbral (J. M. Ferreira).

---

113 Djalma Santos da Silva. *Os caminhos sombrios das drogas e a libertação do espírito.* Rio de Janeiro-RJ – Educandário Social Lar de Frei Luiz, 2013. 136 p.

> Perigoso, pela facilidade com que são encontradas as bebidas alcoólicas, esse vício tornou-se um grave problema social e de saúde, em razão da sua difusão nas sociedades distintas, como degradadas, levando, a pouco e pouco, o indivíduo a uma situação nociva ao próprio meio no qual transita.
>
> Lares são vergastados (açoitados) pela sevícia dessa dependência, crimes horrendos são praticados pelos seus usuários, agressões vergonhosas e lamentáveis sucedem-se, umas às outras, em voragem alucinante, ceifando muitos milhões de vidas que poderiam ser dignificadas pelo trabalho e pela abstinência do seu enfermiço uso[114].

O médico Mauro Kwitko[115], autor do livro: *Como evoluir espiritualmente em um mundo de drogas,* afirmou que num futuro distante não existirão mais substâncias tóxicas na Terra. Segundo ele, é provável que o cigarro tenha sua fabricação suspensa e se torne uma droga ilícita dentro de 20 a 30 anos, enquanto as bebidas alcoólicas demorarão ainda de 100 a 200 anos para serem extintas.

Salientou Kwitko:

> [...] na minha próxima encarnação, peço a Deus que me dê lucidez para continuar lutando pacificamente para virar essa trágica página, a do tempo em que era permitido fabricar e vender bebidas alcoólicas, a pior droga jamais existente em toda a história da Humanidade e porta de entrada para as demais [...].
>
> O uso de drogas no mundo inteiro [...] é apenas um reflexo do que nós e nossos ancestrais vimos fazendo há sécu-

---

114 Joanna de Ângelis/Divaldo Pereira Franco. *Conflitos existenciais*. Salvador-BA - LEAL, 2014. (Edição comemorativa dos 25 anos da Série Psicológica Joanna de Ângelis, volume 13). 240 p..

115 Mauro Kwitko. *Como evoluir espiritualmente em um mundo de drogas*. Porto Alegre-RS - BesouroBox, 2011. 296 p..

los, criando uma terrível e desumana desigualdade social, alimentada pela corrupção e pelos interesses pessoais, originando miséria, fome e violência a níveis cada vez mais alarmantes, tudo respaldado por uma concepção pré-fabricada de que a vida é curta e é para ser aproveitada, aceitando como normal que alguns segmentos da mídia divulguem qualquer produto, independentemente do critério de ser benéfico ou maléfico para nós, que uma parte das músicas nas rádios e dos filmes e séries nas televisões nos intoxiquem com os valores e ideais de uma cultura baseada no consumo e no materialismo, alicerçada no egoísmo, na superficialidade e na competitividade.

Os aspectos mais saudáveis ou mais doentios de nossa personalidade estão sempre relacionados à busca dos indivíduos em obter o prazer e a felicidade, evitando a dor e o sofrimento...

Existe um grande mal-estar em nossa civilização, pois as frustrações causadas pela "domesticação" dos nossos instintos, necessária à vida em sociedade, geram sintomas (neuroses) que fazem as pessoas buscarem diversas satisfações substitutivas...

Estas substituições podem causar sofrimento, tanto para a própria pessoa, como para a sociedade a que pertence. Uma dessas substituições é o uso de drogas...

As substâncias psicoativas são "amortecedoras de preocupações", possibilitando ao indivíduo produzir, ao mesmo tempo, seu prazer imediato, afastar-se da pressão da realidade e encontrar refúgio em seu próprio mundo (Sigmund Freud)[116].

O álcool sozinho já causa inúmeras mortes em brigas ou acidentes de carro. Junto com outras drogas esse risco

116 https://www.psicologiafree.com.

se potencializa, além de outros males que surgem devido ao consumo excessivo de substâncias. E como Freud também já dizia, além do princípio do prazer encontra-se a morte (Frederico Eckschmidt)[117].

Considerando-se as mortes nos Estados Unidos, por enfermidades que poderiam ser prevenidas, as decorrentes do uso de tabaco estão em primeiro lugar, seguidas da hipertensão arterial, obesidade e por aquelas originadas pela ingestão de bebidas alcoólicas[118]; clássicos indicadores da elevada prevalência do suicídio inconsciente.

O uso do álcool causa também prejuízos na área social, nos relacionamentos familiares, afeta o psiquismo e, em certos casos, pode até afetar os estados de consciência, induzindo o viciado a entrar em sintonia com entidades do além, de baixa frequência vibratória. Daí resulta a seguinte vivência: o alcoólatra nunca está sozinho, mas sempre atraindo companheiros que desencarnaram com esse tipo de viciação[119].

Cresce entre os adolescentes e os jovens o consumo de bebidas alcoólicas... A sociedade levanta-se - embora pouco vivamente e num combate que nem sempre é eficaz - contra outros tipos de drogas, mas, em relação ao álcool, este "veneno" caminha livre e à solta, quase sempre apoiado por grandes e bem produzidas campanhas publicitárias, sendo aceito com naturalidade por todos... Tomar um copo é um ato de afirmação do jovem e do ado-

117 Alessandra Regina Pepe Ambrozin; Sebastião Elias Cury e Marcos Roberto Monteiro. *Corrosão metálica associada ao uso de combustíveis minerais e biocombustíveis*. Química Nova, vol. 32, número 7. São Paulo, 2009.

118 Lars Grimm. Chronic Alcohol Abuse: complications and consequences. Medscape Drugs & Diseases, http//reference.medscape.com.

119 Djalma Santos da Silva. *Os caminhos sombrios das drogas e a libertação do espírito*. Rio de Janeiro-RJ – Educandário Social Lar de Frei Luiz, 2013. 136 p.

lescente, um sinal de que já começa a penetrar no sonhado mundo dos adultos. Ledo engano! É pena que a sua visão de vida e os objetivos da sua existência, muito estreitos, não lhe permitam identificar o abismo em que está a mergulhar, embora, em grande parte, isto se deva à falta de conscientização que o adulto não lhe promoveu... ...se o jovem utiliza o álcool, é porque viu o adulto fazê-lo. E o que é mais grave: esses jovens, em grande número, bebem juntamente com os pais, num clima de festa, mesmo de euforia. É lamentável... O alcoólatra não é só o que está deitado numa sarjeta, mas todos os que são consumidores de álcool[120].

Nesse mundo, desde crianças recebemos a mensagem de que todas as festas devem ser comemoradas com bebida alcoólica, aniversários, batizados, casamentos, aprovações em alguma prova ou concurso, Natal, Ano-Novo, Carnaval... aprendemos que para comemorar tem que beber. Quem vicia as nossas crianças em bebida alcoólica? Nós mesmos. Onde? Na nossa própria casa. Não foram os traficantes que os viciaram, fomos nós, antes[121].

O uso nocivo de álcool é um grande problema de saúde pública no Brasil e no mundo. De acordo com a Organização Mundial da Saúde (OMS), cerca de dois bilhões de pessoas consomem bebidas alcoólicas, estando sujeitas às consequências negativas desse uso (intoxicações agudas, violência e acidentes de trânsito). Salienta-se que o uso de álcool contribui fortemente nos motivos e na manutenção

---

120 Waldenir A. Cuin. *O alcoolismo juvenil. Revista Espírita Verdade e Luz.* Algés, Portugal, ano 12, número 68, setembro/outubro 2016.

121 Mauro Kwitko. *Como evoluir espiritualmente em um mundo de drogas.* Porto Alegre-RS - BesouroBox, 2011. 296 p.

de vários problemas sociais, econômicos e de saúde enfrentados no Brasil atualmente[122].

Fran Smith[123] escreveu, baseado em dados da OMS, que quase uma em cada 20 pessoas adultas é alcoólatra no mundo; 200 mil morrem de *overdose* ou de enfermidades decorrentes do uso de drogas e 1,1 bilhão são usuárias de tabaco, que exerce significativa influência nas cinco principais causas de óbito, quais sejam: moléstias cardíacas, acidentes vasculares cerebrais, infecções respiratórias, doença pulmonar obstrutiva crônica e câncer de pulmão. Ele afirmou ainda que, só nos Estados Unidos, a morte por *overdose* de opiáceos (substâncias derivadas do ópio, a heroína, por exemplo) é, em média, de 91 indivíduos por dia.

De acordo com matéria publicada pela revista *Exame*[124], em maio de 2017, o consumo de bebidas alcoólicas (por habitante) no Brasil aumentou 43,5% entre 2006 e 2016, também com base em estatísticas da OMS. Em 2006 a média anual foi equivalente a 6,2 litros de álcool puro; em 2016 chegou a 8,9 litros, valor superior à média mundial, que é de 6,4 litros. Esse resultado colocou o Brasil na 49ª posição do *ranking* mundial, dentre 193 países. O consumo médio na África é de 6 litros, nas Américas é de 8,2 litros e na Europa, de 10,3 litros, com ênfase para os países do Leste desse continente.

As mortes anuais no mundo, decorrentes do uso de bebidas alcoólicas, foi de 3,3 milhões de seres humanos, representando 5,3% do total de óbitos. Na faixa etária de 20 a 39 anos, essa taxa chegou a 25%.

---

122 Claudia Fabiana de Jesus. *A relação do homem com o álcool. Revista grandes temas do conhecimento* – Psicologia. São Paulo-SP – Mythos Editora, número 44, 2017.

123 Fran Smith. *O cérebro viciado. Revista National Geographic.* São Paulo-SP – Setembro, 2017.

124 https://exame.abril.com.br (20/5/2017).

São números assustadores, que revelam a magnitude do suicídio inconsciente. Na mesma matéria, foi relatado que as bebidas alcoólicas podem causar mais de 200 doenças.

> Após décadas investigando [...], os cientistas estão entendendo, de forma mais detalhada, o modo pelo qual a dependência desorganiza os circuitos e os processos subjacentes a desejo, formação de hábitos, prazer, aprendizado, controle emocional e conhecimento. O vício provoca centenas de alterações na anatomia do cérebro, no seu funcionamento químico, na sinalização de uma célula a outra, e até mesmo nas sinapses (as fendas entre os neurônios), que constituem a maquinaria molecular associada ao aprendizado. Ao se aproveitar da assombrosa plasticidade do cérebro, a dependência reorganiza os circuitos neurais de modo a atribuir um valor supremo à cocaína ou à heroína ou ao uísque, em detrimento de outros interesses como a saúde, o trabalho, a família ou a própria vida[125].

Na obra *Etimologia de termos psicanalíticos*, o psiquiatra David E. Zimerman[126] descreve a origem e o significado das palavras alcoolista e alcoólatra.

> Alcoolismo / Alcoolista: o sufixo ismo indica um estado de, ou seja, alcoolismo é um composto híbrido do vernáculo árabe e sugere que a pessoa é prisioneira do uso de bebidas alcoólicas; enquanto o sufixo ista enfatiza que o sujeito além de usuário permanente, refém das bebidas com álcool, já está num estado de vício, de adicção ao álcool, logo, está doente.

125 Fran Smith. *O cérebro viciado. Revista National Geographic.* São Paulo-SP - Setembro, 2017.

126 David E. Zimerman. Etimologia de Termos Psicanalíticos [recurso eletrônico]/ David E. Zimerman. - Dados eletrônicos. - Porto Alegre-RS - Artmed, 2012.

> O termo mais usado, habitualmente, é o de alcoólatra. Etimologicamente, este termo está mal empregado: há um equívoco, porque a palavra alcoólatra é composta dos étimos árabes al + cohl mais o termo grego latra (logo, é um composto híbrido). O étimo latra deriva do grego latréios, que, por sua vez, significa admirador (como em idolatria).
>
> Enfatizo este equívoco porque o uso da palavra alcoólatra pode dar a falsa impressão de que o sujeito adora, gosta da bebida, quando, na verdade, ele bebe porque está doente e não pela ilusão de que bebe por prazer e pode parar quando quiser, o que também é uma racionalização e uma ilusão.

Podemos depreender então, a partir da meticulosa análise elaborada por Zimerman, que o termo alcoolista identifica aquele indivíduo que já desenvolveu uma profunda dependência, enquanto o alcoólatra "idolatra", "gosta" da bebida alcoólica, sem, no entanto, cometer os excessos compulsivos.

Independentemente da maior ou menor gravidade das consequências inerentes ao grau de dependência, ou ao ilusório "beber socialmente", o que todos têm em comum é a ingestão de uma substância corrosiva. O álcool que compõe as bebidas é o etanol.

O álcool afeta praticamente todos os sistemas de órgãos, podendo causar cirrose, sangramento gastrintestinal, pancreatite, cardiomiopatia, traumas (por acidentes ou por traumatismo crânio-encefálico provocado por quedas), distúrbios de saúde mental e uma grande variedade de cânceres[127].

Do trabalho científico publicado por Alessandra R. P. Ambrozin e colaboradores[128], na revista *Química Nova*, selecionamos alguns trechos para reflexão:

---

127 Lars Grimm. Chronic Alcohol Abuse: complications and consequences. Medscape Drugs & Diseases, http//reference.medscape.com

128 Alessandra Regina Pepe Ambrozin; Sebastião Elias Cury e Marcos Roberto Monteiro. Corrosão metálica associada ao uso de combustíveis minerais e biocombustíveis. *Química Nova*, vol. 32, número 7. São Paulo-SP - 2009.

> ... A corrosão pela gasolina também aumenta com a concentração de etanol presente.
>
> ... Testes em bancada, com bombas elétricas de combustível, utilizando misturas álcool-gasolina e álcool etílico, durante três meses, mostraram que a carcaça externa da bomba é corroída apenas quando se emprega álcool etílico...
>
> ... Gasolina, etanol, diesel, biodiesel e as respectivas misturas desses combustíveis apresentam ação corrosiva sobre alguns materiais. O etanol é o mais corrosivo.

Diante desta informação científica, que atesta a capacidade do álcool de corroer metais, imaginemos então sua ação nefasta sobre os delicados tecidos que compõem o corpo físico humano e, consequentemente, na matriz perispiritual, onde as lesões subsistirão indefinidamente, enquanto o vício se mantiver severamente fixado na mente. Não adianta buscarmos subterfúgios, não existe atenuante; se a bebida contém álcool, ela é, decididamente, prejudicial à saúde – não importa a quantidade consumida.

É conveniente ressaltar que "prejudicial à saúde" não se restringe ao corpo físico; estende-se à saúde integral (corpo físico, perispírito e espírito); persistindo após a desencarnação, com repercussão nas reencarnações posteriores, até que tenhamos eliminado a dependência, de forma definitiva. Mesmo que atravessemos toda uma existência sem a manifestação de sintomas físicos de qualquer enfermidade, cuja causa resida nos vícios, rumaremos ao plano espiritual enfermos, com o perispírito severamente lesionado, com as marcas inconfundíveis do suicídio inconsciente.

No que tanja ao nosso, normalmente mal amado instrumento físico, alvo constante de ataques hediondos por nós mesmos desferidos contra ele, e que redundam em seu prematuro perecimento, o jornal *O Globo* (22/7/2016) noticiou o resultado de pesquisa científica realizada na Universidade de Otago, na Nova Zelândia, tendo revelado que o consumo de álcool, mesmo em quantidade baixa ou moderada, aumenta o risco do desenvolvimento de oito diferentes tipos de câncer (boca, garganta, laringe, esôfago, fígado, cólon, intestino e mama)[129].

Segundo os pesquisadores, não há nível seguro de consumo de bebida alcoólica. Além disso, afirmaram que os benefícios de se consumir álcool, como por exemplo: relatos em que se constatou que uma taça de vinho por dia faz bem ao coração, passam a ser discutíveis.

Ressaltou Jennie Connor, uma das pesquisadoras da Universidade de Otago:

> Esses benefícios são, cada vez mais, vistos como falsos ou irrelevantes diante do aumento da probabilidade de se contrair diversos tipos de cânceres, independentemente da quantidade ingerida.

A paralisação total do uso de bebidas alcoólicas pode reverter, até certo ponto (já que determinados danos ao organismo ao longo do período de consumo podem ser irreversíveis), o risco de contrair, pelo menos, cânceres de laringe, faringe e fígado, concluíram os autores.

Na mesma matéria, o jornalista relatou que, segundo equipe médica britânica, mulheres que consomem cinco doses diárias de bebidas alcoólicas têm o risco de serem acometidas por câncer de mama aumentado em 40%.

Por outro lado, segundo Clarice Madruga[130], psicóloga da Universidade Federal de São Paulo e coordenadora do Levantamento Nacional de Álcool e Drogas, o maior aumento de consumo de bebidas alcoólicas nos últimos anos foi entre as mulheres, que, em função do perfil hormonal, têm maior propensão à dependência.

---

129 Oglobo.globo.com (22/7/2016).

130 https://exame.abril.com.br (20/5/2017).

> Muitos especialistas acreditam que é um erro beber vinho achando que ele fara bem para a saúde. O álcool, mesmo em quantidades moderadas, está associado a diversos problemas de saúde, inclusive o câncer. Até o momento, essas evidências são muito mais fortes do que qualquer benefício que o resveratrol possa trazer[131].

Ora, é raríssimo que nos seja explicado pela mídia que o benefício à saúde, atribuído ao vinho, não se deve a ele em si, mas sim ao poderoso antioxidante resveratrol, componente das uvas escuras; ou seja, primariamente presente no suco destas frutas. O resveratrol é um polifenol, que é uma substância química gerada nos processos metabólicos pelos quais as plantas passam quando agredidas por predadores ou agentes patogênicos, e mesmo por fatores climáticos. Ou seja, é um mecanismo de defesa do vegetal. Quando ingerimos alimentos ricos em polifenóis, eles agem no organismo como eficazes antioxidantes, extremamente benéficos à saúde.

> Estudos epidemiológicos sugerem que o consumo, a longo prazo, de dietas ricas em polifenóis, oferece proteção contra o desenvolvimento de câncer, doenças cardiovasculares, diabetes, osteoporose e doenças neurodegenerativas[132].

Diante dessas argumentações, salientamos uma questão muito simples e óbvia: o álcool presente nas mais variadas bebidas é sempre o mesmo álcool, consequentemente, os malefícios causados por elas são os mesmos; independentemente de ser um produto destilado ou fermentado, whisky ou cachaça, vinho ou cerveja. A diferença entre elas são os teores alcoólicos, cuja im-

---

131 https://exame.abril.com.br (20/5/2017).

132 www.mundoboaforma.com.br (acesso em 15/12/2016).

portância é relativa, pois o que importa no final das contas é a quantidade total de álcool ingerida.

Uma palavra bastante usada quando o assunto são os vícios é adicção, que significa[133] obsessão compulsiva para consumir qualquer tipo de droga que modifique nosso comportamento, atitudes e relacionamentos sociais.

Vejamos o relato de David Zimerman[134]:

> ...O a-dicto vai criando um mundo secreto, com a negação dos afetos, tal como ocorre na alexitimia (dificuldade em verbalizar emoções e descrever sentimentos). Isso cria um sentimento de que o sujeito viciado é prisioneiro, de forma inevitável, de um destino fatal. Daí resulta uma neurose de impulsividade e o sujeito apela à adicção, frequentemente em relação a drogas, mas não exclusivamente, como uma tentativa de manter a sensação de "estar vivo", enquanto a abstinência gera nele a sensação de não existir, de sorte que se estabelece um círculo vicioso maligno.
>
> As adicções estão sempre ligadas a uma tentativa de o sujeito preencher "vazios existenciais" decorrentes da primitiva angústia do desamparo e, para tanto, ele lança mão do uso ilusório de drogas tóxicas e euforizantes, ou bebidas alcoólicas, o que, secundariamente, pode acarretar problemas sociopáticos. No entanto, também existe adicção a alimentos, ao consumismo de roupas, joias etc., assim como também sob a forma de uma busca compulsória por relações pseudogenitais com pessoas do sexo oposto (ou do mesmo sexo), de modo que parece ser válido referir uma "adicção às perversões", ou considerar a perversão como uma forma de adicção.

---

133 www.dicionarioinformal.com.br

134 David E. Zimerman. *Etimologia de termos psicanalíticos* [recurso eletrônico] / David E. Zimerman. - Dados eletrônicos. - Porto Alegre-RS - Artmed, 2012.

Conforme matéria publicada na revista *Segredos da Mente - Cérebro e Inconsciente*[135], os entorpecentes podem causar alterações na morfologia cerebral, sendo que o álcool é o que provoca os efeitos mais alarmantes. Segundo a psiquiatra Maria Beatriz Brisola, em determinadas situações, o uso repetido de bebidas alcoólicas promove mudanças estruturais e funcionais nos circuitos cerebrais, levando o indivíduo, peremptoriamente, ao uso abusivo e à dependência. A consequência final será a diminuição do volume da massa cinzenta cerebral, presente nas regiões do cérebro relacionadas com o controle muscular e com a percepção sensorial.

Os efeitos são verdadeiramente gravíssimos, levando-nos mais uma vez a questionar o porquê de se consumirem substâncias tão nocivas à saúde. Além da realidade espiritual de cada um, no que diga respeito ao enraizamento do vício no inconsciente, desde encarnações anteriores, o ambiente social em que vivemos estimula crianças, jovens e adultos ao consumo das bebidas que contenham álcool. Vejamos o que pensa Joanna de Ângelis a esse respeito:

> O uso abusivo das drogas, em face da dificuldade ou indiferença das demais criaturas para cerceá-lo pelo esclarecimento, vai se tornando tão natural e quase chique nas denominadas rodas de alto padrão econômico, que ameaça o equilíbrio das criaturas individualmente e da sociedade em geral.
>
> A princípio, a toxicomania produz impacto perturbador, mas, à medida que se avoluma, uma falsa compreensão e tolerância geral finge ser uma forma de conduta da época, como uma válvula para escapar-se à ansiedade, ao estresse, às pressões vigentes, lamentavelmente conduzindo para a loucura, a destruição e a morte...[136].

---

135 Vitor Manfio. Os dois lados das drogas. Revista *Segredos da Mente – Cérebro e Inconsciente*. São Paulo-SP – Editora Alto Astral Ltda, ano 2, número 3, 2016.

136 Joanna de Ângelis/Divaldo Pereira Franco. *Conflitos existenciais*. Salvador-BA – LEAL, 2014. (Edição comemorativa dos 25 anos da Série Psicológica Joanna de Ângelis, volume 13). 240 p.

A comunidade científica vem dizendo há anos: a dependência é uma doença, e não uma deficiência moral. Ela não se caracteriza necessariamente pela dependência física ou por crises de abstinência, mas pela repetição compulsiva de uma atividade a despeito das suas consequências danosas. Tal concepção levou muitos cientistas a aceitar a ideia, antes inconcebível, de que é possível haver dependência sem a presença de drogas.

A versão mais recente do "Manual Diagnóstico e Estatístico de Transtornos Mentais" (DSM, na sigla em inglês), a obra de referência da psiquiatria americana, reconhece, pela primeira vez, uma dependência comportamental: o jogo. Alguns cientistas estão convencidos de que tentações do mundo atual - *junkfood*, consumismo, celulares - são potencialmente causadoras de dependência em função do impacto que têm no sistema de recompensa do cérebro, nos circuitos neurológicos subjacentes à vontade intensa de algo.

Todos nós somos requintados detectores de gratificações, explica a neurocientista Anna Rose Childress. É parte de nossa herança evolutiva [...].

> O sistema de recompensa, uma área tão primitiva do nosso cérebro que se assemelha à dos ratos, existe para assegurar que a gente busque o que precisa para viver, e alerta aos indicadores visuais, sonoros e aromáticos que nos encaminham nessa direção. Atuando no âmbito do instinto e dos reflexos, ele surgiu na época em que a sobrevivência dependia da nossa capacidade de obter comida e sexo antes dos rivais. Hoje, num mundo que oferece incessantes chances de satisfação dos desejos, esse sistema pode nos enganar [...].
>
> Claro que o cérebro é bem mais que um órgão de gratificação. Ele abriga o mais sofisticado equipamento evolutivo do pensamento, da avaliação de riscos e da restrição de desejos descontrolados. Por que, então, a ânsia desenfreada e os hábitos se sobrepõem à sensatez e à consciência dos danos causados pela dependência? [...].

> A psiquiatra Rita Z. Goldstein comprovou que os dependentes de cocaína apresentavam um volume menor de massa cinzenta no córtex pré-frontal, uma deficiência estrutural associada a uma debilitação da função executiva, assim como apresentam um desempenho distinto, quando comparados aos não dependentes, em testes de memória, atenção, tomada de decisões e processamento de outras recompensas que não a droga, como o dinheiro. Em geral, mas nem sempre, eles obtêm resultados piores. Mas tudo depende do contexto [...].
>
> No laboratório de Rita surgiram indícios promissores de que as regiões frontais do cérebro começam a se recuperar depois que o consumo de drogas é interrompido [...][137].

> O álcool é alimentado pela nossa cultura, pela mídia, pela sociedade, como uma forma de prazer, como um ritual, como uma recompensa ao sujeito, e tem lugar de destaque por simbolizar o prazer e o bem-estar[138].

Desta forma, a normose ganha corpo diante das criativas e psicologicamente muito bem elaboradas campanhas publicitárias levadas à grande massa pela mídia. Analisem profundamente o impacto que as palavras que compuseram propaganda de bebida alcoólica, veiculada em 2015, podem promover no íntimo das pessoas, sobretudo dos jovens:

> Enquanto um bar abre suas portas, outras portas também se abrem. A porta da criatividade, a do sucesso, das conquistas e a porta das realizações. Criamos o projeto *Viva*

137 Fran Smith. *O cérebro viciado*. Revista *National Geographic*. São Paulo-SP - Setembro, 2017.

138 Claudia Fabiana de Jesus. A relação do homem com o álcool. Revista *Grandes Temas do Conhecimento* - Psicologia. São Paulo-SP - Mythos Editora, número 44, 2017.

> *o Bar*, que investe e profissionaliza milhares de bares pelo Brasil, para que as pessoas possam ser mais.

Esse tipo de apelo se deve ao fato

> De o uso do álcool estar permeado por determinantes históricos, sociais e culturais [...]. Por outro lado, o uso abusivo, ao colocar a substância no controle da vida do indivíduo, cria uma condição de assujeitamento, provocando intenso sofrimento, o que gera a necessidade e impulsiona a busca por cuidado [...].
>
> O álcool pode ser percebido como um sintoma social, como representante de uma sociedade narcisista, imediatista, consumista e voltada ao prazer, na qual o sucesso pessoal depende do nível de consumo, e o álcool é um dos destaques desse processo, pela sua capacidade de possibilitar a obtenção de prazer, aliviar o mal-estar e anestesiar as emoções [...]. O consumo de álcool pode esconder muitas coisas, ou seja, estar simbolicamente no lugar dos sentimentos, do vazio, da ansiedade, da depressão, do diálogo, dos relacionamentos, das dores emocionais[139].

Rio de Janeiro, agosto de 2016. O norte americano Ryan Lochte, um dos mais bemsucedidos nadadores da história, ganhador de 12 medalhas, em quatro jogos olímpicos, virou destaque na mídia mundial em face de seu lastimável comportamento: ele e mais três colegas de equipe disseram ter sido assaltados no Rio de Janeiro, durante os Jogos Olímpicos. Em verdade, estavam alcoolizados e depredaram o banheiro de um posto de combustíveis, tendo sido flagrados e abordados por vigilantes armados. Foram indiciados pela polícia brasileira e o fato teve repercussão internacional.

---

139 Claudia Fabiana de Jesus. A relação do homem com o álcool. Revista *Grandes Temas do Conhecimento* – Psicologia. São Paulo-SP – Mythos Editora, número 44, 2017.

Resultado: Ryan Lochte perdeu seus quatro patrocinadores, o que lhe redundou prejuízos financeiro e moral de elevada magnitude. Sua atitude decepcionou o mundo!

Após o incidente, Lochte declarou:

> Cometi um erro e, definitivamente, aprendi com ele. Foram grandes os Jogos Olímpicos do Rio; e minha imaturidade e o comportamento alcoolizado mancharam minha participação[140].

Há uma visão equivocada, cultivada por muitos jovens, ao acreditarem que independência significa fazer o que se quer, na hora que se quer, do modo que se quer. Ainda não compreendem ser possível permanecerem soberanos, vivendo dentro dos padrões familiares e da sociedade, sem nenhum prejuízo à sua personalidade, contudo, nem sempre é este o desfecho final. Iniciado o processo do uso de uma droga, visando a autoafirmação, o caminho está aberto para uma jornada muitas vezes sem volta...

O adicto, para ver-se livre do ambiente e da dependência às drogas, deverá travar uma luta gigantesca: contra as próprias inclinações viciosas que pode ter trazido de outras vidas ou foram construídas nesta mesma existência; contra os apelos dos "amigos" da turma a que pertence; não menos importante, contra os outros "amigos" adictos do lado de lá, e são muitos; e, finalmente, contra interesses econômicos dos setores produtores de drogas lícitas, que buscam a todo custo, por meio de propagandas muito bem elaboradas, manter a Humanidade dependente das drogas legais[141].

---

140 globoesporte.globo.com, acessado em 23/8/2016

141 Rogério Miguez. Juventude e independência. *Revista Internacional de Espiritismo*: Matão-SP – setembro de 2016.

Conforme matéria publicada pelo *G1*[142], a Universidade de Michigan, nos Estados Unidos, divulgou, no dia 13/12/2016, resultados de pesquisa realizada com 45.473 estudantes, na faixa etária de 14 a 18 anos, pertencentes a 372 escolas americanas. A maconha foi a droga ilícita mais usada entre os adolescentes, cujo consumo foi efetuado por 36% dos alunos do 12º ano, 24% entre os jovens do 10º ano e 9,4% no 8º ano. Observem que, à medida que a idade aumenta, o consumo cresce de maneira significativa.

Houve maior taxa de consumo (38,3%) nos Estados americanos onde a droga é legalizada, comparativamente aos demais onde é considerada ilícita (33,3%). Estes resultados alertam para a preocupante realidade do aumento do consumo, em razão da fácil disponibilidade quando este destruidor precoce de seres humanos tem sua produção e comercialização legalizadas.

Dessa mesma matéria, transcrevemos depoimento do médico neurologista Tarso Adoni, acerca dos malefícios provocados pela maconha:

> A adolescência é um período de grande vulnerabilidade do sistema nervoso central; é um momento em que ainda não há um amadurecimento completo das nossas comunicações cerebrais, das sinapses, e já está claramente demonstrado que adolescentes que usam maconha têm o risco aumentado de desenvolverem doenças psiquiátricas, por exemplo: maiores riscos de depressão e até mesmo de esquizofrenia, que é uma doença bastante grave e que se encontra aumentada na população estudada.
>
> Além disso, o uso de maconha provoca outros comportamentos inadequados e perigosos, como é o caso da associação dela com o álcool, por exemplo[143].

142 www.globo.com (G1) (acesso em 15/12/2016).
143 www.globo.com (G1) (acesso em 15/12/2016).

Em matéria publicada na Espanha, por Fermín Apezteguia[144], foi relatado que a maconha prejudica seriamente a saúde mental, em concordância com o relato de Tarso Adoni. O autor escreveu:

> A metade dos jovens diagnosticados com psicoses e esquizofrenia - entre 40 e 60%, segundo as estatísticas médicas baseadas em vários estudos - são usuários habituais de maconha. Advertiu o médico-chefe da Psiquiatria do Hospital de Basurto, Inãki Eguiluz, após reunião de Psiquiatras em Vitoria (Espanha): "Não sabemos se o consumo desta substância representa uma causa direta ou um mero desencadeante dos sintomas em pessoas vulneráveis, mas, sua relação é evidente".

Acrescentou o autor da matéria que, segundo o próprio Governo da Comunidade Autônoma País Vasco (Espanha), 28% da população admitiu já ter fumado um cigarro de maconha, em alguma ocasião. Além disso, 4% dos jovens, entre 15 e 34 anos, afirmaram que o fazem diariamente. Salientaram os responsáveis pelo Plano Vasco de Adicções:

> É preocupante a percepção de inocuidade que socialmente se tem desta substância.

Baseado no depoimento de Inãki Eguiluz, Fermín concluiu:

> O consumo de maconha afeta diretamente a cognição, que é a capacidade do ser humano aprender através dos órgãos da percepção. Provoca, além disso, perda da inteligência, dificuldades para manter a atenção e menor capaci-

144 Fermín Apezteguia. *La mitad de los jóvenes com psicoses y esquizofrenia son consumidores de cannabis*. www.elcorreo, publicado em 23/4/2018.

dade de concentração. Em alguns casos, é o primeiro passo para a esquizofrenia.

Depoimento de um ex-usuário de maconha no G1:[145]

> Fui usuário de maconha por muito tempo, desde os meus 20 anos; hoje tenho 28 anos e não utilizo mais. E sei que quando consumia me tornava menos social, não saía muito de casa, focado em outras coisas e não no meu futuro. Sempre distante, minha memória só piorava, não tinha raciocínio rápido. Isso me atrapalhou demais. A longo prazo, posso dizer que você poderá se tornar esquizofrênico, bipolar e desenvolver fadiga constantemente (sempre cansado e desmotivado). Estou falando porque eu vivenciei isso. Estou muito melhor atualmente!

O psicopedagogo Marcos Paterra escreveu:

> Se estudada e bem compreendida, a doutrina espírita é um dos maiores preservativos contra o suicídio e o uso de drogas, já que o homem, consciente da sua condição espiritual, tudo fará para sair com êxito da vida, para evoluir intelectual e moralmente, até que, um dia, pela lei natural da vida, o seu corpo perca a vitalidade e morra.

> Só pode vencer a luta com os demônios das substâncias viciantes uma comunidade que explore uma fonte espiritual de energia[146].

Diante dos gravíssimos prejuízos à saúde física, emocional, perispiritual e espiritual dos usuários, perguntar-se-ia: o que jus-

---

145 www.globo.com (G1) (acesso em 15/12/2016).

146 Felicitas Vogt. *O vício tem muitas faces: por que o uso de drogas? Compreender, prevenir, tratar.* São Paulo-SP – Antroposófica – Ad Verbum Editorial, 2013. 135 p.

tificaria a tão propalada possibilidade de descriminalizar a comercialização da maconha e, eventualmente, de outras drogas; já realidade em alguns países?

Encontramo-nos diante de outro triste paradoxo! Normatizar o que não deveria ser considerado normal. Mais uma ilusão, mais uma normose (a patologia da normalidade), mais um fruto da ignorância espiritual.

É fundamental que não nos esqueçamos que o livre-arbítrio é pleno; entretanto, ele está sempre vinculado à lei de causa e efeito. É certo que, toda facilitação a qualquer processo destrutivo incorrerá em graves lesões perispirituais; ou seja, efeitos imediatos de nossas ações nefastas.

Por que não se discute a mudança do paradigma educacional? Por que não se investe numa metodologia de educação holística, através da qual poderiam os humanos mergulhar nas profundezas das verdades da Vida: a forma mais adequada para se evitar o caminho dos vícios?

Trata-se de um tema extremamente complexo e delicado; não é uma mera lei emanada por uma sociedade ética, moral e espiritualmente limitada, que solucionará o problema.

> **Tabaco**
>
> O fumo representa a maior causa evitável de câncer da civilização moderna. Como isso é do conhecimento de todos, o fumante pode ser considerado um suicida em potencial[147].

Segundo a Organização Mundial de Saúde (OMS), seis milhões de pessoas desencarnam anualmente no mundo em consequência do uso de tabaco. Ainda de acordo com a OMS, e com o Instituto Nacional do Câncer dos Estados Unidos da América,

---

147 Paulo Cesar Fructuoso. *A face oculta da medicina*. Rio de Janeiro-RJ – Lar de Frei Luiz, 2ª ed., 2015. 301 p.

estima-se que os gastos com saúde, mais as perdas de produtividade decorrentes desse vício, podem chegar a mais de um trilhão de dólares por ano[148]. São números assustadores!

Qual o mecanismo do vício pelo fumo? Conforme o médico pneumologista e professor de medicina, Mauro Gomes

> [...] a pessoa inala a fumaça do cigarro, que atinge os pulmões. Pela circulação sanguínea, a nicotina age no cérebro e induz a efeitos de prazer, o que causa dependência química à droga. Quando o fumante interrompe o uso da nicotina, ele sente sintomas característicos da síndrome de abstinência, como ansiedade, irritabilidade, depressão, tremores, aumento do apetite, sudorese e taquicardia[149].

Mauro Gomes acrescentou que o fumo pode causar ao redor de 50 doenças diferentes:

> [...] principalmente as cardiovasculares, diversos tipos de câncer e a doença respiratória obstrutiva crônica (DPOC), que acomete de 20 a 50% dos fumantes. Trata-se de uma enfermidade crônica, progressiva, irreversível, caracterizada por bronquite crônica e enfisema pulmonar. O cigarro é o responsável por 85% das mortes por essa patologia[150].

Conforme a Organização Mundial da Saúde (OMS):

> [...] em comparação aos não fumantes, o risco de infarto entre os que fumam é cinco vezes maior, e duas vezes no caso do AVC (acidente vascular cerebral). Outras doenças

148 epocanegocios.globo.com (acesso em 10/01/2017).

149 Letícia Ronche. *O cigarro atrapalha a vida*. São Paulo-SP – Editora Escala, Revista Viva Saúde, edição 157, 2016, p. 50-52.

150 Letícia Ronche. *O cigarro atrapalha a vida*. São Paulo-SP – Editora Escala, Revista Viva Saúde, edição 157, 2016, p. 50-52.

relacionadas ao tabaco são a hipertensão arterial e as doenças vasculares, além do comprometimento das funções sexuais e reprodutivas. Cinco milhões de pessoas morrem anualmente no mundo em decorrência de doenças diretamente ligadas ao hábito de fumar; no Brasil, o número é de 200 mil mortes[151].

De duas ordens são as causas do tabagismo: a primeira delas, de natureza subjetiva, porque ínsita (inserida) no emocional do indivíduo, apresentando-se sob variado elenco de manifestações, tais como a timidez e o medo, o complexo de inferioridade e a insegurança, a baixa estima pessoal e a ansiedade, que resultam de processos anteriores da evolução ou que ressumam (emanam) dos conteúdos psíquicos inconscientes arcaicos e infantis do fumador.

Sob o ponto de vista psicanalítico, conforme Freud, durante o período de desenvolvimento oral na criança, toda vez que essa apresenta qualquer necessidade e chora, logo recebe a chupeta, a amamentação, o dedo na boca, as guloseimas, indo repetir-se esse fenômeno na idade juvenil e adulta, quando se busca o tabaco na sua forma social e elegante, para restituir a tranquilidade, vencendo, aparentemente, a ansiedade.

Aquela fase oral do desenvolvimento infantil grava-se no inconsciente, nos seus aspectos positivos e negativos, representando a gratificação que os pais e os familiares oferecem ao bebê com o objetivo de deixá-lo feliz.

Desse modo, na juventude, o cigarro especialmente torna-se o consolo ante as incertezas, os desafios e o apoio psicológico para os temores de enfrentamentos em relação à angústia e, principalmente, à solidão. Nesse período de

151 Letícia Ronche. *O cigarro atrapalha a vida*. São Paulo-SP – Editora Escala, Revista Viva Saúde, edição 157, 2016, p. 50-52.

incertezas da existência, o jovem experimenta muita ansiedade e sofre grave insegurança, acreditando que, no fumo, irá encontrar os valores que lhe faltam no momento, assim tombando no vício.

A segunda é de natureza objetiva, social, externa, defluente (decorrente) da convivência com outros dependentes da nicotina, que fingem haver adquirido a independência, afirmando a personalidade, adentrando-se na sociedade dos adultos, igualmente viciados...

... Mesmo quando o dependente reconhece os danos que o vício vem-lhe causando ao organismo, teme abandoná-lo, embora o deseje sem grande esforço, prosseguindo, porém, vitimado nas suas garras.

O eminente psiquiatra Sigmund Freud, já referido, denomina esse fenômeno como a pulsão de morte, ou seja, a maneira mórbida como a pessoa deixa-se arrastar pelas condutas doentias e destrutivas

Fenômeno especial ocorre nessa como em qualquer outra dependência viciosa, que é a presença de espíritos igualmente enfermiços que se utilizam do paciente para a convivência obsessiva, dando prosseguimento aos hábitos infelizes em que se compraziam e ora sentem falta, em face da ausência da organização física. Assim, estabelecem-se ligações mórbidas, ensejando processos de vampirização que se fazem mais complexos quando utilizam dos vapores etílicos, das emanações do tabaco, das drogas, para continuarem comprazendo-se[152].

Na mesma obra, Joanna de Ângelis ressalta o processo obsessivo sobre os portadores de vícios, abordando, desta feita, o alcoolista.

---

152 Joanna de Ângelis/Divaldo Pereira Franco. *Conflitos existenciais*. Salvador-BA - LEAL, 2014. (Edição comemorativa dos 25 anos da Série Psicológica Joanna de Ângelis, volume 13). 240 p..

> O dependente alcoólico é portador de compromissos espirituais transatos (do passado) muito grandes, à semelhança de outros enfermos. No caso específico, há um histórico anterior, em experiência passada, quando se entregou às dissipações, especialmente de natureza etílica, assumindo graves compromissos perturbadores com outros espíritos que lhe padeceram as injunções penosas e que o não perdoaram. Reencontrando-o, estimulam-no à antiga debilidade moral, a fim de o consumirem na alucinação, ao tempo em que também participam das suas libações (ato de beber), dando prosseguimento aos desaires (inconveniências) que a ausência do corpo já não lhes permite.

No capítulo 3 da obra *Missionários da luz*, ditada por André Luiz a Chico Xavier[153], aborda-se o tema desenvolvimento mediúnico. Em missão de aprendizagem, André acompanhou o instrutor Alexandre a uma casa espírita na crosta, onde aconteceria uma sessão voltada ao exercício da mediunidade. Observavam os dois espíritos a dificuldade que alguns aprendizes encontravam em estabelecer o intercâmbio mediúnico. Alexandre salientou que muitos médiuns se esquecem,

> [...] que toda edificação da alma requer disciplina, educação, esforço e perseverança [...]. Sem a preparação necessária, a excursão dos que provocam o ingresso no reino invisível é, quase sempre, uma viagem nos círculos de sombra [...]. Ninguém pode trair a lei impunemente, e, para subir, espírito algum dispensará o esforço de si mesmo no aprimoramento íntimo.

---

153 André Luiz, psicografia de Chico Xavier. *Missionários da luz*. Brasília-DF – Federação Espírita Brasileira, 45ª ed., 2013. 382 p.

Com o propósito de instruir André Luiz, Alexandre passou a analisar as circunstâncias fisiológicas de alguns destes médiuns. Aproximaram-se de um rapaz que tentava desenvolver a psicografia, momento em que Alexandre dirigiu-se a André e disse:

> Observe esse amigo, não sente um odor característico?
>
> Efetivamente, em derredor daquele rosto pálido, assinalava-se a existência de atmosfera menos agradável. Semelhava-se-lhe o corpo a um tonel de configuração caprichosa, de cujo interior escapavam certos vapores muito leves, mas incessantes. Via-se-lhe a dificuldade para sustentar o pensamento com relativa calma. Não tive qualquer dúvida. Deveria ele usar alcoólicos em quantidade regular.
>
> Vali-me do ensejo para notar-lhe as singularidades orgânicas.
>
> O aparelho gastrintestinal parecia totalmente ensopado em aguardente, porquanto essa substância invadia todos os escaninhos do estômago e, começando a fazer-se sentir nas paredes do esôfago, manifestava a sua influência até no bolo fecal. Espantava-me o fígado enorme. [...] Toda a estrutura do órgão se mantinha alterada. Terrível ingurgitamento. Os lóbulos cilíndricos, modificados, abrigavam células doentes e empobrecidas. O baço apresentava anomalias estranhas.
>
> Os alcoólicos, esclareceu Alexandre com grave entonação, aniquilavam-no vagarosamente. Você está examinando as anormalidades menores. Este companheiro permanece completamente desviado em seus centros de equilíbrio vital. Todo o sistema endocrínico foi atingido pela atuação tóxica. Inutilmente trabalha a medula para melhorar os valores da circulação. Em vão, esforçam-se os centros genitais para ordenar as funções que lhes são peculiares, porque o álcool excessivo determina modificações deprimentes sobre a própria cromatina (estrutura presente no núcleo de toda célula viva, constituída essencialmente de DNA). De-

> balde (inutilmente) trabalham os rins na excreção dos elementos corrosivos, porque a ação perniciosa da substância em estudo anula diariamente grande número de néfrons. O pâncreas viciado não atende com exatidão ao serviço de desintegração dos alimentos [...].

Os efeitos das substâncias viciantes são tenebrosos por todos os ângulos em que são analisados. Não existe qualquer justificativa plausível para que sejam usadas; não há atenuante. Apesar de serem recorrentes, todas as tentativas nesse sentido estarão envoltas por completo equívoco.

A educadora Felicitas Vogt[154] descreveu os valores a serem desenvolvidos em crianças e jovens, para que não sejam influenciados numa sociedade viciada.

> - Vontade própria: "Eu quero algo e também sou capaz de fazê-lo".
>
> - Autoestima: "Eu sou amado por causa de mim mesmo; meus sentimentos têm um valor".
>
> - Disposição para o diálogo: "No plano verbal, eu consigo me confrontar também com coisas problemáticas da vida; eu sou capaz de me comunicar".
>
> - Autonomia e responsabilidade por si mesmo: "Eu luto por meu espaço de liberdade e aprendo a assumir as consequências de meus atos".
>
> - Competência para o conflito: "Nem todo problema me derruba; conflitos são, para mim, a barra de exercícios para meus músculos anímicos. Eu posso me fortalecer com isto".
>
> - Atividade própria: "Quando eu mesmo me apresento - minhas ideias, minhas fantasias, minhas sugestões -, eu não sou vítima, e sim construtor de minhas situações".

---

154 Felicitas Vogt. *O vício tem muitas faces: por que o uso de drogas? Compreender, prevenir, tratar*. São Paulo-SP - Antroposófica - Ad Verbum Editorial, 2013. 135 p.

- Capacidade vivencial: "O que eu vivencio por mim mesmo, nenhuma droga pode me oferecer".

- Alegria de viver: "Todo dia eu posso me alegrar com um pequeno milagre neste mundo, com encontros humanos, com fenômenos da natureza e, talvez, até com um pouquinho mais de desenvolvimento de minha personalidade".

A autora ressaltou que estas imagens são ideais, mas, não tão simples de serem passadas à população alvo. Porém, afirmou:

> [...] é nos pequenos passos que reside o sucesso. Não é decisivo perguntar de que forma a criança ou o jovem atinge as mencionadas qualidades no nível ideal, e sim como eu crio condições para que surja na própria criança, no próprio jovem, o desejo de desenvolver essas qualidades cada vez mais.

Isso vem ao encontro do pensamento de Johann Heinrich Pestalozzi: *"Não cabe ao educador impor o conhecimento, e sim estimular o educando à autoconstrução"*; bem como ao encontro do pensamento de Galileu Galilei: *"Nada pode ser ensinado a um homem; você pode apenas ajudá-lo a encontrar a resposta dentro dele mesmo"*.

Mas, assumamos nossas responsabilidades conosco mesmos porque, segundo Goethe: *"A causa real da maioria de nossos grandes problemas está entre a ignorância e a negligência"*. Entretanto, o pensamento de Albert Einstein é estimulante à nossa evolução moral e intelectual: *"A mente que se abre a uma nova ideia, jamais voltará ao seu tamanho original"*.

Em sua obra *É possível! Como transformar seus sonhos em realidade*, o astronauta brasileiro Marcos Pontes[155] escreveu, no capítulo

155 Marcos Pontes. *É possível! Como transformar seus sonhos em realidade*. São Paulo-SP - McHilliard Editora, 2ª ed., 2010. 367 p..

6 (Treinamento Básico), o item intitulado: "Reconheça e livre-se dos vícios", do qual transcrevemos uma parte:

> [...] A maneira como você fala, trabalha, dirige, pensa, interage com outros, gasta o seu dinheiro, trata as pessoas queridas, tudo é influenciado pelos seus hábitos.
>
> Se, por um lado, os hábitos são uma solução interessante para reduzir a carga de raciocínio nas tarefas repetitivas, por outro eles podem destruir a saúde de uma pessoa. Isso acontece quando existe a associação da sensação de prazer com o uso de alguma substância prejudicial ao corpo. Neste caso, eles se transformam em vícios.
>
> Hábitos ruins são fáceis de adquirir e tornam a vida difícil; hábitos bons são difíceis de adquirir e tornam a vida fácil. A sua tarefa é reconhecer, evitar ou livrar-se dos seus vícios, substituindo-os por bons hábitos.
>
> A melhor maneira de evitar um vício é não se expor a ele. Em palavras simples, não experimente drogas, bebidas, cigarros ou qualquer porcaria da moda [...].
>
> É relativamente simples reconhecer um vício estabelecido [...]. Você vê o efeito nocivo do vício, sabe que tem que parar de provocar aquela situação, mas não consegue se livrar da necessidade gerada pela dependência.
>
> Se você adquiriu um vício e quer se livrar dele, a boa notícia é que qualquer hábito pode ser aprendido ou desaprendido. Não é fácil, mas tampouco é impossível. Muitas pessoas já conseguiram sair desse buraco[...].
>
> Procure profissionais qualificados. Agarre-se em alguma coisa que seja capaz de ajudá-lo a evitar entregar-se ao hábito no momento crítico de decisão, quando existe a dificuldade de manter a promessa de ficar fora do vício e de resistir à tentação de usar "só mais uma vez". Essa "coisa em que se agarrar" pode ser a religião, pode ser uma pessoa amada, a memória de uma pessoa amada [...] – pode

ser qualquer coisa, o importante é acreditar, do fundo de sua alma, que vai funcionar.

Marcos Pontes citou a frase que lhe foi dita por um psiquiatra da Agência Espacial Americana (Nasa), que acompanha o treinamento dos astronautas, cujo teor é válido em qualquer circunstância de nossas vidas:

> Toda vez que você cometer um erro, em vez de pensar no que fez antes do erro, pense no que fará depois dele.
>
> Há um tempo em que é preciso abandonar as roupas usadas que já têm a forma do nosso corpo... e esquecer os nossos caminhos que nos levam sempre aos mesmos lugares... É o tempo da travessia... e, se não ousarmos fazê-la, teremos ficado para sempre à margem de nós mesmos (Fernando Teixeira de Andrade[156]).

4.2 Alimentação

A alimentação inadequada é uma das formas mais comuns de suicídio inconsciente.

Dois terços da população do planeta se alimentam mal. Há cerca de 2 bilhões de pessoas subnutridas e quase o mesmo número com sobrepeso[157].

A alimentação inadequada pode provocar inúmeras enfermidades, como doenças cardiovasculares, cânceres, hipertensão

156 Andrei Moreira. *Cura e sutocura – uma visão médico-espírita*. Belo Horizonte-MG – Associação Médico-Espírita de Minas Gerais Editora, 2013. 251 p.

157 https://www.cartacapital.com.br (acesso em 23/7/2018).

arterial, diabetes, osteoporose, doenças do aparelho digestório, síndrome metabólica, obesidade e tantas outras. Como consequência dos descuidos alimentares ocorrem mais de 10 milhões de óbitos anualmente no mundo[158].

> Todos os vícios começam na alimentação[159], e depois passam pela bebida alcoólica e o cigarro, para então chegar nas drogas [...]. O cuidado com a alimentação pode fazer com que uma pessoa se liberte do vício do cigarro, da bebida alcoólica e de outras substâncias [...]. Podemos nos libertar dos condicionamentos que todos recebemos desde que éramos bem pequenos e começarmos a selecionar o que iremos introduzir no nosso Templo[160].

Por que, conforme o autor, o cuidado com a alimentação pode propiciar a libertação de outros vícios?

Simplesmente porque, de maneira geral, quem busca alimentar-se de forma correta demonstra preocupar-se consigo mesmo. Ama-se. Consequentemente, tendo a visão integral do ser, trabalha com afinco para eliminar outros eventuais vícios, tenham sido eles adquiridos na atual encarnação, ou trazidos de um passado muitas vezes longínquo, de outras experiências encarnatórias. Ou seja, preocupar-se com a alimentação adequada, a mais sutil possível sob o ponto de vista da energia, é um bom sinal; caso contrário, as repercussões negativas serão verificadas não apenas durante a existência no corpo físico, como também, e principalmente, após a desencarnação.

> Vale lembrar que quanto à alimentação, apesar de o perispírito ser portador do sistema digestório completo, bem

158 https://panoramafarmaceutico.com.br (publicado em 22/2/2018).

159 Mauro Kwitko. *Como evoluir espiritualmente em um mundo de drogas.* Porto Alegre-RS - BesouroBox, 2011. 296 p.

160 Mauro Kwitko. *Como evoluir espiritualmente em um mundo de drogas.* Porto Alegre-RS - BesouroBox, 2011. 296 p.

> como do sangue que corre nas veias e artérias, impulsionado pelo coração distribuindo substâncias vitais, ela não se faz de maneira análoga para todos os espíritos. Os recém-desencarnados que possuem o hábito da alimentação pesada, tais como vísceras, caldos gordurosos, pastosos e derivados, sofrem intensa necessidade de tais alimentos e os recebem; só que fluídicos, satisfazendo assim seus apetites, aliviando o sofrimento imposto pela fome, que não se vê saciada com alimentação mais sutil. Apesar de não mais existir o corpo físico, exige o alimento igualmente físico, portando proteínas, glicídios e sais minerais, cuja função é fornecer as calorias à massa do corpo, suprindo suas exigências plásticas e energéticas. Essa dieta alimentar impõe-se por uma necessidade psicológica relacionada ao volume, peso e sabor, correspondente ao regime outrora praticado[161].

Mas, o que seria uma alimentação adequada?

Primeiramente, é essencial a conscientização quanto a importância de se cultivar o hábito da ingestão de dietas equilibradas, sob orientação de nutricionista ou de médico nutrólogo.

> Dieta é o conjunto de alimentos ingeridos usualmente por uma pessoa. A palavra dieta tem origem no latim diaeta, que vem do grego díaita, que significa modo de vida.
>
> Uma dieta alimentar balanceada ou equilibrada é aquela que contém a quantidade adequada de alimentos necessários para garantir os requerimentos nutricionais.
>
> Uma dieta equilibrada deve ser:
>
> - Suficiente, para assegurar as necessidades energéticas.
> - Completa, para assegurar os requerimentos nutricionais.

161 Romário de Araújo Mello. *Morte e renascimento.* Salto-SP - Schoba Editora, 2017. 648 p.

- Harmônica, de modo que os diferentes nutrientes tenham uma relação correta entre si.
- Adequada à situação biológica do indivíduo[162].

Em segundo lugar, respeitar os horários das refeições, fazê-las num ambiente tranquilo e comportar-se serenamente durante o processo. Se outras pessoas estiverem presentes no ambiente, procurar não tocar em assuntos que envolvam qualquer tipo de problema. Que os diálogos possam ser agradáveis, alegres e calmos. Desligar os telefones celulares, a televisão ou qualquer outro equipamento que possa desviar a atenção do sagrado momento da ingestão de alimentos.

Em terceiro lugar procurar, à medida do possível, utilizar ingredientes livres de resíduos químicos, como os alimentos orgânicos. Salientamos, no entanto, que a disponibilidade desses alimentos ainda é restrita, apesar da forte tendência de crescimento da demanda e da produção. Façamos o nosso melhor; procuremos não radicalizar, em nenhum sentido.

Finalmente, evitemos ingerir quantidade excessiva de alimentos. O excesso incorre em severos prejuízos à saúde, mesmo que o alimento apresente boa qualidade. Por outro lado, a ingestão restrita, visando a perda de peso, ou por outra razão qualquer, sem orientação de médico ou nutricionista; bem como o uso de dietas desequilibradas veiculadas por alguns meios de comunicação inconsequentes, também destrói o equilíbrio orgânico.

> Ninguém tropeça em montanha. Tropeçamos em pedras pequenas quase que todos os dias, e o acúmulo de nossas pequenas quedas é que nos leva muitas vezes ao chão das enfermidades.
>
> Cuidado com as pequenas pedras, pois elas nos parecem inofensivas. Quando os excessos à mesa se repetem, quando os abusos da bebida se sucedem, quando o descontrole

162 https://www.significados.com.br/dieta (acesso em 22/7/2018).

> emocional não cessa, tenha certeza de que o corpo vai apresentar mais tarde a conta dos nossos desequilíbrios. Tropeçar em pedra pequena pode ser um pequeno suicídio[163].

Em verdade, a metáfora "tropeço em pedra pequena" cabe muito bem no tema em epígrafe, pois, quando adoecemos ou desencarnamos em função da má alimentação, incontáveis dias passamos cometendo o mesmo erro, em vários momentos de cada dia, repetidamente. Não respeitamos nosso corpo físico; consequentemente, não nos respeitamos como espíritos que somos. Estamos diante, portanto, de mais uma grave causa de suicídio inconsciente.

> A nossa casa é o nosso corpo e o nosso corpo é o nosso templo. A boca é a porta principal do templo, e devemos aprender a ter cuidado e atenção com o que, através dela, entra nele. Precisamos aprender a respeitar o nosso templo...O seu interior, que deve ser um local limpo e puro, imaculado, divino, começa a ser poluído e degradado com alimentos que não alimentam, desde que nascemos - com exceção do leite materno...
>
> Essa falta de atenção com o que colocamos dentro do nosso "templo", desde crianças, e que é padronizado como "normal" pela sociedade, faz com que todos nós assimilemos a mensagem de que não é necessário um cuidado e um respeito com o corpo, e a boca torna-se, então, em vez de uma guarita na fronteira, uma porteira aberta para qualquer coisa[164].

---

163 José Carlos De Luca. *O médico Jesus*. São Paulo-SP - InteLitera Editora, 2010. 152 p.

164 José Roberto Mattos. Precisamos respeitar o nosso templo. *Revista Cristã de Espiritismo*. São Paulo-SP - Editora Minuano, ano 11, número 93.

Na obra *Sinal verde*, André Luiz[165] cita uma frase sobre alimentação, atribuída aos antigos romanos: *"Há homens que cavam a sepultura com a própria boca"*.

E não são poucos esses homens que, ao invés de buscarem a reversão da situação, estão sempre à procura de uma justificativa para seus hábitos autodestrutivos.

Comentamos a seguir um subterfúgio bastante utilizado, referente à celebre máxima atribuída a Jesus: *"Não importa o que entra pela boca, mas o que sai"*, comumente utilizada pelos que defendem a normalidade da ingestão de alimentos que não deveriam ser considerados alimentos. Trata-se de uma defesa totalmente desprovida de nexo, porque Jesus não se referiu à entrada de alimentos pela via oral.

Vejamos o contexto em que essa frase se encontra no âmago das escrituras sagradas, iniciando por Marcos 7:1 a 4.

> 1 - E ajuntaram-se a ele os fariseus, e alguns dos escribas que tinham vindo de Jerusalém.
>
> 2 - E, vendo que alguns dos seus discípulos comiam pão com as mãos impuras, isto é, por lavar, os repreendiam.
>
> 3 - Porque os fariseus, e todos os judeus, conservando a tradição dos antigos, não comem sem lavar as mãos muitas vezes.
>
> 4 - E, quando voltar do mercado, se não se lavarem, não comem....
>
> Então, os fariseus e os doutores da lei perguntaram a Jesus:
>
> "Por que os teus discípulos não seguem a tradição dos antigos, pois comem pão sem lavar as mãos"?
>
> E Jesus respondeu:
>
> ... "Não é o que entra pela boca que contamina o homem, mas o que sai da boca, isto sim, contamina o homem"... (Mateus 15:11).

---

165 André Luiz/Chico Xavier. *Sinal verde.* São Paulo-SP - Petit, 2004. 144 p.

Observem que o prisma é outro. Jesus se referiu às impurezas impregnadas nas mãos, que até sabemos podem ocasionar enfermidades; mas, é uma parábola. Não pode ser interpretada ao pé da letra, muito menos relacionada à ingestão do que quer que seja. Se a forma que muitas pessoas interpretam essa máxima estivesse correta, significaria que Jesus nos teria dito, por exemplo, que o uso de tabaco e de qualquer tipo de droga, como o álcool, de alimentos inadequados etc., não nos faria nenhum tipo de mal; ato que jamais, em hipótese alguma, poderia ser atribuído a ele.

Estamos ainda espiritualmente tão infantis, que tentamos rebaixar o Mestre ao nosso nível moral.

> Questão 793 - L.E.[166] Contudo, não tereis, verdadeiramente, o direito de dizer-vos civilizados, senão quando de vossa sociedade houverdes banido os vícios que a desonram e quando viverdes como irmãos, praticando a caridade cristã. Até então, sereis apenas povos esclarecidos, que hão percorrido a primeira fase da civilização.

Se tivéssemos ciência e consciência dessa realidade já seria um grande avanço. Realmente, como poderíamos considerar civilizada uma sociedade com tantas imperfeições gravíssimas?

Os erros alimentares são bastante prejudiciais a qualquer ser humano. Entretanto, quando o assunto é mediunidade, a gravidade se aprofunda significativamente. É preciso entender que o intercâmbio mediúnico requer muita disciplina do médium, uma conduta ilibada, alimentação que pressuponha a entrada no organismo de alimentos energeticamente sutis. O processo mediúnico pressupõe dinâmica de energia, inter-relação entre dois planos. Consequentemente, o médium deve esforçar-se ao máximo para

166 Allan Kardec. *O Livro dos Espíritos*. Rio de Janeiro-RJ – Federação Espírita Brasileira, 2006 (primeira edição comemorativa do sesquicentenário). 615 p.

superar os vícios de todas as naturezas, visando cumprir sua missão com a máxima eficácia.

André Luiz[167] relatou instrução que lhe foi concedida por Alexandre, em atividade de desenvolvimento mediúnico na crosta:

> O instrutor colocou-me, em seguida, ao lado de uma dama simpática e idosa. Após examiná-la, atencioso, acrescentou:
>
> – Repare nesta nossa irmã. É candidata ao desenvolvimento da mediunidade de incorporação.
>
> Fraquíssima luz emanava de sua organização mental e, desde o primeiro instante, notara-lhe as deformações físicas. O estômago dilatara-se horrivelmente e os intestinos pareciam sofrer estranhas alterações. O fígado, consideravelmente aumentado, demonstrava indefinível agitação. Desde o duodeno ao sigmoide, notavam-se anomalias de vulto. Guardava a ideia de presenciar, não o trabalho de um aparelho digestivo usual, e sim de vasto alambique, cheio de pasta de carne e caldos gordurosos. Em grande zona do ventre superlotado de alimentação, viam-se muitos parasitas conhecidos, mas, além deles, divisava outros corpúsculos semelhantes a lesmas voracíssimas, que se agrupavam em grandes colônias, desde os músculos e as fibras do estômago até a válvula ileocecal. Observando-me a estranheza, o orientador falou em meu socorro:
>
> – Temos aqui uma pobre amiga desviada nos excessos de alimentação. Todas as suas glândulas e centros nervosos trabalham para atender as exigências do sistema digestivo. Descuidada de si mesma, caiu na glutonaria (vício de quem come muito) crassa, tornando-se presa de seres de baixa condição [...]. A maioria dos candidatos ao desenvolvi-

167 André Luiz, psicografia de Chico Xavier. *Missionários da luz*. Brasília-DF – Federação Espírita Brasileira, 45ª ed., 2013. 382 p.

> mento mediúnico não se dispõe aos serviços preliminares de limpeza do vaso receptivo. Dividem, inexoravelmente, a matéria e o espírito, localizando-os em campos opostos, quando nós, estudantes da verdade, ainda não conseguimos identificar, rigorosamente, as fronteiras entre uma e outro, integrados na certeza de que toda a organização universal se baseia em vibrações puras.

Se toda a organização universal se baseia em vibrações puras, e se todos nós, espíritos, somos os componentes essenciais dessa organização, qual a lógica em insistirmos no envolvimento com tantas fontes de vibrações impuras, negativas, pesadas; típicas de tantos vícios aos quais nos apegamos?

Não há lógica alguma; a ignorância espiritual explica todas as barbáries que cometemos contra nós mesmos. A alimentação esconde um dos principais instrumentos ao suicídio inconsciente.

Encerramos esse capítulo com uma outra questão bastante relevante. Sabemos que grande parte da população do planeta não tem acesso aos cuidados básicos e essenciais sob a ótica da saúde. As desencarnações prematuras que acontecem nessa circunstância não pressupõem responsabilidade ao desencarnado, ou seja, não se trata de suicídio inconsciente. Responsáveis são aqueles que poderiam conceder condições de acesso regular à assistência médica decente para todos os níveis sociais, e não o fazem.

Todavia, as pessoas que apresentam possibilidade de acessar a medicina preventiva e não o fazem, por mera displicência, se enquadram no processo de suicídio inconsciente.

Também aqueles, que recebem orientações dos profissionais da saúde em relação a condutas de tratamento ou prevenção de doenças, e não as cumprem, parcial ou integralmente, atentam inconscientemente contra a vida do próprio corpo físico.

4.3 Desrespeito aos ritmos biológicos

> Se você gasta boa quantia em dinheiro para manter seu carro em funcionamento, e não mede recursos para manter a casa em condições de habitabilidade, quanto não deverá investir em favor da sua saúde? [...]
>
> Por que então não oferece o melhor de si em favor do maior patrimônio que você desfruta para continuar vivo e realizando sua missão neste planeta?
>
> Você sempre terá que arrumar tempo para cuidar da saúde ou da doença. A escolha é por nossa conta.
>
> Poderemos ter lindos propósitos de espiritualização, mas se não cuidarmos do corpo com a atenção que ele merece, iremos aportar no mundo espiritual na lamentável condição de suicidas.
>
> Cuidar da saúde não deve ser nosso único objetivo na vida. Mas deve ser o primeiro[168].

> Segundo a Organização Mundial de Saúde, os distúrbios do sono já atingem cerca de 45% da população do planeta, o que configura uma epidemia[169].

Essa cifra é assustadora, levando-nos a concluir que a falta de atenção ao período cotidiano de sono, bem como à sua qualidade, representa uma das principais causas de suicídio inconsciente no seio da Humanidade.

---

168 José Carlos De Luca. *O médico Jesus*. São Paulo-SP - InteLitera Editora, 2010. 152 p..

169 https://oglobo.globo.com (publicado em 17/3/2017).

> Ter uma boa noite de sono também é importante para a saúde. Quem dorme menos do que precisa tende a liberar mais os hormônios do estresse que acarretam danos à saúde. Dormir pouco é uma excelente maneira de enfraquecer nosso sistema nervoso[170].

É muito importante que saibamos que o corpo físico tem o seu funcionamento regido por um relógio biológico. Portanto, disciplinar nossos comportamentos instintivos (fração do comportamento determinada geneticamente e essencial à sobrevivência de todas as espécies animais), bem como os ritmos biológicos do corpo físico, é um grande desafio que temos no processo integral de evolução espiritual.

Para que tenhamos noção da importância dessa questão apresentamos, de forma bastante resumida, o conceito de ritmos circadianos, transcrito (alguns trechos) de monografia científica de autoria de Daniela P. N. Mota[171].

> Todos os seres vivos são constantemente influenciados por estímulos externos, muitos dos quais apresentam padrões cíclicos.
>
> O nosso corpo também apresenta ritmos biológicos endógenos (internos), denominados de relógios biológicos, que permite respostas do organismo frente aos estímulos externos.
>
> Os ritmos biológicos manifestam-se em diferentes períodos, apresentando ou não relação com os ciclos ambientais. Ritmos biológicos com período de recorrência de aproximadamente 24 horas são denominados de ritmos circadia-

170 José Carlos De Luca. *O médico Jesus*. São Paulo-SP - InteLitera Editora, 2010. 152 p..

171 Daniela Patrícia Nogueira Mota. *Importância dos ritmos circadianos na nutrição e metabolismo*. Monografia apresentada à Faculdade de Ciências da Nutrição e Alimentação, Universidade do Porto, Portugal, 2010.

nos; como exemplo, a concentração de cortisol sérico (no soro sanguíneo) apresenta pico nas primeiras horas da manhã e cai ao longo do dia.

Existem também os ritmos ultradianos, que incluem variações ocorridas em curtos períodos de tempo; por exemplo, a frequência cardíaca; e os ritmos infradianos, que caracterizam variações que ocorrem num período superior a 28 horas. Exemplo: os hormônios sexuais femininos, num período mensal.

No interior das células os ritmos circadianos são controlados por genes relógios, os quais regulam as funções metabólicas.

O sistema circadiano também é sincronizado por agentes externos, sendo a luz o principal fator. [...].

O sono é uma das funções naturais do ser vivo controladas pelo relógio biológico. A diminuição de sua duração pode desempenhar um papel relevante na etiologia (origem) das doenças associadas com a síndrome metabólica: obesidade, diabetes e hipertensão, bem como das complicações cardíacas e vasculares.

A perda de sincronização dos humanos com o ambiente tem sido um fator de aumento acentuado das chamadas epidemias modernas: obesidade, diabetes mellitus tipo 2, câncer, depressão e doenças cardiovasculares.

A essência do artigo a seguir, escrito por Paula Louredo[172], vem ao encontro dos conceitos mencionados anteriormente.

Cientistas afirmaram que a luz é o principal ativador do relógio biológico e, dessa forma, o nosso corpo está preparado para a vigília durante o dia e o repouso à noi-

172 Paula Louredo. *Relógio biológico*. https://www.brasilescola.uol.com.br/biologia (acesso em 24/7/2018).

te. Pessoas que ficam acordadas e expostas à luz durante a noite forçam seu organismo a alterar o seu ciclo natural, regido pelos ciclos circadianos e, na maioria das vezes, não conseguem modificar esses hábitos.

Essas mudanças, que afetam os ciclos biológicos, provocam uma dessincronização entre o relógio interno e os indicadores temporais externos, sendo necessário um tempo para a pessoa conseguir se readaptar às condições ambientais.

Para gozar de uma boa saúde é fundamental que o nosso relógio biológico permaneça sincronizado. A hora do descanso, especialmente do sono e do repouso semanal, é importantíssima para manter as funções biológicas no ritmo certo. Uma rotina irregular pode, em longo prazo, desregular essas funções e colocar o corpo sob situação de estresse, com efeitos muito desagradáveis.

Para reforçar a importância de nos preocuparmos com o sono de boa qualidade e com duração suficiente, apresentamos mais uma referência, publicada pela Associação Brasileira do Sono[173].

As funções do organismo humano (ou ritmos biológicos) variam, de forma rítmica, sequencial e sincronizada às 24 horas do ambiente, a alternância do dia e da noite. As funções do organismo humano seguem uma ordem temporal interna, por exemplo, a temperatura corporal é mais baixa à noite, o hormônio cortisol mais elevado de manhã cedo (quando o despertar está próximo) e a fome começa com a liberação do hormônio grelina durante o dia, enquanto à noite ocorre a produção de leptina, hormônio relacionado à saciedade. A dessincronização dos

173 Associação Brasileira do Sono. *Cartilha do sono*. https://www.semanadosono.com.br/assets/cartilha_do_sono_2018.pdf

> ritmos biológicos com o ambiente impacta na quantidade e qualidade do sono e repercute em diversas consequências no dia a dia, como sonolência, fadiga, dificuldade de atenção e aprendizado, e maior risco para acidentes. A presença de distúrbios do sono podem interferir na ritmicidade. Manter ritmos circadianos regulares estão associados à menor risco para distúrbios do sono, transtornos de saúde mental e problemas crônicos de saúde, como obesidade e diabetes.
>
> O indivíduo que dorme menos de seis horas por noite tem quatro vezes mais chance de morte. Não se pode abrir mão do sono. Essa conta vai ser paga um dia; alerta Andrea Bacelar, da Associação Brasileira do Sono[174].

Portanto, é fundamental que cuidemos melhor do sono, que procuremos inserir as necessárias sete a oito horas diárias de sono dentro do período natural de escuridão. Lembremo-nos que a melatonina (hormônio produzido pela glândula pineal e cuja função é regular o relógio biológico, consequentemente o sono, bem como atua para o bom funcionamento do metabolismo) tem sua produção elevada diante da escuridão, ou seja, no período noturno.

Cabe informar que existe no mercado a melatonina sintética; todavia, seu uso, bem como de qualquer outro medicamento ou suplemento, não deve jamais ser feito sem prescrição e acompanhamento médico. Salienta-se que a automedicação pode provocar graves consequências à saúde, enquadrando-se também como mais uma forma de suicídio inconsciente.

Diante do exposto, considerando-se a elevada prevalência dos distúrbios do sono no âmago da sociedade humana e a gravidade

---

174 Associação Brasileira do Sono. *Cartilha do sono.* https://www.semanadosono.com.br/assets/cartilha_do_sono_2018.pdf

que representam à saúde emocional e do corpo físico, é extremamente importante que nos disciplinemos no tocante ao respeito máximo possível ao relógio biológico.

Infelizmente, a realidade atual é bastante preocupante. Desejamos que cada um se conscientize e trabalhe com afinco a mudança de hábitos, para que possa eliminar mais essa importante causa de suicídio inconsciente.

4.4 Desrespeito aos limites físicos e mentais

É fato notório, conforme já relatado neste livro, a nossa incipiente condição evolutiva no que diga respeito às questões relativas ao conhecimento das verdadeiras Leis Universais, sobretudo as que tratam da realidade inerente ao espírito que somos e à razão de nossa existência. Isso precisa ser repetido continuamente, para que, gradativamente, fixemos na mente e passemos a agir tendo a verdade plena do Universo como referência única.

A ignorância espiritual é a principal causa dos inúmeros males que assolam a Humanidade. Todas as incertezas e desequilíbrios fazem com que vivamos em conflito com nós mesmos e, normalmente, em constante busca de formas que visem a saciedade da necessidade de autoafirmação.

Essa busca incansável pode se dar por caminhos suaves, corretos, através do autoconhecimento e da compreensão da missão que cabe a cada um; mas também, de maneiras inadequadas que, via de regra, podem resultar em agressões ao corpo físico, com sérias consequências ao espírito.

O desrespeito aos limites físicos e mentais, título deste subitem, pode se dar de variadas formas, como os excessos nos esportes, no trabalho, em qualquer circunstância em que não enxergamos o melhor caminho que é o do meio, e então optamos por um dos dois extremos. Jamais o extremismo pode ser considerado a melhor escolha; pois indica desequilíbrio, desarmonia, ilusão, vazio existencial.

Saúde integral pressupõe o equilíbrio e a harmonia do conjunto espírito-perispírito-corpo físico.

A conhecidíssima máxima latina: *mens sana in corpore sano* (mente sã em corpo são), que consta da Sátira X, de autoria do poeta romano Décimo Júnio Juvenal (55-127 d.C.), há quase 2.000 anos evidencia à Humanidade, de forma tão simples, a forte correlação entre a saúde do espírito e a do corpo físico. Todo o desequilíbrio mental se reflete em doenças do indivíduo; enquanto que a harmonização interior direciona o ser à saúde holística.

Voltando à questão dos excessos, o relato da jornalista Fernanda Dias[175] é bastante didático e elucidativo. Segundo ela, em estudo realizado por pesquisadores da Universidade de Johns Hopkins, nos Estados Unidos, publicado na revista científica *Proceedings of the National Academy of Sciences*, foi comprovado que a proteína BDNF (fator neurotrófico derivado do cérebro), já conhecida por atuar na saúde mental - como antidepressivo, melhorando a memória e o aprendizado, nutrindo os vasos sanguíneos e estimulando o crescimento de células nervosas -, também tem um papel fundamental em manter a vitalidade do músculo cardíaco no que diga respeito à capacidade de contração e relaxamento das células musculares. Os resultados revelaram ainda que a deficiência de BDNF pode levar a uma disfunção do músculo cardíaco, especialmente em condições de estresse físico crônico ou repetido do coração, como o treinamento de resistência ou pressão arterial elevada.

---

175 Fernanda Dias. Resultados revelam que a deficiência de BNDF pode levar a uma disfunção do músculo cardíaco em condições como treinamento de resistência. https://oglobo.globo.com (publicado em 24/6/2014).

Esse relato científico permite que tenhamos certeza da complexidade e delicadeza do processo fisiológico do corpo físico.

Portanto, para que o suicídio inconsciente causado pelo desrespeito aos nossos limites físicos e mentais possa ser evitado, procuremos entender a origem dos excessos absurdos que via de regra cometemos, colocando em risco a integridade do corpo físico, com consequentes lesões no perispírito, terminando em agravamento das enfermidades espirituais que transcenderão a presente encarnação e refletir-se-ão nos processos reencarnatórios subsequentes.

Tudo no Universo é energia, consequentemente, somos energia em todos os sentidos. Façamos, inicialmente, uma análise dos centros de força.

Os centros de força, ou *chakras*, são centros de energia localizados no perispírito, com a função de captar a energia cósmica, vitalizar o corpo fluídico e transmitir energia às células do corpo físico (energia vital). A energia captada pelos centros de força estimulam o sistema nervoso e as glândulas a produzirem os hormônios, essenciais à fisiologia do corpo físico[176].

São sete os centros de força principais, cada um anatomicamente associado ao correspondente plexo nervoso e a uma glândula endócrina. Cada conjunto como esse é responsável por um sistema do corpo físico[177].

Os centros de força são: básico, gástrico, esplênico, cardíaco, laríngeo, frontal e coronário.

> O centro de força raiz (básico) conecta-se ao plexo nervoso sacrococcígeo, às glândulas suprarrenais e ao sistema geniturinário [...]. Quando equilibrado, esse chakra

176 Alírio de Cerqueira Filho. *Saúde espiritual*. Santo André-SP - Editora Bezerra de Menezes, 2005. 277 p.

177 Alírio de Cerqueira Filho. *Saúde espiritual*. Santo André-SP - Editora Bezerra de Menezes, 2005. 277 p.

> tem por função manter a segurança do indivíduo, promovendo a manutenção de sua vida biológica e psicológica. É o chakra de preservação da vida e afirmação da pessoa no mundo de relação. Está ligado aos instintos primários de sobrevivência [...]. Ele está relacionado com o medo de acontecer danos ao corpo físico, que coloquem em risco a vida da pessoa. Psiquicamente, é responsável pela vontade de viver e de afirmar a sua capacidade diante das atribulações naturais da vida. Quando a energia está equilibrada, a pessoa manifesta vontade de viver, afirmando os seus valores. Quando surgem empecilhos em sua vida, busca se libertar deles, se precavendo de possíveis dificuldades, com prudência e tranquilidade [...].
>
> Quando inibido pela hipoatividade, o chakra básico gerará a insegurança, em que o indivíduo sente-se incapaz de se conduzir e de se afirmar na vida... A pessoa tem medo de tudo e de todos, pois se acha incapaz, o que a faz ficar acuada diante dos desafios naturais da vida.
>
> Quando congestionado na hiperatividade, o chakra básico ou raiz gera a temeridade, em que o indivíduo não sente medo de nada, agindo de forma inconsequente e imprudente, colocando em risco a própria vida e, muitas vezes, a dos outros... Ser temerário não significa ser corajoso. São pessoas que, em verdade, sentem desprezo pela vida e por isso se tornam temerárias[178].

Conforme o dicionário[179], temeridade significa ousadia excessiva, imprudência. Ou seja, a pessoa arrisca a sua integridade física, desnecessariamente, em busca de uma pseudoautoafirmação. Por que *pseudo*? Por que a autoafirmação deveria ser buscada sob

178 Felicitas Vogt. *O vício tem muitas faces: por que o uso de drogas? Compreender, prevenir, tratar*. São Paulo-SP - Antroposófica - Ad Verbum Editorial, 2013. 135 p.

179 www.dicionarioinformal.com.br.

o ponto de vista espiritual, através do desenvolvimento do Ser Essencial, da semente de Deus, presente no "coração" de cada espírito; e não na insuflação do ego através de comportamentos que, por outro lado, incorrem em verdadeiros atos de suicídio inconsciente. Como exemplo, levar o corpo físico à exaustão, em atividades físicas praticadas em condições extremas, tendo por justificativa a superação. Podemos sim buscar a superação, mas sem ultrapassar o limite do bom-senso, da coerência, da lucidez, caso contrário estaremos agredindo o instrumento físico e, consequentemente, praticando o suicídio inconsciente.

André Luiz[180] descreveu na obra *Futuro espiritual da Terra* uma situação muitíssimo frequente em nosso planeta: o desrespeito às leis de trânsito. Quantas imprudências são praticadas ao volante de um veículo automotivo, quantos acidentes, quantas vidas ceifadas precocemente, quantas sequelas físicas e psicológicas decorrentes da infinidade de desastres que ocorrem diuturnamente e que poderiam ser evitados!

Por que e para que esse comportamento temerário?

A seguir, um trecho de seu relato:

> Estávamos acompanhando um grupo socorrista de nosso plano, que auxiliava num acidente entre veículos, com a morte de praticamente uma família inteira. O único sobrevivente foi um garoto que, após aquele drama, ficaria aos cuidados de outros familiares [...].
>
> O resgaste espiritual foi realizado pela equipe responsável por aquele trecho da estrada em que o acidente aconteceu [...].
>
> A maioria desses acidentes é fruto de irresponsabilidade, principalmente quando envolve o uso de drogas em geral, que tira as possibilidades da condução segura dos veículos,

---

180 André Luiz/Samuel Gomes. *Futuro espiritual da Terra*. Belo Horizonte-MG – Dufaux Editora, 1ª ed., 2016. 344p..

> ou o excesso de velocidade, que acaba em erros e descontroles. O resultado não seria outro senão essas fatalidades.
>
> O estado dos desencarnados era muito desfavorável ao auxílio espiritual, possibilitando a intervenção por parte de entidades inferiores que emergiam dos planos obscuros. Esses seres aproveitavam ocorrências assim para conduzirem os recém-desencarnados menos preparados, que estão em sintonia com obsessores, atraindo-os com a maneira que viviam.
>
> As leis espirituais respeitam o livre-arbítrio, mas a vida pede para repensarmos nossas atitudes e escolhas para alcançarmos nossa felicidade [...].
>
> Acompanhamos em silêncio a equipe que conduzia aqueles que se achavam mais preparados e despertos para receber nosso auxílio mais direto, mantendo-nos em estado de oração em favor daqueles outros que se encontravam, por vontade própria, nas ilusões de suas buscas fantasiosas. Quem sabe encontrem na desilusão as portas de retorno ao caminho reto de evolução, como acontece a todos nós!

Joanna de Ângelis[181] ressalta uma outra situação típica de suicídio inconsciente, na qual a vaidade estimula a busca obsessiva, doentia, por aparência física e/ou desempenho físico, com ultrapassagem dos limites que poderiam ser considerados sadios.

> Violentando a constituição orgânica do homem e da mulher, que pretendem competir com os mitos ancestrais, na beleza, na aparência, na força, e atingirem o pódio da perfeição estabelecida, surgem os ditadores da elegância impondo alguns dos seus conflitos e arrastando multidões

181 Joanna de Ângelis / Divaldo Pereira Franco. *Triunfo pessoal.* Salvador-BA – LEAL, 2014. (Edição comemorativa dos 25 anos da Série Psicológica Joanna de Ângelis, volume 12). 185 p.

> imaturas para os seguirem em revoada que termina, quase sempre, em quedas desastrosas nos transtornos neuróticos, tais a anorexia, a bulimia, o desprezo por si mesmo, quando não conseguem atingir as medidas estabelecidas, caindo em sórdidos poços de depressão. Outrossim, sob a desculpa de irrigar bem o organismo e estimular o coração, são apresentados programas exagerados de musculação e de ginástica, que terminam por levar jovens ambiciosos e desestruturados aos esportes radicais, com gravíssimos prejuízos psicológicos e orgânicos.

Para grande parte dos seres humanos de planetas de provas e expiações, tudo gira em torno do ego, dos sentimentos de desamor; no exemplo acima exposto, falta de amor a si próprio. Como *amar ao próximo como a si mesmo*, conforme nos ensinou o Mestre Maior, se sequer aprendemos a nos amar?

A psicóloga espiritual Joanna de Ângelis[182] apresentou uma magnífica reflexão sobre consciência ética:

> O homem é o único animal ético que existe. Não obstante, um exame da sociedade, nas suas variadas épocas, devido à agressividade bélica, à indiferença pela vida, à barbárie de que dá mostras em inúmeras ocasiões, nos demonstra o contrário. Somente ele pode apresentar uma consciência criativa, pensar em termos de abstrações como a beleza, a bondade, a esperança, e cultivar ideais de enobrecimento. Essa consciência ética nele existe em potencial, aguardando que seja desenvolvida mediante e após o autodescobrimento, a aquisição de valores que lhe proporcionem o senso de liberdade para eleger as experiências que lhe cabem vivenciar.

---

182 Joanna de Ângelis/Divaldo Pereira Franco. *O homem integral.* Salvador-BA – Livraria Espírita Alvorada Editora, 2014. 172 p.

> Atavicamente receoso, experimenta conflitos que o atormentam, dificultando-lhe discernir entre o certo e o errado, o bem e o mal, o bom e o pernicioso. Ainda dominado pelo egocentrismo da infância, de que não se libertou, pensa que o mundo existe para que ele o desfrute, e as pessoas a fim de que o sirvam, disputando e tomando, à força, o que supõe pertencer-lhe por direito ancestral.
>
> Diversos caminhos, porém, deverá ele percorrer para que a autoconsciência lhe descortine as aquisições éticas indispensáveis: a afirmação de si mesmo, a introspecção, o amadurecimento psicológico e a autovalorização, entre outros...
>
> O desprezo a si mesmo, literalmente considerado, constitui reação de ódio e ressentimento pela vida e pela Humanidade, mortificando o corpo ante a impossibilidade de flagiciar a sociedade.

Notícia veiculada pelo *site globo.com*[183], no dia 26/11/2017:

> Um lutador sofreu um nocaute tão brutal, em duelo válido pela Golden Ticket Fight Promotion, na Inglaterra, que seu corpo "congelou" antes de cair desacordado e de cabeça no chão.
>
> Solomon Rogers fazia a sua estreia no MMA quando foi surpreendido por um chute alto de seu adversário, Samuel Ilnick. O golpe acertou em cheio o rosto de Roger [...]. Nas imagens ainda é possível ver o árbitro do combate desesperado, chamando pela equipe médica.

Notícia publicada pelo site *globoesporte.globo.com*[184], no dia 10/12/2017, sob o seguinte título:

---

183 sportv.globo.com/site/combate (26/11/2017).

184 https://globoesporte.globo.com (10/12/2017).

> Cena forte! Orelha de boxeador inglês é quase arrancada fora durante combate.
>
> [...]. Neste domingo, uma orelha foi novamente o ponto central de uma luta, mas desta vez por conta de golpes e socos. O mexicano Francisco Vargas derrotou o inglês Stephen Smith, que foi tão castigado que terminou com a orelha rasgada. A luta foi interrompida no nono "round", quando os juízes decretaram nocaute técnico por conta da situação vista na orelha de Smith.

No dia 12/12/2017, mais uma notícia transmitida pela imprensa esportiva[185], da qual destacamos um trecho referente ao depoimento do lutador de MMA que venceu por nocaute seu adversário:

> Eu não esperava que terminasse tão rápido assim. Os golpes encaixaram, conectei um atrás do outro e pude sair com a vitória, ficando com o cinturão. Eu bati a cotovelada na intenção de machucar, de abrir um corte ou um ferimento. Quando eu vi que pegou em cheio, o vi desmoronando, não podia perder a oportunidade. Era o momento de definir a luta.

Transcrevemos essas três notícias, não com o intuito de criticar aqueles que se dedicam a esta atividade, mesmo porque, cada indivíduo deve ter seu livre-arbítrio respeitado. Nosso objetivo é estimular os leitores a uma reflexão espiritual profunda, visando entender o sentido dos esportes caracterizados por graus tão elevados de violência, causadores de sérias sequelas no corpo físico e, consequentemente, no perispírito; exemplo clássico de suicídio inconsciente.

---

185 Karila Patrícia. Veja quatro problemas graves que sua tatuagem pode causar. https://diariodebiologia.com. Acessado em 30/8/2018.

Os danos cerebrais em esportistas assolados por severos golpes são comprovados cientificamente. A seguir, alguns trechos de artigo sobre a lesão cerebral crônica, de autoria de Lúcio Follador[186].

> O MMA, ou Mixed Martial Arts (artes marciais mistas), é um dos esportes que mais cresceu e adquiriu adeptos nos últimos anos, e pela própria natureza do esporte, seus praticantes estão mais expostos a receberem golpes na cabeça. Esta exposição pode gerar lesões traumáticas crônicas no cérebro, em decorrência de concussões (choque violento) repetidas.
>
> A lesão cerebral crônica, conhecida como demência pugilística, é uma doença degenerativa que ocorre devido ao trauma na cabeça e, no caso dos boxeadores profissionais, geralmente ocorre alguns anos após o encerramento da carreira esportiva. A concussão pode ser classificada como leve, onde não há perda da consciência, com sintomas como tontura, perda de atenção e concentração e problemas de memória; já, na concussão severa, como no caso do knockout no boxe e no MMA, e em outros esportes de contato, há a perda da consciência.
>
> O termo encefalopatia traumática crônica teve origem em 1928, quando o patologista forense Harrison Stanford Martland descreveu danos crônicos no cérebro de boxeadores, que ficou conhecido como síndrome do punch drunk. Logo após, Millspaugh (1937) chamou esta síndrome de demência pugilística. Quarenta anos depois, Corsellis e seus colegas (1973) descreveram alterações patológicas, dentre elas emaranhados neurofibrilares em áreas corticais, atrofia cerebelar e hipopigmentação da subs-

186 Lúcio Follador. *Cabeça de lutador – a lesão cerebral crônica.* infosport.com.br (publicado em 19/9/2014).

tância negra, em boxeadores profissionais com demência pugilística. Recentemente, a partir de uma autópsia em um jogador de futebol americano, ficou constatado que atletas de outros esportes de contato e que apresentaram um histórico de traumas repetidos na cabeça, tinham alterações neuropatológicas similares àquelas apresentadas por boxeadores com demência pugilística.

A encefalopatia traumática crônica (ETC) é vista como uma alteração neurodegenerativa que geralmente ocorre na meia idade, anos ou décadas após o término da carreira esportiva.

Os sintomas clínicos observados nos pacientes são variados, provavelmente em decorrência de danos múltiplos em diversas regiões cerebrais. Os sintomas vão da demência, similares à doença de Alzheimer, a alterações no comportamento. Dentre estes, os mais comuns são queixas neurológicas e cognitivas, como alterações psiquiátricas e comportamentais, problemas na fala, no equilíbrio, na coordenação, lentidão de movimentos e tremor. Problemas psiquiátricos também são comuns, entre os quais a falha de julgamento, euforia, irritabilidade e agressividade.

Estima-se que a prevalência da ETC se aproxime de 20% em boxeadores profissionais. Por ser um esporte relativamente novo, não há ainda estudos de prevalência da ETC entre atletas de MMA.

Golpes consecutivos na cabeça são capazes de danificar a fisiologia cerebral, deixando o cérebro mais suscetível a lesões. Apesar da proteção proporcionada pelo fluido cérebro-espinhal ao cérebro, lesões na cabeça em decorrência de golpes podem causar rompimentos nos axônios dos neurônios, que conectam as regiões cerebrais, em razão das forças de aceleração e desaceleração, sendo este o primeiro sinal neuropatológico da lesão cerebral traumática.

A realidade científica exposta é assustadora, os efeitos negativos desses esportes sobre a saúde são gravíssimos. Como podemos nos submeter a tantas situações nitidamente suicidas, mesmo que inconscientemente?

Mas, os severos prejuízos ao corpo não são causados apenas por essa categoria de esporte. Qualquer atividade praticada em excesso poderá redundar, mais cedo ou mais tarde, em efeitos danosos ao ser.

O sedentarismo é causa de inúmeros problemas. Já a atividade física moderada, sob orientação de profissionais competentes, é essencial à saúde. Por outro lado, quando ultrapassamos o limite da coerência, em busca de uma autoafirmação ilusória, os riscos do surgimento de efeitos negativos se elevam acentuadamente, indicando um quadro de sério desequilíbrio.

Tenhamos a convicção de que todas as atitudes radicais por nós praticadas decorrem da ignorância espiritual, e seus malefícios poderão repercutir não apenas no presente, mas em nosso futuro evolutivo, independentemente da dimensão em que estejamos. Seria de bom alvitre que nos dedicássemos e estabelecêssemos como meta essencial de nossa vida a busca dos pontos de equilíbrio, em tudo. Não é fácil, mas é fundamental à saída do estado de paralisia evolutiva espiritual.

Abordaremos a seguir, um tema que também se encaixa nesse capítulo, por caracterizar um ato invasivo do corpo físico: as tatuagens.

São muito comuns as perguntas sobre a visão espírita a respeito desse procedimento tão disseminado atualmente.

O espiritismo é contra ou a favor da aplicação de tatuagens?

A questão não é ser contra ou a favor. Uma doutrina sustentada por três pilares: preceitos morais evangélicos, filosofia e ciência, não faculta aos seus seguidores emitir opiniões sem embasamento moral e científico. O espiritismo visa a análise e o estudo de todos os componentes do Universo, sempre buscando as verdades que envolvem a natureza do espírito e de seu ambiente, independentemente do plano em que se encontre.

Não é por acaso que Allan Kardec escreveu, em sua obra *A Gênese*, que o espiritismo deverá seguir o progresso da ciência e, se em determinado momento, um achado científico demonstrar que o conceito espírita sobre o tema esteja errado, o espiritismo mudará esse conceito.

Portanto, cabe aos disseminadores da doutrina orientar de forma objetiva e impessoal, de acordo com as informações disponíveis, sem julgamento.

Não é questão de ser contra ou a favor; respeitamos o livre-arbítrio de cada um. O indivíduo é o construtor e o único responsável pelo próprio destino e deve ser respeitado em relação a isso.

O nosso papel, então, é apenas orientar, elucidar e estimular um processo reflexivo; a decisão final é de cada um. Mas, não nos esqueçamos que, paralelamente à lei do livre-arbítrio estamos submetidos à lei de causa e efeito. Não é uma questão de crença; é matemático, é científico, é Lei Natural do Universo. Leis do Universo são indiscutíveis, irrevogáveis e válidas para todos, indistintamente.

Com o intuito de oferecer subsídios para a reflexão, iniciemos com a definição de pele, a "tela" que disponibilizamos à aplicação das tatuagens.

Transcreveremos alguns trechos de uma tese de doutorado[187], em cuja introdução o autor descreveu algumas características deste nosso órgão. Alguns termos técnicos constantes do texto, certamente serão de difícil compreensão para a maioria dos leitores não ligados a essa área específica. Entretanto, o objetivo é destacar a importância da pele e seu significado para o equilíbrio e harmonia do organismo, que poderá ser entendida mesmo pelos leigos.

187 https://www.todabiologia.com (acesso em 4/9/2018)

A pele[188] é o maior órgão do corpo humano e a principal barreira física contra o meio externo. Desempenha diversas funções vitais de comunicação e controle, que garantem a homeostase do organismo (homeostase é a condição de relativa estabilidade da qual o organismo necessita para realizar suas funções adequadamente, visando o equilíbrio do corpo.

A camada de superfície (epiderme) é formada por células epiteliais estratificadas e está sobre a camada do tecido conectivo (derme). Por sua vez, a epiderme e a derme estão fixadas em uma camada composta por tecido adiposo, a hipoderme.

Aproximadamente, 80% da epiderme é constituída de queratinócitos, que são as células responsáveis pela formação do epitélio estratificado pavimentoso. Estas células possuem esse nome devido a sua função essencial, que é a fabricação de queratina, uma proteína que preenche as células mais superficiais da epiderme para formar a camada córnea. Um tipo de célula dendrítica, chamada melanócito, que representa 13% da população celular da epiderme, se distribui por toda a extensão da epiderme e, através de seus dendritos, distribui a melanina que produz para os queratinócitos ao seu redor. Outra população de células presente na epiderme são as células de Langerhans.

Estas células, presentes igualmente na boca, pulmão, bexiga, reto e vagina, capturam antígenos que romperam a camada córnea da epiderme e migram para a derme onde apresentam antígenos para linfócitos T, induzindo assim, uma resposta imune.

O formato ondulado da camada da epiderme mais próxima à derme, aumenta a superfície de contato entre as

188 Neerav Desai. Tattoing in adolecents and young adults. (Literature Review current through july 2018).

duas, favorecendo as trocas de elementos nutritivos e metabólicos. A interface entre estas duas camadas da pele é denominada junção dermoepidérmica. A derme é um tecido conjuntivo constituído por uma grande variedade de tipos celulares e por uma abundante matriz extracelular. Esta matriz é formada por células residentes da derme, conhecidas como fibroblasto, as quais sintetizam diferentes macromoléculas que entram na constituição da matriz extracelular.

Na derme estão as artérias, veias sanguíneas e vasos linfáticos. As artérias e seus ramos menores, as arteríolas, provenientes do ventrículo esquerdo pela aorta, veiculam o sangue rico em oxigênio e nutrientes.

Vênulas e veias asseguram o retorno dos resíduos provenientes do metabolismo celular. Através destes vasos a derme recebe as denominadas células migratórias: macrófagos, linfócitos, eosinófilos, neutrófilos, entre outras. Estas células desempenham um importante papel em eventos como infecção de microrganismos, inflamação e na cicatrização.

A derme também conta com um sistema de inervação sensitiva e vegetativa. Nervos vegetativos inervam glândulas sudoríparas, músculo pilo eretor e vasos sanguíneos, e auxiliam no controle da temperatura corporal. As inervações sensitivas da derme, composta por receptores periféricos, conduzem estímulos mecânicos, térmicos, químicos e dolorosos para o sistema nervoso central.

A barreira física gerada pela pele não só protege os órgãos internos e limita a passagem de substâncias, mas também estabiliza a temperatura e a pressão sanguínea através de seus sistemas de circulação e evaporação. A pele é capaz de sintetizar hormônios (ex. dehidrotestorena) e vitaminas (ex. vitamina D), assim como metabolizar xenobióticos (compostos químicos estranhos ao organismo humano).

> A pele também é responsável por sensações de toque, dor, calor e frio (através de suas terminações nervosas livres e encapsuladas, como os corpúsculos de Vater-Pacini e Ruffini).

Pelo exposto, conclui-se que a pele é um órgão fundamental como todos os demais, apresenta uma estrutura extremamente complexa, funções fisiológicas essenciais à saúde do organismo e uma delicadeza e sensibilidade ímpares.

Diante dessa realidade irrefutável cabe-nos refletir sobre o significado e consequências de qualquer tipo de agressão que impomos a ela e, por conseguinte, ao perispírito.

A seguir apresentaremos algumas informações gerais sobre a aplicação de tatuagens, as primeiras oriundas da revisão de 104 artigos científicos, publicada por Neerav Desai[189]

> O uso de tatuagens é crescente entre adolescentes e jovens adultos. Pesquisas realizadas com estudantes norte-americanos indicaram que 20 a 25% dos jovens entre 18 e 25 anos têm tatuagem, chegando a 22 - 47%, na faixa etária de 18 a 35 anos.
>
> Em estudo realizado em 2015, com 2.225 adultos, constatou-se que 23% deles se arrependeram de terem feito tatuagens. As razões mais salientadas para o arrependimento foram: eram muito jovens quando as fizeram; a tatuagem, após um certo tempo, não mais refletia o estilo de vida; a tatuagem não foi bem feita; a tatuagem perdeu o significado.
>
> Nos Estados Unidos os médicos, quando consultados por pacientes que estão pensando em aplicar tatuagens, são orientados a passar-lhes as seguintes informações:

189 Neerav Desai. Tattoing in adolecents and young adults. (Literature Review current through july 2018). https://www.uptodate.com

- conversar com pessoas tatuadas e/ou que as removeram;
- lembrar-lhes que a tatuagem é permanente;
- orientar-lhes a jamais decidir sob pressão, nem precipitadamente;
- estimulá-los a se informarem sobre todas as possíveis consequências, em fontes confiáveis, antes de tomar qualquer decisão;
- informar-lhes sobre a dificuldade, o alto custo e a incompletude da futura remoção das tatuagens;
- discutir com eles sobre quais os fatores motivacionais para tatuarem-se, que podem ser:
  - redefinir-se;
  - tomar controle de seus corpos e identidades;
  - seguir os passos dos amigos;
  - sentir-se único;
  - maquiagem permanente.

Custos e riscos potenciais da aplicação de tatuagens:

- custo financeiro;
- reação negativa de parte da sociedade, como familiares, professores, empregadores;
- dor;
- possíveis complicações de ordem infecciosa ou não infecciosa;
- custo e dor da futura remoção da tatuagem, caso se arrependam ou se cansem dela.

As tintas utilizadas nas tatuagens não são aprovadas pelo "United States Food and Drug Administration (FDA) para uso intradermal e contêm ingredientes não padronizados.

Há relatos na literatura científica de infecções da pele relacionadas com a contaminação das tintas.

Riscos à saúde: Há ainda, na literatura científica, poucas informações a respeito da incidência de complicações decorrentes da tatuagem; e muito disso se deve a não notificação por parte das instituições de saúde.

Infecções localizadas e reações da pele parecem ser as mais frequentes complicações. As tatuagens podem estar associadas com infecção localizada por Staphilococcus aureus e outros microrganismos, como Mycobacterium chelonae, Mycobacterium haemophilum e Mycobacterium abscessus. O risco de infecção é maior nas três primeiras semanas pós-aplicação da tatuagem, em função da diminuição da integridade da pele.

A infecção sistêmica ocorre com menor frequência do que as localizadas; e acontecem, normalmente, quando as tatuagens são aplicadas por tatuadores amadores, ou por descuido pós-aplicação.

Hepatites B e C: podem ser transmitidas quando os instrumentos não são devidamente esterilizados.

Infecção por HIV: apesar de ser possível sua transmissão pela tatuagem, não foram relatados casos na literatura consultada.

Endocardite infecciosa: é um caso muito raro de complicação. Entretanto, pacientes com eventos clínicos como febre inexplicada, fraqueza, mialgia etc., entre uma semana e dois meses após a tatuagem, devem ser avaliados pelo médico.

Sepsis: as tatuagens podem prover uma porta de entrada para bacteremia sistêmica e sepsis. Pacientes com o sistema imunológico comprometido podem correr o risco de infecções por patógenos como Vibrio vulnificus, após exposição à água do mar. Alerta-se aos pacientes a evitarem ambientes aquáticos de recreação nas semanas subsequentes à aplicação da tatuagem.

Reações da pele: incluem hipersensibilidade adquirida em função da tinta, reações sarcoidais, esclerodermia, reações granulomatosas e formação de queloides / cicatriz hipertrófica.

Câncer: são escassos os relatos científicos sobre o risco de câncer, localizado ou sistêmico, decorrentes das tatuagens.

Alguns componentes das tintas utilizadas foram classificados como carcinogênicos pela Agência Internacional de Pesquisa em Câncer. Em revisão de literatura sobre o tema, 64 casos de câncer de pele foram relatados. Entretanto, ressaltaram os pesquisadores, são necessários estudos profundos sobre o assunto.

Crise hemolítica por deficiência de glicose 6 fosfato desidrogenase. O tipo de tatuagem red henna pode causar hemólise aguda em pacientes com essa deficiência. Muitos casos de hemólise fulminante foram reportados em crianças, após a aplicação da citada forma de tatuagem.

As tatuagens podem estar associadas com uma variedade de outras complicações ou considerações relativas à saúde:

- sensação de queimadura e intensa dor sobre a área tatuada, durante exame de ressonância magnética, conforme os componentes das tintas utilizadas;

- anestesia epidural: há controvérsias sobre o eventual efeito negativo em pacientes que têm a região de aplicação da anestesia tatuada;

- cirurgia: tatuagens localizadas nos campos de eventuais cirurgias, como exemplo, na região abdominal, podem requerer procedimentos especiais para preservação.

- alocação de tatuagem próxima ou sobre um nevo melanocítico (lesão benigna de células névicas decorrentes da proliferação de melanócitos) pode dificultar o monitoramento de alterações sugestivas de melanoma (tumor maligno originário dos melanócitos).

Outras referências da literatura científica:

Estudo recente feito pela Agência Europeia de Produtos Químicos revelou que a tinta de tatuagem pode ser cancerígena. Os especialistas explicaram que as tintas contam com propriedades químicas tóxicas, que podem ainda causar reações alérgicas e coceira. Conforme a Agência, outros danos à saúde, inclusive relacionados à capacidade reprodutiva, podem permanecer por muitos anos[190].

De acordo com cientistas do Reino Unido, citados em publicação do Daily Mail, toxinas das tintas de tatuagem poderiam ser absorvidas pelo corpo e causar câncer. Eles acreditam que as nanopartículas do produto podem entrar na corrente sanguínea e se acumular no baço e nos rins, prejudicando a capacidade do corpo filtrar impurezas.

Em estudo realizado por Jorge Serup, professor de dermatologia da Universidade de Copenhague, na Dinamarca, foram encontrados produtos químicos cancerígenos em 13 de 21 tintas comumente usadas na Europa[191].

Os produtos químicos nas tintas de tatuagem caem na corrente sanguínea, se acumulam nos gânglios linfáticos e, consequentemente, impedem sua capacidade de combater infecções. O autor do estudo, Dr. Hiram Castilho, da European Synchroton Radiation, na França, disse: "- Quando alguém quer se tatuar, normalmente são cuidadosos na escolha de um salão onde são utilizadas agulhas esterilizadas, que não tenham sido usadas anteriormente. Mas, ninguém verifica a composição química das tintas; nosso estudo mostrou que deveriam."

Os pesquisadores usaram poderosos raios x para identificar dióxido de titânio e metais pesados presentes em amostras de tecido tatuado e linfonodal. Embora partículas de diferentes tamanhos sejam encontradas na pele, apenas

---

190 Renata Medeiros. Tinta de tatuagem pode causar câncer, diz estudo. https://segredosdomundo.r7.com. Acessado em 13/1/2017.

191 https://terra.com.br. Publicado em 23/9/2013.

fragmentos altamente microscópicos de dióxido de titânio estão presentes nos gânglios.

Os pesquisadores acreditam que as partículas podem ser transportadas pelo sangue ou envolvidas por células imunes que posteriormente as depositam. Esta deposição pode fazer com que os gânglios inchem, prejudicando sua capacidade de combater infecções e filtrar os agentes patogênicos.

Outro autor do estudo, Dr. Bernhard Hesse, disse: "- Nós já sabíamos que pigmentos de tatuagem viajariam para os gânglios linfáticos devido a evidência visual: eles ficariam coloridos em função da cor da tatuagem. É a resposta do corpo para limpar o local de entrada da tatuagem. O que não sabíamos é que eles fazem isso de forma nano, o que implica que eles podem não ter o mesmo comportamento que as partículas em um nível micro. E esse é o problema: não sabemos como as nanopartículas reagem"[192].

Muitas pessoas têm o hábito de querer esconder marcas da pele com um belo desenho. Isso pode não ser uma boa ideia! As tatuagens podem evitar que doenças da pele, inclusive o câncer, sejam diagnosticadas em tempo[193].

Diante das informações de natureza científica apresentadas, há evidências de que a tatuagem configura-se como um processo invasivo ao corpo físico, considerando-se o já salientado papel que a pele, esse órgão complexo, delicado e essencial, desempenha no contexto da saúde integral, já que toda lesão física se reflete no perispírito.

Tatuar ou não tatuar? Munidos das bases científica e espiritual, que cada um faça uso do seu livre-arbítrio e tire a sua própria conclusão.

---

192 Revista *Scientific Reports*. Por que tatuagens podem causar câncer? https://diariodebiologia.com. Publicado em 12/9/2017.

193 Karila Patrícia. Veja quatro problemas graves que sua tatuagem pode causar. https://diariodebiologia.com. Acessado em 30/8/2018.

4.5 Desrespeito aos sentimentos e às emoções.

Jesus pois, quando a viu chorar, e também chorando os judeus que com ela vinham, moveu-se muito em espírito, e perturbou-se. E disse: Onde o pusestes? Disseram-lhe: Senhor, vem e vê. Jesus chorou. (João 11: 33-35)

O que fez Jesus? Externou um sentimento. Se ele o fez, então por que deveríamos nós ocultá-los, mesmo cientes das dores que eventualmente possam causar? Essa ocultação denomina-se alexitimia. Vejamos o que nos ensina a esse respeito o espírito Hammed, pela psicografia de Francisco do Espírito Santo Neto[194].

Não devemos temer nenhum dos nossos sentimentos, nem mesmo aquele que acreditamos ser o pior deles. Antes de nos censurarmos por senti-lo, tomemos a decisão do que fazer com ele.

A criatura humana que constantemente nega suas sensações íntimas não as destrói, mas perde a capacidade de administrá-las ou aprimorá-las.

Conter a alma é ignorar o sentir; é não dar nenhum valor aos sentimentos, concedendo sempre um crédito desmedido ao sentir dos outros, em detrimento dos próprios valores e potencialidades internas.

Abafar ou negar as emoções pode nos trazer consequências desagradáveis, criando em nós um campo fértil para que transtornos emocionais se instalem e se desenvolvam. O antídoto para combater esses conflitos é verbalizar, ou seja, dizermos o que estamos sentindo, sem medo de dividir isso com os outros.

---

194 Hammed / Francisco do Espírito Santo Neto. *A busca do melhor*. Catanduva-SP – Instituto Beneficente Boa Nova, 2016. 175 p.

> Alexitimia é o nome que se dá a uma marcante dificuldade em verbalizar emoções, expor sentimentos, bem como em narrar sensações corporais... Pessoas que sofrem de alexitimia ignoram o que sentem, sem saber, portanto, como dizê-lo com palavras, não distinguindo uma emoção de outra; também desconhecem que têm uma carência: a capacidade de reconhecer e expressar suas emoções. Atribuem o mal-estar que sentem a algo que comeram ou beberam, distanciando de si, dessa forma, o real motivo da sensação desagradável, que na verdade é a agitação íntima. Não possuem consciência de seus problemas internos e se veem tranquilas e adaptadas no quesito emocional, apesar de estarem extremamente bloqueadas em uma das áreas mais importantes da vida: a sentimentalidade.
>
> O hábito de rejeitarmos frequentemente a emotividade que emerge de nosso mundo interior nos faz perder a capacidade de avaliar de forma correta nossos sentimentos. Por consequência, isso poderá intervir ou afetar o diálogo lúcido e apropriado conosco mesmos e com nossos semelhantes.

Diante do exposto, é possível inferir que o desrespeito aos sentimentos e emoções pode redundar em graves consequências ao espírito e, caso ele não procure ajuda médico-psicológica e espiritual, o caso poderá configurar-se em suicídio inconsciente.

Mas, o que são sentimento e emoção?

> A mente subconsciente é a sede das emoções (instintos e irracionalidade) e sentimentos (espiritualidade, entendimento). A emoção é identificada em fração de segundos pelo cérebro (sistema límbico), desencadeando reações orgânicas e impulsos. Tem relação com os chacras abaixo do cardíaco (instintos). A característica e intensidade da emoção depende do objeto ou situação que a desencadeia. O sentimento, por sua vez, tem relação com o chacra cardía-

> co, sendo linear. É mais leve, evoluído, traz bem-estar e o silêncio interior geralmente está presente. Não tem carga.
>
> Exemplos: Amor é sentimental; paixão é emocional. O amor é libertador e nos anima. A paixão pode trazer ciúme, dor e insegurança.
>
> Alegria é sentimental; euforia é emocional. A alegria acontece e não depende de situações, sendo calma e contagiante. A euforia é inadequada e, muitas vezes, é seguida por frustração, depressão e apatia.
>
> Medo é sentimental. Pânico é emocional. O medo nos protege, nos alerta. O pânico paralisa (coragem é a capacidade de enfrentar o medo).
>
> Raiva é sentimental; ódio é emocional. Sentir raiva é humano, mas deve ser passageiro. Devemos saber transformá-la em atitudes realizadoras, tolerância e compreensão, evoluindo para paciência. Não permita que a raiva se transforme em mágoa, rancor ou ódio. Este é o caminho da autodestruição, tenha certeza!
>
> A emoção pode levar à guerra, o sentimento leva à paz. O amor é transformador (transforma a dor!)[195].

Sim; o amor transforma a dor. E Jesus nos ensinou a amar o próximo como a nós mesmos. Então, para amar o próximo precisamos, primeiramente, aprender a nos amar. Para que nos amemos é fundamental que respeitemos nossos sentimentos e emoções; e esse respeito envolve esforços no sentido de tentarmos sair do estado de inércia espiritual através do cultivo de valores essenciais ao processo evolutivo; que avança no sentido oposto às escolhas que comumente fazemos em direção ao suicídio inconsciente.

Aprender a perdoar, por exemplo; a começar pelo autoperdão, é uma forma importante de trabalhar o respeito aos sentimentos e emoções.

---

195 Andrea Zuppini. www.microfisioterapiaabc.com.br. (16/9/2016).

> Sem a melodia do perdão, não pode existir música nos sentimentos. Esquece todas as ofensas e não deixes que quem te fira te irrite. Se abrires as portas da revolta, por elas adentrará o magnetismo do ódio, o qual desagrega as energias benfeitoras que o amor fez reunir em teu coração. A desculpa, nessa hora, é o amparo contra as investidas das sombras[196].

Para exaltar a magnitude da autotransformação, cabe destacar a extraordinária constatação do cirurgião oncologista alemão Ryke-Geerd Hamer que, após ter examinado 20.000 pacientes com câncer, constatou que todos tinham algum tipo de conflito psicoemocional anterior à instalação da doença. Observou que os tumores paravam de crescer quando o paciente conseguia resolver seu conflito.

Em estudo realizado na Rockfeller University, nos Estados Unidos, os autores concluíram que o perdão reforça o sistema imunológico, pela redução dos níveis de cortisol, que é um hormônio produzido pela glândula suprarrenal, diretamente envolvido na resposta ao estresse. Ou seja, sob estresse seus níveis se elevam na corrente sanguínea, interferindo no sistema imunológico, bem como em outras funções fisiológicas.

> Ter saúde não significa apenas não apresentar alguma doença. Saúde é um bem-estar físico que se associa a um bem-estar emocional, mental e espiritual. Por isso, alguém pode não sentir dor alguma e mesmo assim estar doente se, por exemplo, vive constantemente irritado.
>
> De que adianta apenas estar com o colesterol em ordem se o mau humor é constante em nosso proceder?
>
> Não nos preocupemos apenas com a taxa de açúcar no sangue, vejamos também nossa taxa de doçura com as pessoas.

196 Miramez / João Nunes Maia. *Saúde*. Belo Horizonte-MG - Editora Espírita Cristã Fonte Viva, 1984.

Acautelemo-nos contra o perigo do entupimento das artérias, mas não endureçamos o coração no trato com o próximo.

Cuidemos da dentição, mas não nos esqueçamos de sorrir para a vida a fim de que a saúde também possa sorrir para nós.

Pratiquemos exercícios para ter um bom aspecto físico, contudo, não nos esqueçamos de também exercitar a beleza interior [...].

O que vai nos importar do outro lado da vida será o amor que sentimos, os sorrisos que demos, o bem que fomos capazes de fazer, as músicas que cantamos, os abraços que distribuímos, os poemas que declamamos e a vida que fomos capazes de viver em toda sua plenitude"[197].

A virtude da paciência se adquire através da vigilância moral e da disciplina mental, que são fontes de harmonia para o ser[198].

O influxo mental é um gerador de fluidos mentais que tem características próprias, e isso garante ao pensamento ter efeito em nossa individualidade, pois são essas características que dão para cada um de nós uma psicosfera específica que chamamos de aura, que interage com o nosso corpo físico, trazendo desequilíbrios ou o equilíbrio pleno. Sem dúvida nenhuma, temos que admitir que os nossos pensamentos são constituídos de partículas que a tabela periódica dos elementos químicos ainda desconhece, mas como espíritas temos a crença

197 André Lopes. *Viciados em telas.* São Paulo-SP - Editora Abril, edição 2560 - ano 50 - número 50, 2017.

198 Manoel Philomeno de Miranda/Divaldo Pereira Franco. *Loucura e obsessão.* Brasília-DF - Federação Espírita Brasileira, 12ª ed., 2011.

> definitiva que os fluidos dos pensamentos podem sofrer a interferência dos planos espirituais, gerando um módulo ativo de forças entre os dois planos, inspirando, influenciando, intuindo aquele que gerou o pensamento. Conclusão fácil, o que pensamos pode nos colocar em contato com espíritos superiores ou com espíritos de baixo nível evolutivo, gerando um casamento perfeito; podendo, na segunda situação, se estabelecer um processo obsessivo.
>
> Quando o perispírito é submetido a uma ação mental evoluída, alimenta-se de refinado magnetismo, o que não ocorre quando a ação mental que o orienta é deseducada. Nesse caso, ele passa a canalizar para si energias de baixo teor vibratório, tornando o seu magnetismo adensado, aumentando-lhe o peso específico. Quando isso ocorre, ele se torna mais grosseiro, à semelhança do corpo somático, sendo atraído para as regiões compatíveis ao seu estado, passando estas a lhe servirem de morada[199].

Depreende-se do exposto que cada um escolhe seu destino, sua frequência vibratória. Na fase evolutiva espiritual em que se encontram os espíritos terráqueos, ou de qualquer planeta de provas e expiações, há predomínio absoluto de profunda ignorância espiritual. Essa ignorância faz com que busquemos rotas de fuga, em face do vazio existencial que assola nossos interiores. Mas, essas rotas nos remetem a abismos colossais, que maximizam gradualmente as dores da alma. Revertê-las pressupõe nos instruirmos acerca de nossa realidade espiritual e procurarmos tratar de maneira adequada os sentimentos e as emoções.

---

199 Romário de Araújo Mello. *Morte e renascimento.* Salto-SP - Schoba Editora, 2017. 648 p.

> Nós esperávamos ser a geração mais feliz de todos os tempos. Contudo, infelizmente, estamos diante da geração mais triste que já pisou nesta terra (Augusto Cury)[200].

Cury estudou uma das causas desta tristeza que afeta diretamente a qualidade de vida. Trata-se da síndrome do pensamento acelerado (SPA) que, segundo ele, acomete grande parte da população, independentemente da faixa etária, mas atingindo, em maior grau, profissionais com trabalho intelectual intenso.

> A SPA tem afetado pessoas de todos os níveis, de todas as culturas, de todas as raças, em qualquer período de suas vidas [...]. O excesso do uso do celular, o excesso de trabalho, o excesso de atividades e, principalmente, o excesso de informação satura o córtex cerebral, estimulando fenômenos inconscientes [...]. É comum a pessoa estar o tempo todo estressada, sofrer por antecipação, deixar a ansiedade sobressair-se e não controlar seus impulsos e emoções. Dessa forma fica mais fácil e automático deixar a mente ser tomada constantemente por sentimentos negativos. Quando esses sintomas aparecem, há o encadeamento de enfermidades psicossomáticas da mente como: estresse, ansiedade, depressão, transtornos de inúmeros tipos, problemas de relacionamento etc... Toda pessoa que pensa excessivamente tem um déficit de criatividade, tem uma dificuldade enorme de dar respostas inteligentes na situação estressante... O futuro da nossa saúde mental depende das resoluções que tomamos hoje. Como queremos envelhecer?... Sempre é tempo de retomarmos as rédeas do nosso eu.[201]

---

200 Augusto Cury. *Já é tempo de ter saúde emocional.* São Paulo-SP - Editora Escala, Revista Viva Saúde, edição 157, 2016, p. 72 - 73.

201 Augusto Cury. *Já é tempo de ter saúde emocional.* São Paulo-SP – Editora Escala, Revista Viva Saúde, edição 157, 2016, p. 72–73.

Eis aí o nosso grande desafio e o segredo para a paz interior, para a felicidade: "retomarmos as rédeas do nosso eu".

Mas, por que, de maneira geral, "perdemos as rédeas"? O que poderia explicar a predominância das turbulências emocionais existenciais, de natureza progressiva, capazes de levar o ser humano ao cometimento de seu mais grave erro decisório que é o suicídio, consciente ou inconsciente, com consequências espirituais sabidamente tristes e nefastas?

Sobre esse tema, Joanna de Ângelis[202] ensina de forma muito esclarecedora:

> A criatura humana é um feixe de sensações, resultado natural dos períodos primários da evolução, em trânsito para a realidade das emoções. As largas experiências vividas nas faixas primitivas do passado deixaram impressões profundas, que se tornaram prevalecente exigência no comportamento pessoal social e, principalmente, psicológico. Impulsos e reações fazem parte desse processo que estabelece os paradigmas da conduta, quando fora do crivo da razão.
>
> Nesse estágio da vida, nutre-se emocionalmente das sensações objetivas, dos contatos com o mundo e suas manifestações, comprazendo-se no jogo desmedido do querer ter, longe da aspiração de ser.
>
> Adormecida para as percepções mais sutis da existência, acumula coisas e compraz-se com elas até a saturação, quando se transfere para possuir pessoas, que não são fáceis de se deixarem pertencer, produzindo choques emocionais, que desarticulam a planificação interior do ambicioso. Sentindo a frustração do desejo não transformado

---

202 Joanna de Ângelis/Divaldo Pereira Franco. *Vida: Desafios e soluções*. Salvador-BA – LEAL, 2014. (Edição comemorativa dos 25 anos da Série Psicológica Joanna de Ângelis, volume 8). 176 p.

> em prazer, amargura-se e rebela-se, fugindo, não poucas vezes, para as libações alcoólicas, o tabagismo ou para as drogas aditivas.
>
> É lento o curso de mudança da faixa grosseira do imediatismo, para as sutilezas da emoção dignificada. Nesse trânsito, é comum deparar-se com a fase da sensação emotiva, quando há um descontrole no sistema nervoso e o excesso de emotividade domina-lhe as paisagens comportamentais. Não acostumado às expressões da beleza, da sinceridade, do amor, facilmente se deixa comover, derrapando no desequilíbrio perturbador, no entanto, passo inicial para o clima de harmonia que o aguarda.

Amália Domingo Sóler[203] (1835-1909), eminente disseminadora e defensora dos ideais espíritas na Espanha, numa época em que as dificuldades eram muito grandes nesse campo, compilou a magnífica obra *Memórias do padre Germano*, por ele ditada em reuniões mediúnicas ocorridas no Centro Espírita A Boa Nova, na ex-vila espanhola de Grácia, no final do século XIX.

No capítulo 13 (O amor na Terra), o bondoso padre relata a trajetória de um casal de jovens que muito se amavam; mas, terminaram a última existência de forma trágica. Gustavo suicidou-se algum tempo após ter sido gravemente ferido em batalha e Lina acompanhou-o, pelo desespero em face do ocorrido ao seu amado.

A seguir, um trecho do relato do padre Germano sobre o episódio que tanto o amargurou, e que nos serve para profunda reflexão:

> ... Esse drama espantoso, essa tragédia horrível, tem a febre da paixão no seu grau máximo de loucura; é o fatal egoísmo do homem; porque Gustavo se matou para fugir

203 Amália Domingo Sóler. *Memórias do padre Germano*. Brasília-DF – Federação Espírita Brasileira, (tradução de Manuel Quintão), 1ª ed., 2015. 574 p.

ao sofrimento, convencido, no auge da dor, de que a chaga era incurável e duvidando, portanto, da misericórdia de Deus, para o qual nada há impossível. Quem sabe se, ao fim, não se restabeleceria?

Não considerou, tampouco, a dor imensa de Lina; julgou tudo por si, pretendendo dar fim ao que fim não tem.

E a desgraçada Lina, tocada na fibra mais sensível, também se esqueceu de Deus e de mim; desprezou sua fé cristã, como desprezou meus desvelos e meus ensinamentos de amor.

[...] Tanto ele, quanto ela, se entregaram ao desespero e, por isso, sobre suas campas (túmulo) não posso sorrir, uma vez que suas almas atribuladas devem procurar-se mutuamente, sem se verem por algum tempo. Delito, e grave, a infração da lei. Todas as dores têm sua razão de ser, todas as agonias são justificadas, e quem, violentamente quebra os elos da vida terrena, desperta nas trevas.

Feliz o espírito que, resignado, sofre todas as dores. Esse, ao deixar a Terra, se reserva um belo despertar na eternidade! [...].

A Humanidade não é má por natureza; mas é ignorante e, por isso mesmo, mais apta a se deixar governar por suas paixões. É progressiva e deve progredir para atingir os seus destinos; esclarecei-a; mostrai seus inimigos ocultos na sombra; desenvolvei sua essência moral, nela inata, e apenas adormecida sob a influência dos maus instintos e reanimareis a centelha da eterna verdade, da eterna presciência do infinito, do belo e do bom, que reside para sempre no coração do homem, mesmo do mais perverso[204].

---

204 Allan Kardec. Instruções dos Espíritos - os messias do espiritismo. *Revista Espírita - Jornal de Estudos Psicológicos,* fevereiro de 1868. Brasília-DF - Federação Espírita Brasileira, tradução de Evandro Noleto Bezerra, 2009.

> Na verdade, o que estamos vivendo não é uma crise, porque uma crise é algo passageiro. O que estamos vivendo não é passageiro. Trata-se de uma mudança de eixo na nossa forma de viver. Temos que encontrar uma nova forma de viver. Temos que nos reinventar em absolutamente todos os sentidos. O amor tem que fazer parte do processo[205].

> Ama sempre, mas não te permitas relacionamentos conflituosos, sob a justificativa de que tens a missão de salvar o outro, porque ninguém é capaz de tornar feliz aquele que a si mesmo se recusa a alegria de ser pleno (Joanna de Ângelis[206]).

Nessa mesma linha de pensamento, o espírito Hammed[207] afirma:

> Sofres imensamente o abandono de alguém. Retirou-se de tua vida repentinamente, sem nenhuma explicação plausível. Buscas consolo e conformação, razão e sentido para tal acontecimento.
>
> Não te esqueças porém, de que todos, sem exceção, são livres para ficar, ou não, ao lado de alguém…
>
> Cada um de nós tem vontade própria; assim sendo, não temos controle sobre ninguém.
>
> Pior que a rejeição é desvalorizar a si mesmo. Quando somos rejeitados por alguém, a agonia é transitória; quando desprezamos a nós mesmos, a aflição é constante.
>
> Buscas sinceramente o porquê do teu sofrimento?
>
> O que te machuca, irmão?

---

205 Sri Prem Baba. Blogspot.com.br/2016/06/a-ilusao-do-homem-capitalista.html

206 Joanna de Ângelis. www.acasadoespiritismo.com.br/reformaintima/diretrizes/relacionamentosconflituosos.htm

207 Hammed / Francisco do Espírito Santo Neto. *A busca do melhor.* Catanduva-SP – Instituto Beneficente Boa Nova, 2016. 175 p.

> Será que é a dor da falta do outro, ou a dor da própria solidão?
>
> Se alguém se recusa a partilhar contigo a existência, é inútil insistir. Valida o direito que todo ser humano tem de viver com quem e como deseja.
>
> Não tentes resolver a vida ou entender o que o outro fez, por mais querido e íntimo que ele seja. Entende e resolve a tua vida; a do outro, que partiu, talvez tenha sido resolvida e por ele entendida.

Esse pensamento de Hammed é uma forma de respeito aos nossos próprios sentimentos e emoções, bem como aos do próximo. Manter-se mentalmente conectado a uma situação como essa pode gerar conflitos que, muitas vezes, atravessam um ou mais períodos encarnatórios e continuam na outra dimensão, gerando, frequentemente, um processo obsessivo grave e de longuíssima duração.

Sob a ótica evolutiva do espírito é uma lamentável perda de tempo, além do profundo e duradouro sofrimento; afinal, somos todos irmãos e deveríamos, sempre, exercitar o amor fraterno, buscar a paz interior e a convivência harmônica com todos, evitar as mágoas e o ódio, que via de regra são gerados por esses conflitos, e exercitar a compreensão e o perdão.

Tentemos, incansavelmente, o alinhamento dos nossos pensamentos e comportamentos com as imutáveis leis do verdadeiro e eterno Amor Universal; o qual, obviamente, não se coaduna com qualquer tipo de conflito.

Transcrevemos, em seguida, as palavras do educador e escritor William Sanches[208], que ressaltou a importância de, primeiramente, procurarmos nos tornar uma boa companhia para nós mesmos:

---

208 William Sanches. *Seja uma boa companhia para você mesmo*. Vídeo produzido por Criativos do Bem – Comunicação Social.

Uma vez eu ouvi a seguinte frase: Solidão não se cura com o amor dos outros, se cura com o amor próprio. Eu fiquei pensando sobre isso, o quanto somos companhias temporárias. É claro, porque as pessoas à nossa volta, seu pai, sua mãe, seu namorado, sua namorada e todas as pessoas que estão ao seu redor são companhias temporárias; ou seja, só você é eterno com você mesmo.

Quando pensamos nisso começamos a perceber que durante essa eternidade nós merecemos ser felizes. Então, você precisa ser uma boa companhia para você mesmo.

Existe uma frase de Emmanuel, psicografada por Chico Xavier, que diz assim: - Na vida não vale tanto o que temos, nem tanto importa o que somos. Vale o que realizamos com aquilo que possuímos e, acima de tudo, importa o que fazemos de nós.

Você está colocando a sua felicidade nas mãos das outras pessoas ou você é o responsável pela sua própria felicidade? Fuja dessa ideia de destino, desconfie de coisas muito prontas. Você é o condutor de sua vida.

Seja feliz com você, ame-se mais. Goste de você, goste da sua companhia, goste de suas coisas; porque a felicidade não está nos outros, ela está com você.

É claro que é uma delícia ter alguém para compartilhar as alegrias. Mas, essa alegria precisa estar primeiramente em você e não nas mãos das outras pessoas.

A livre escolha é uma das leis mais inteligentes e nós a chamamos também de livre-arbítrio. Significa eu escolher meu destino e eu escolho ser feliz. Escolha ser feliz; seja feliz.

Armando Falconi Filho[209], em sua obra *Perdão gera saúde*, cita pensamento de Marco Prisco, pela psicografia de Divaldo Pereira

---

209 Armando Falconi Filho. *Perdão gera saúde*. Capivari-SP - Editora EME, 1ª edição, 2014. 224 p.

Franco, que exalta o fundamental papel que o comportamento representa no cenário de nossa existência:

> Faça dos seus pensamentos uma farmácia moral, que lhe permita formular remédios para males de qualquer natureza.
>
> Pense sem falar, mas nunca fale sem pensar.
>
> Seja mais sóbrio na ação do que na palavra.
>
> Não se esqueça de que a humildade expressa a mais elevada qualidade de sabedoria.
>
> As dores que o afligem nascem, na maioria das vezes, nos prazeres que você desfruta.
>
> A mais eficiente corrigenda que se pode aplicar é a que decorre da moderação com que se repreende aquele que erra.
>
> Fique à distância de qualquer distúrbio originado no verbo apaixonado ou na atitude lamentável, porquanto a aflição destrói e a ansiedade conduz à delinquência. Produza algo superior, para que, em não fazendo nada, não aprenda a fazer o mal.
>
> Conserve a simpatia para ser sempre jovem, mantendo palavra calma, gestos moderados e silêncios oportunos. Recorde que todos gostam de ser ouvido.

Sob todos os ângulos, o respeito aos sentimentos e emoções só será maximizado através de um incansável, paciencioso e gradativo processo de compreensão da realidade da vida do espírito imortal que somos, com efêmeras passagens por esse plano dos encarnados. Tudo no Universo tem uma razão de existir; portanto, o curto espaço de tempo que permanecemos em cada corpo físico que utilizamos não deveria ser desperdiçado com os conflitos que repetidamente causamos, contribuindo acentuadamente com a usual estagnação que caracteriza espíritos em provas e expiações.

Em nossa inexorável trajetória evolutiva, desapegar-se de tudo e de todos é uma necessidade premente, cabendo-nos entender que apego é a antítese do verdadeiro amor, podendo até transformar-se num processo obsessivo.

> ... O apego às coisas materiais constitui sinal notório de inferioridade, porque, quanto mais o homem se prende aos bens deste mundo, tanto menos compreende o seu destino. Pelo desinteresse, ao contrário, ele prova que vê o futuro de um ponto de vista mais elevado (Questão 895, *O Livro dos Espíritos*)[210].

Hammed[211], ao tratar do tema felicidade, afirmou:

> Se alicerçamos nossa felicidade sobre coisas e pessoas, ficamos completamente vulneráveis a essas mesmas coisas e pessoas. Se queremos atingir a felicidade, não devemos procurar como muleta a companhia de alguém, pois, nessa estrada, caminhamos a sós, utilizando as próprias pernas.
>
> Estar feliz é um estado de espírito... Ser feliz significa ter tranquilidade n' alma. Sejamos donos da própria vida. Isso é tão importante e reconfortante que bem vale o esforço. A felicidade não pode apoiar-se em fatos e comportamentos alheios fora de nosso alcance. O indivíduo feliz alicerça as bases de sua alegria de viver sobre si mesmo, escutando seu íntimo e guiando-se pela voz da consciência.

Qualquer forma de relacionamento humano deve ser natural, serena, envolta por respeito mútuo, compreensão, desapego, indepen-

---

210 Allan Kardec. *O Livro dos Espíritos*. Rio de Janeiro-RJ – Federação Espírita Brasileira, 2006 (primeira edição comemorativa do sesquicentenário). 615 p.

211 Hammed / Francisco do Espírito Santo Neto. *A busca do melhor*. Catanduva-SP – Instituto Beneficente Boa Nova, 2016. 175 p.

dência, liberdade, ausência de ciúme e de controle. Não nos sintamos proprietários de quem quer que seja. Isso não é amor, pois amor não pressupõe posse. Em nosso processo evolutivo é premente que aprendamos a respeitar a individualidade e a liberdade de todos.

Em *Evolução em dois mundos*, no capítulo XVIII, André Luiz[212] discorre sobre sexo e o corpo espiritual, do qual transcrevemos o trecho a seguir.

> As cargas magnéticas do instinto, acumuladas e desbordantes na personalidade, à falta de sólido socorro íntimo para que se canalizem na direção do bem, obliteram as faculdades ainda vacilantes do discernimento e, à maneira do esfaimado, alheio ao bom-senso, a criatura lesada em seu equilíbrio sexual costuma entregar-se à rebelião e à loucura em síndromes espirituais de ciúme ou despeito. À face das torturas genésicas a que se vê relegada, gera aflitivas contas cármicas a lhe vergastarem (açoitarem) a alma no espaço e a lhe retardarem o progresso no tempo.
>
> Daí nascem as psiconeuroses, os colapsos nervosos decorrentes do trauma nas sinergias do corpo espiritual, as fobias numerosas, a histeria de conversão, a histeria de angústia. Os desvios da libido, a neurose obsessiva, as psicoses, e as fixações mentais diversas que originam na ciência de hoje as indagações e os conceitos da psicologia de profundidade, na esfera da psicanálise, que identifica as enfermidades ou desajustes do instinto sexual sem oferecer-lhes medicação adequada, porque apenas o conhecimento superior, gravado na própria alma, pode opor barreiras à extensão do conflito existente, traçando caminhos novos à energia criadora do sexo, quando em perigoso desequilíbrio.

212 André Luiz/Chico Xavier. *Evolução em dois mundos*. Brasília-DF – Federação Espírita Brasileira, 2003. 248 p.

> Desse modo, por semelhantes rupturas dos sistemas psicossomáticos, harmonizados em permutas de cargas magnéticas afins, no terreno da sexualidade física ou exclusivamente psíquica, é que múltiplos sofrimentos são contraídos por nós todos, no decurso dos séculos [...].
>
> Compreendamos, pois, que o sexo reside na mente, a expressar-se no corpo espiritual e, consequentemente, no corpo físico, por santuário criativo de nosso amor perante a vida, e, em razão disso, ninguém escarnecerá dele, desarmonizando-lhe as forças, sem escarnecer e desarmonizar a si mesmo.

Portanto, quando alguma dúvida surgir em nossas reflexões sobre a sublime palavra amor, não nos esqueçamos que a referência é uma só: os ensinamentos teóricos, e sobretudo os práticos, tão bem demonstrados pelo divino mestre Jesus.

Encerramos esse capítulo com dois pensamentos de André Luiz/Chico Xavier, que nos estimulam a raciocinar sobre os insistentes maus-tratos que direcionamos aos nossos sentimentos e emoções, por mera ignorância espiritual, cuja consequência é o retardamento da evolução do espírito:

> 1) Quando descobrimos que absolutamente nada é definitivo, inclusive a vida, compreendemos a inutilidade do orgulho; a tolice das disputas, a estupidez da ganância, e a incoerência das tolas mágoas.
>
> 2) Paixão é o Amor que se desequilibra.
> Ciúme é o Amor que se desvaira.
> Egoísmo é o Amor que se animaliza.
> Orgulho é o Amor que se enlouquece.
> Sensualismo é o Amor que se envenena.
> Vaidade é o Amor que se embriaga.
> Finalmente, o ódio, que julgas ser a antítese do Amor, não é senão o próprio Amor que adoeceu gravemente.

4.6 Consumismo

No outono-inverno de 1862, ao longo de seis semanas, Allan Kardec empreendeu uma jornada de apoio aos grupos espíritas então existentes na França. Percorreu ao redor de 1.200 km em visita a mais de 20 cidades, tendo realizado cerca de 50 reuniões em grupos espíritas. Essa viagem foi programada em função de um convite assinado por 500 espíritas da cidade de Lyon.

Dos discursos que realizou, selecionamos alguns trechos que contribuem com a reflexão acerca do tema desse capítulo.

> Se o espiritismo é uma verdade, se ele deve regenerar o mundo, é porque tem por base a caridade. Ele não vem derrubar qualquer culto nem estabelecer um novo. Ele proclama e prova verdades comuns a todos, base de todas as religiões, sem se preocupar com particularidades. Não vem destruir senão uma coisa: o materialismo, que é a negação de toda religião![213]

Observemos a ênfase de Kardec quando ressaltou um dos objetivos precípuos do espiritismo, que é a destruição do materialismo.

Mas, o que é materialismo? Para que entendamos o significado profundo dessa palavra é fundamental que desmistifiquemos uma questão existencial chave, e ao mesmo tempo simples sob o prisma teórico. Para tanto, façamos mais uma indagação:

O materialismo principia-se na busca compulsiva pelos bens materiais num processo de ambição desmedida?

---

213 Allan Kardec. *Viagem espírita em 1862*. Matão-SP – Casa Editora O Clarim, 1968. 120 p.

Não! A referida compulsão, de onde deriva o consumismo, é consequência. A origem do materialismo está na ignorância espiritual, que por sua vez é a causa do maior equívoco que assola corações e mentes de grande parte da Humanidade, que é nos identificarmos como corpos físicos que não somos, e não como espíritos que somos; realidade que, além de tudo, é o grande entrave à compreensão da própria "morte", por exemplo. É esse o detalhe que faz a grande diferença.

Mas, por quê? A partir do instante em que, erroneamente, nos identificamos como corpos físicos, entendemos que nada mais somos do que esse instrumento composto pela matéria densa que o caracteriza. E, instintivamente, fazemos de tudo para mantê-lo vivo e para preservar a própria espécie: buscamos os alimentos que lhe são essenciais à vida, as vestes, o abrigo, a proteção contra as intempéries e os predadores, somos dotados dos comportamentos sexual, de cuidados à prole, de higiene do corpo, e assim por diante.

Todos os animais, sem exceção, são dotados da fração do comportamento denominada instinto, que se acha impressa no patrimônio genético. Ou seja, não precisamos aprender os comportamentos instintivos. A outra fração do repertório comportamental se compõe dos comportamentos aprendidos ao longo dos períodos em que o espírito habita um corpo físico, e não cessa em outras dimensões espirituais, ao abandoná-lo definitivamente no processo da desencarnação. Ou seja, a vida continua e a aprendizagem também.

À medida que o espírito avança, já na espécie humana, há um momento em que ele se vê diante de uma bifurcação em seu caminho evolutivo: uma estrada o leva ao bem, à fuga das ilusões e, consequentemente à realidade da vida, ao desapego, aos princípios morais; ou seja, é a estrada bem pavimentada que lhe permite aumentar a velocidade evolutiva espiritual. A outra opção é a estrada das ilusões, do egocentrismo, do egoísmo, da vaidade, do orgulho... perigosos obstáculos ao empreendimento de uma elevada velocidade evolutiva.

Num planeta de provas e expiações como a Terra, a grande maioria dos espíritos que a habitam optam pelo segundo caminho, pois se deslumbram diante do entorno composto pela matéria densa, cujas sensações por ela emanadas são captadas pelos cinco sentidos biológicos. O sexto sentido, aquele que estabelece a conexão com a nossa realidade espiritual, ainda se encontra inativado na maior parte dos humanos. Para estes, nada mais existe do que aquilo que possam ver, ouvir, tocar, cheirar... E, diante disso, nada mais resta a esses espíritos incautos que buscar, com "unhas e dentes", o preenchimento de suas pueris requisições egoicas, mesmo que para atingir o objetivo seja necessário desrespeitar os valores éticos e morais.

Milhares de anos se passaram desde o primitivismo da Humanidade, e cá estamos ainda mergulhados no oceano das ilusões. Precisamos exercitar o autoconhecimento, olhar no espelho e, diante da imagem de nosso corpo físico dizer: esta imagem que vejo não sou eu e sim meu atual e efêmero instrumento de aprendizagem nesse plano que ora habito; pois sou, em verdade, um espírito antiquíssimo e imortal, um filho de Deus a caminho da angelitude. Esses exercícios simples, acompanhados do estudo profundo da doutrina espírita, são as únicas maneiras de nos desapegarmos gradativamente de tudo aquilo que se relacione à matéria densa que caracteriza as crostas de planetas de provas e expiações; que normalmente produzem uma ilusão de ótica que nos faz desviar do caminho correto, levando-nos a conflitos interiores gravíssimos.

Todos os espíritos têm consciência, independentemente da espécie animal na qual estejam encarnados. Um dos principais fatores que explica as diferenças entre espíritos, e que não existe no Universo dois espíritos iguais, é o grau de expansão da consciência; logicamente muito maior nos humanos em relação às outras espécies animais, mas com substanciais diferenças entre indivíduos dentro da espécie.

A respeito da expansão da consciência, ou metanoia (mudança essencial de pensamento ou de caráter; transformação espiritual), assim pronunciou-se Mauro Oliveira[214]:

> No Evangelho de Marcos, capítulo 1, versículo 15, Jesus utiliza este termo quando afirma: arrependei-vos e crede no Evangelho. A noção usualmente utilizada da palavra arrependimento não corresponde com o sentimento empregado nesta passagem. Normalmente, considera-se o arrependimento como uma tristeza profunda em decorrência de alguma atitude equivocada cometida. Para Jesus é diferente: arrependimento não é quando você chora... é quando você muda!
>
> Ao convidar ao arrependimento, Jesus quer dizer o seguinte: agora que o Evangelho é uma realidade viva e presente, não há mais razão para você permanecer sendo o mesmo, afinal, o reino de Deus veio produzir uma nova compreensão da realidade em ti.

Retornemos à questão do materialismo e, com a utilização do recurso de uma metáfora, vejamos que a sua base reside em dois muros que construímos: um sobre o berço, o outro sobre o túmulo; como se nada tivesse existido antes do primeiro, nem venha a existir depois do segundo. Esses muros nos impedem de enxergar a realidade da vida e, em face disso, passamos muitas encarnações praticamente estagnados.

É lamentável, pois temos grau de inteligência e de expansão da consciência suficientes para que já pudéssemos estar em perfeita harmonia com a matéria enquanto encarnados, e desapegados dela quando desencarnados.

---

214 Mauro Oliveira. *Metanoia – A expansão da consciência.* CELD – Revista de Estudos Espíritas. Rio de Janeiro-RJ – Centro Espírita Léon Denis, ano VII, edição 82, 2017.

Harmonia com a matéria significa utilizarmos o necessário para o pleno conforto sim, e o restante, independentemente da quantidade, em prol do próximo, das mais distintas formas; num exercício real da fraternidade e da caridade, que é o amor em ação. Nesse processo, o exercício do desapego é fundamental.

Vimos que os dois muros são os maiores obstáculos a dificultar nossa lucidez espiritual. Como derrubá-los?

Estudando, na teoria e na prática, e trabalhando para aprender a respeitar no cotidiano as Leis Naturais do Universo, magnificamente ensinadas pela ciência e pela filosofia espíritas, tendo como farol, a nos orientar na escuridão da ignorância, os preceitos morais evangélicos.

Leiamos, agora, mais alguns trechos do discurso de Kardec em sua histórica viagem de 1862:

> ... O materialismo satisfaz àqueles que se comprazem na vida material, que querem se distrair das consequências do futuro, que esperam, assim, escapar à responsabilidade de seus atos, tendo em vista que, em suma, ele é eminentemente favorável à satisfação de todos os apetites brutais. Na incerteza do futuro, o homem se diz: Aproveitemos o presente. Que benefício me trazem os meus semelhantes? Por que me sacrificar por eles? São meus irmãos, diz-se. Mas, de que me servem irmãos que eu perderei para sempre, que amanhã estarão mortos, como eu próprio? Que somos, afinal, uns para com os outros? Muito pouco se, uma vez mortos, nada resta de nós. De que servirá impor-me privações? Que compensação dela me poderá advir se tudo terminará comigo?
>
> Julgais possível fundar uma sociedade sobre as bases da fraternidade com semelhantes ideias? ...
>
> E enquanto isso, a incredulidade deixa em seu rastro um mar de inquietude. Se é cômodo ao homem entregar-se às ilusões, não pode furtar-se de pensar, vez por outra, no que lhe sucederá depois. A contragosto, a ideia do nada o

> enregela (apavora). Quereria ter uma certeza e não a encontra. Então, flutua, hesita, duvida, e a incerteza o mortifica. Sente-se desgraçado em meio aos prazeres materiais que não podem preencher o abismo do nada que se abre aos seus pés e onde, supõe, vai ser precipitado...
>
> O materialismo veio minar toda a crença, solapar os alicerces, substituir a moral pela razão de ser e jogar por terra os próprios fundamentos da sociedade, proclamando o reino do egoísmo. Então, os homens sérios se perguntaram para onde um tal estado de coisas nos conduziria e viram um abismo. Eis que o espiritismo veio preenchê-lo, dizendo ao materialismo: Não irás muito longe, pois aqui estão os fatos que provam a falsidade de teus raciocínios.
>
> O materialismo ameaçava fazer a sociedade mergulhar em trevas, afirmando aos homens: O presente é tudo; o futuro não existe[215].

Enquanto temporariamente encarnados, a matéria densa (corpo físico) é um dos segmentos que compõe o indivíduo (espírito). Consequentemente, precisamos manter esse instrumento de aprendizagem em perfeitas condições de saúde, bem nutrido e com bem-estar, para que tenhamos a máxima eficácia no cumprimento de nossa missão espiritual. Tudo o que fizermos contrariamente caracteriza suicídio inconsciente.

Para tanto, devemos consumir comedidamente, conscientes de que, tudo aquilo que utilizamos sob o ponto de vista material provém do planeta; e grande parte dos recursos naturais não são renováveis.

Porém, a nossa ignorância espiritual (materialismo) faz com que nos desequilibremos e, ao invés de consumidores conscientes, nos tornamos consumistas inveterados, inconse-

---

215 Allan Kardec. *Viagem Espírita em 1862.* Matão-SP – Casa Editora O Clarim, 1968. 120 p.

quentes e irresponsáveis. O consumo consciente é normal, o consumismo é doentio.

Divaldo Pereira Franco[216] salientou:

> O consumismo é uma das expressões mais deletérias da modernidade. Como a sociedade humana é dominada por uma visão imediatista, fruto espúrio da mentalidade hedonista, torna-se frequente o comportamento frágil de nos permitirmos encantar por todos os tipos de atrativos, acreditando que temos certas necessidades que devem ser satisfeitas, quando em realidade elas são ilusórias.

No capítulo V de *O Livro dos Espíritos*, Allan Kardec[217] trata da lei de conservação. Observemos o conteúdo de três questões que abordam o necessário e o supérfluo:

> Q. 715 - Como pode o homem conhecer o limite do necessário?
>
> - O sábio o conhece por intuição. Muitos o conhecem por experiência e às suas custas.
>
> Q. 716 - A Natureza não traçou o limite das nossas necessidades em nossa organização?
>
> - Sim, mas o homem é insaciável. A Natureza traçou o limite de suas necessidades em sua organização, mas os vícios alteraram sua constituição e ele criou para si necessidades que não são reais.
>
> Q. 717 - Que pensar daqueles que monopolizam os bens da Terra para se obter o supérfluo, em prejuízo daqueles a quem falta o necessário?

---

216 Divaldo Pereira Franco, organização de Luiz Fernando Lopes. *Vivências do amor em família*. Salvador-BA - LEAL, 1ª ed., 2017. 576 p.

217 Allan Kardec. *O Livro dos Espíritos*. Rio de Janeiro-RJ - Federação Espírita Brasileira, 2006 (primeira edição comemorativa do sesquicentenário). 615 p.

> – Eles desconhecem a lei de Deus e responderão pelas privações que terão feito experimentar.

Divaldo[218] acrescenta:

> E como resistir à onda consumista que varre o cotidiano na vida moderna? A resposta é simples: cultivando uma existência pautada em valores profundos da alma. A pessoa consumista é alguém que foi vitimado pelo vazio emocional, afetivo e existencial, mesmo que não se dê conta das dificuldades psicológicas que orientam a sua conduta.

Resultado do consumismo: estamos destruindo a Terra a uma velocidade impressionante.

Se a Humanidade tivesse noção de todo o processo de formação e transformação do planeta, para que uma unidade da escola da vida pudesse aqui se instalar, não teríamos chegado à atual situação de caos ambiental; que pode ser traduzido como suicídio inconsciente coletivo.

Façamos uma reflexão, com subsídios extraídos do documentário: *Home – Nosso planeta, nossa casa,* de Yann Arthus-Bertrand[219].

A Terra originou-se há cerca de 4,5 bilhões de anos. A paisagem naquela ocasião era tomada, predominantemente, por rochas derretidas lançadas das profundezas.

A atmosfera era densa, desprovida de oxigênio, carregada de vapor d'água, com altas concentrações de carbono; uma fornalha. Ao longo dos milhões de anos a Terra esfriou; o vapor d'água condensava-se e caía em chuvas torrenciais. A distância certa do sol (nem muito longe, nem muito perto demais) permitiu que a água se con-

---

218 Divaldo Pereira Franco, organização de Luiz Fernando Lopes. *Vivências do amor em família.* Salvador-BA – LEAL, 1ª ed., 2017. 576 p.

219 Yann Arthus-Bertrand. *Home-Nosso planeta, nossa casa.* Europa Filmes, documentário, 2009.

servasse na forma líquida. Ela cavou canais (rios) e nesse processo retirava minerais das rochas, que eram, gradativamente, adicionados à água doce do oceano, tornando-a altamente concentrada em sais.

O planeta foi se transformando lentamente, num ritual de preparação para que o ambiente terráqueo pudesse oferecer condições à vida sob o prisma biológico.

Eis que, após 700 milhões de anos de preparação, ou seja, há cerca de 3,8 bilhões de anos, surgiram os primeiros seres vivos: as arqueobactérias; organismos muito resistentes às condições ambientais extremas. Em seguida vieram as cianobactérias (algas verdes - azuis), ancestrais de todas as espécies vegetais, dotadas da capacidade de capturar a energia do sol. São responsáveis por 70% do oxigênio terrestre e mudaram o destino do planeta pela transformação de sua atmosfera. Continuava assim, a preparação continuada da Terra para que outras espécies pudessem surgir ao longo do tempo, cada uma no momento propício.

Mas, o que aconteceu com o gás carbônico (CO_2) que envenenava a Terra? Organismos oceânicos tinham suas carapaças formadas por CO_2 atmosférico dissolvido na água, e passaram a constituir as camadas de solo dos oceanos. Desta forma o CO_2 era imobilizado, permanecendo preso à crosta.

Por outro lado, os vegetais utilizavam a energia solar, que lhes permitia quebrar as moléculas de água (H_2O); e o ar se encheu de oxigênio (O_2).

À medida que a evolução biológica acontecia, a própria vida se encarregava de alterar positivamente a atmosfera.

Quanto à água, seu ciclo terrestre é um processo de renovação constante: quedas d'água, vapor, nuvens, chuva, nascentes, rios, mares, oceanos, geleiras... Há sempre a mesma quantidade dela na Terra. Todas as espécies sucessivas beberam a mesma água.

O motor da vida é a união, a conexão. Tudo está ligado; nada é autossuficiente. A Terra depende de um equilíbrio no qual cada ser, de cada espécie, desempenha um papel importante e existe graças à existência de outros seres. Nenhuma espécie é inútil ou prejudicial; todas se equilibram e se harmonizam. Essa harmonia porém, é sutil e frágil; pode ser facilmente quebrada.

E foi quebrada; demorou, mas aconteceu!

Como?

Vejamos:

Há apenas 200.000 anos, considerando-se os 4,5 bilhões de anos de idade da Terra, nós, o *homo sapiens* (humano sábio), entramos na História, nos beneficiando de um legado de mais de 4 bilhões de anos oferecido pelo planeta. Nos apoderamos de cada *habitat* e conquistamos territórios como nenhuma outra espécie fizera antes.

Após 180.000 anos como nômades, os humanos se estabeleceram; deixaram de só depender da caça para sobreviver.

Há menos de 10.000 anos ocorreu a primeira grande revolução da Humanidade: a invenção da agricultura; que resultou os primeiros excedentes de alimentos e deu origem às cidades e civilizações. A lembrança dos milhares de anos lutando por comida desapareceu. Com o tempo, multiplicamos o número de variedades vegetais e aprendemos a adaptá-las aos solos e aos climas.

Depois de depender da força dos músculos por tanto tempo, a Humanidade aprendeu a explorar um bolsão de energia solar sob a terra, capturada pelos vegetais durante 100 milhões de anos: carvão, gás e petróleo. Em função do petróleo, em poucas décadas a Terra foi mais radicalmente alterada do que por todas as gerações anteriores da Humanidade.

Nos últimos 70 anos sua população quase triplicou; mais de 2 bilhões de pessoas deixaram o campo para viver nas cidades. No campo, as máquinas substituíram o homem. Um litro de petróleo gera a mesma energia que um ser humano em 24 horas.

O bolsão de energia solar (petróleo) afastou o fantasma da seca que assolava a agricultura; hoje responsável por 70% do consumo de água.

A expansão das terras cultivadas e das monoculturas desequilibraram o meio ambiente e incentivaram, consequentemente, o surgimento de pragas e doenças. Diante disso, entrou em ação outro resultado da revolução petroquímica: os fertilizantes químicos e os agrotóxicos, que passaram a contaminar o ar, o solo, as plantas, os animais, os rios e oceanos.

Antes do final deste século, a mineração excessiva terá esgotado quase todas as reservas do planeta (80% dessa riqueza mineral são consumidos por 20% da população mundial).

Desde 1950, a pesca aumentou cinco vezes, tendo passado de 18 para 100 milhões de toneladas/ano. Três quartos das zonas pesqueiras estão esgotadas ou correndo esse risco.

Por todo o planeta, um em cada dez grandes rios não corre mais para o mar por muitos meses do ano, e os aquíferos subterrâneos estão secando em muitas regiões.

Os pantanais (terras alagadas que representavam 6% da área do planeta) filtram a água e digerem toda a poluição através dos microrganismos e plantas subaquáticas. No século passado, metade dessa área foi drenada para dar lugar à agricultura, pecuária e construções.

A escassez de água poderá afetar quase 2 bilhões de pessoas até 2025.

Em apenas 40 anos, 20% da maior floresta do mundo, a Amazônica, foi derrubada.

Bornéu, a quarta maior ilha do mundo, era totalmente coberta por florestas; um dos maiores reservatórios de biodiversidade do mundo. Está praticamente destruída.

Nas montanhas do Haiti restam apenas 2% da floresta. O país não consegue mais produzir todo o alimento para sua população. O solo sofre grave erosão. O mesmo acontece em Madagascar.

A exploração dos recursos naturais da Ilha de Páscoa levou ao desaparecimento da civilização Rapa-Nui.

Desde 1950 (68 anos) alteramos mais a nossa Terra do que nos 200.000 anos de nossa História.

Metade das riquezas do planeta está nas mãos de 1% da população.

Uma em cada seis pessoas vive em ambientes precários, insalubres, super povoados, sem acesso à água, saneamento e eletricidade.

A fome afeta mais de 800 milhões de pessoas.

Sete milhões de humanos morrem por ano em decorrência da poluição ambiental (OMS, 2018).

O carbono, que fez de nossa atmosfera uma fornalha, e que a Natureza capturou por milhões de anos, possibilitando a vida, está sendo liberado novamente. Nossas atividades liberam quantidades gigantescas de carbono, prejudicando o equilíbrio climático do planeta.

A camada polar do Ártico está derretendo e já perdeu 40% em 50 anos.

Até 2050, 25% das espécies da Terra poderão se extinguir.

Pelo aumento da temperatura da água, 30% dos recifes de coral desapareceram. Eles são um elo essencial na cadeia das espécies.

Na África, o monte Kilimanjaro perdeu 80% de suas geleiras; no verão os rios não fluem mais. Falta água às populações locais. Mesmo no Himalaia, as geleiras estão diminuindo. São elas as fontes de vários grandes rios da Ásia.

Dilúvios e furacões cada vez mais fortes, secas em todo o planeta, incêndios que agravam o aquecimento global. Na Sibéria, se houver o descongelamento total do solo (permafrost), será liberado o metano (CH_4), gás com poder 20 vezes maior do que o CO_2 em provocar o efeito estufa.

O sistema que controla o clima foi seriamente prejudicado. O relógio das mudanças climáticas não para... E o crescimento vertiginoso da população humana agrava o processo cada vez mais.

Poderá haver, pelo menos, 200 milhões de refugiados do clima até 2050.

Tudo o que está descrito acima é reflexo do comportamento humano. Nós criamos fenômenos que não podemos controlar. Moldamos a Terra à nossa imagem.

Mudanças climáticas, escassez de recursos hídricos, produção monumental de lixo, destruição sistemática e veloz da biodiversidade, crescimento caótico e desordenado das cidades, transgenia irresponsável, são problemas causados por nós, pelo nosso estilo de vida, hábitos, comportamentos e padrões de consumo. É o nosso livre-arbítrio em ação, determinando escolhas que têm pressionado a resiliência do planeta[220].

O modelo de desenvolvimento vigente foi descrito no relatório do Brasil para a Conferência Internacional da ONU sobre Meio Ambiente e Desenvolvimento (Rio 92), como sendo "ecologicamente predatório, socialmente perverso e politicamente injusto"[221].

Está em curso, nos dias atuais, a sexta extinção em massa de espécies. Todas as cinco anteriores foram causadas por cataclismos naturais, como por exemplo, queda de meteoritos. Desta vez, a responsabilidade é da Humanidade.... No último século foram extintas 477 espécies, conforme a União Internacional pela Conservação da Natureza[222].

Pela lei de causa e efeito, o eventual desperdício ou uso irresponsável dos recursos naturais terá implicações em nosso processo evolutivo[223].

---

220 André Trigueiro. *Espiritismo e ecologia.* Brasília-DF – Federação Espírita Brasileira, 4ª ed., 2017. 182 p.

221 Idem

222 André Trigueiro. *Espiritismo e ecologia.* Brasília-DF – Federação Espírita Brasileira, 4ª ed., 2017. 182 p.

223 Ibidem

Conforme Joanna de Ângelis[224]:

> O homem ingere e dissemina a mais terrível poluição; venenosa quão irrefreável, graças ao cultivo de lamentáveis atitudes em que persevera e se compraz. Referimo-nos à poluição mental que interfere na ecologia psicosférica da vida inteligente, intoxicando de dentro para fora e desarticulando de fora para dentro. Estando a Terra vitimada pelo entrechoque de vibrações, ondas e mentes em desalinho, como decorrência do desamor, das ambições desenfreadas, dos ódios sistemáticos, as funestas consequências se fazem presentes...

Depreende-se das palavras de Joanna que, a poluição mental emitida pelas mentes humanas desequilibradas reunidas, é a causa primária da poluição ambiental sob o ponto de vista material. O lixo mental decorre da ignorância do espírito. Sempre que tratarmos de espírito, tenhamos a visão holística, consideremos o todo, o Universo, e não o casulo no qual normalmente nos escondemos.

> Em nossa essência elementar somos uma carga de energia. Os seres humanos e todas as coisas vivas são uma aglutinação em um campo de energia, conectado a todas as outras coisas que existem no mundo. Esse campo de energia pulsante é o mecanismo central do nosso ser e da nossa consciência.
>
> Não existe uma dualidade "eu" e "não eu" do nosso corpo em relação ao Universo, mas apenas um único campo fundamental de energia. Esse campo é responsável pelas coisas superiores de nossa mente.... Estamos conectados e envolvidos com o nosso mundo; somos inseparáveis dele...

---

224 Joanna de Ângelis/Divaldo Pereira Franco. *Após a tempestade.* Salvador-BA – Livraria Espírita Alvorada Editora. 59ª ed., 1974.

> Segundo os cientistas da atualidade, tudo está interligado por algo como uma teia invisível; somos formados pelo mesmo material básico.
>
> No nível mais fundamental, os seres vivos são pacotes de energia quântica que trocam, constantemente, informações com esse inexaurível mar de energia[225].

A citação acima vem ao encontro da definição de fluido etéreo exarada por Allan Kardec[226], em sua obra *A Gênese*:

> Há um fluido etéreo que enche o espaço e penetra os corpos; este fluido é o éter ou matéria cósmica primitiva, geratriz do mundo e dos seres. As forças que presidiram as metamorfoses da matéria são inerentes ao éter; trata-se de leis imutáveis e necessárias, que regem o mundo.

Em resumo, fazemos parte de um Todo. Nossas ações positivas em relação ao planeta e a todos os seus componentes nos beneficiam, mantêm o sistema em equilíbrio, harmônico. Nossas ações nefastas promovem reações também nefastas, denotando um nítido quadro de suicídio inconsciente coletivo.

Conforme André Trigueiro[227],

> A ecologia e o espiritismo são ciências sistêmicas que procuram investigar, cada qual com sua ferramenta de observação, as relações que sustentam e emprestam sentido à vida.

---

225 Emmanuel/Chico Xavier. *O Consolador*. Brasília-DF – Federação Espírita Brasileira, 29ª ed., 2013. 271 p.

226 Allan Kardec. *A Gênese*. São Paulo-SP – LAKE (Livraria Allan Kardec Editora), 22ª ed., 2005 (1ª ed. francesa, 1868). 400 p.

227 André Trigueiro. *Espiritismo e ecologia*. Brasília-DF – Federação Espírita Brasileira, 4ª ed., 2017. 182 p.

Ciência sistêmica é aquela que busca abranger e entender o Todo, integra todos os componentes de um sistema e, no caso do Espiritismo, todos os sistemas que compõem o Universo.

> Assim, tudo se liga no Universo, tudo se encadeia; tudo está submetido à grande e harmoniosa lei de unidade, desde a materialidade mais compacta até a espiritualidade mais pura (Allan Kardec[228]).

> A ciência e a religião são as duas alavancas da inteligência humana. Uma revela as leis do mundo material, e a outra as leis do mundo moral. Mas, aquelas e estas leis, tendo o mesmo princípio, que é Deus, não podem contradizer-se. Se umas forem a negação das outras, umas estarão necessariamente erradas e as outras certas, porque Deus não pode querer destruir a sua própria obra (Allan Kardec[229]).

> A Natureza é sempre o Livro Divino, onde as mãos de Deus escrevem a história de sua sabedoria, livro da vida que constitui a escola de progresso espiritual do homem, evoluindo constantemente com o esforço e a dedicação de seus discípulos[230].

> A percepção da ecologia profunda é percepção espiritual ou religiosa. Quando a concepção de espírito humano é entendida como o modo de consciência no qual o indivíduo tem a percepção de pertinência, de conexidade, com o cosmos como um todo, torna-se claro que a percepção ecológi-

228 Allan Kardec. *A Gênese*. São Paulo-SP – LAKE (Livraria Allan Kardec Editora), 22ª ed., 2005 (1ª ed. francesa, 1868). 400 p.

229 Allan Kardec. *O Evangelho segundo o Espiritismo*. São Paulo-SP – LAKE – Livraria Allan Kardec Editora, 59ª ed., 2003. 352 p.

230 Emmanuel/Chico Xavier. *O Consolador*. Brasília-DF – Federação Espírita Brasileira, 29ª ed., 2013. 271 p.

ca é espiritual na sua essência mais profunda (Fritjof Capra, citado por André Trigueiro[231]).

Diante de tudo isso surge a pergunta: Por que destruímos a nossa casa de forma tão avassaladora?

O analfabetismo ambiental vem causando grandes estragos. Mais importante de que cuidar do planeta para os nossos filhos e netos, é cuidar melhor dos nossos filhos e netos para o planeta (autor desconhecido, citado por André Trigueiro[232]).

As soluções para todos os males do Universo residem num único instrumento: a educação. Mas, não apenas a educação convencional; ela também; porém, acrescida da educação espiritual. Esse conjunto redunda na educação holística ou integral, princípio elementar da pedagogia espírita.

Quando entendermos que não somos corpos físicos efêmeros, e sim espíritos em evolução, certamente teremos mais facilidade em amar o próximo como a nós mesmos e aprenderemos a respeitar a casa planetária, que nos abriga e propicia todos os meios para que possamos ter o melhor aproveitamento possível de cada processo reencarnatório.

As constantes e universais aspirações da Humanidade pensante, a lembrança e o respeito aos mortos, a ideia inata de uma justiça imanente, o sentimento de nossa consciência e de nossas faculdades intelectuais, a miserável incoerência dos destinos terrestres, comparada à ordem mate-

231 André Trigueiro. *Espiritismo e ecologia.* Brasília-DF – Federação Espírita Brasileira, 4ª ed., 2017. 182 p.

232 André Trigueiro. *Espiritismo e ecologia.* Brasília-DF – Federação Espírita Brasileira, 4ª ed., 2017. 182 p.

mática que rege o Universo, a imensa vertigem do infinito e da eternidade que nos vem das alturas da noite constelada e, no fundo de todas as nossas concepções, a identidade permanente do nosso "eu", apesar das variações e das transformações perpétuas da substância cerebral - tudo concorre para nos dar a convicção da existência de nossa alma como entidade individual, da sua sobrevivência à destruição do nosso organismo corporal e da sua imortalidade (Camille Flammarion[233]).

Os preceptores da Humanidade têm, pois, um dever imediato a cumprir. É o de repor o espiritualismo na base da educação, trabalhando para refazer o homem interior e a saúde moral.

É necessário despertar a alma humana adormecida por uma retórica funesta; mostrar-lhe seus poderes ocultos, obrigá-la a ter consciência de si mesma, a realizar seus gloriosos destinos...

Instruamos a juventude, esclareçamos sua inteligência, mas, antes de tudo, falemos ao seu coração. Tende como templo o Universo; como altar a consciência; como lei a caridade; por imagem Deus; por religião o amor (Léon Denis[234]).

É pela educação, mais do que pela instrução, que se transformará a Humanidade (Allan Kardec[235]).

---

233 Camille Flammarion. *O desconhecido e os problemas psíquicos* (vol. 1). Rio de Janeiro-RJ - Federação Espírita Brasileira, 2001. 245 p.. (1ª ed. francesa, 1917).

234 Léon Denis. *O Problema do ser, do destino e da dor.* Brasília-DF - Federação Espírita Brasileira, 2013. 374p.

235 Allan Kardec. *Obras Póstumas.* Tradução de João Teixeira de Paula. Introdução e notas de José Herculano Pires. São Paulo-SP - Livraria Allan Kardec Editora (LAKE), 12ª ed., 1998. 313 p.

- Capítulo 5 -

Consequências do suicídio consciente ou inconsciente sobre a matriz perispiritual

Conforme Allan Kardec[236]:

> O perispírito, ou corpo fluídico dos espíritos, é um dos produtos mais importantes do fluido cósmico; é uma condensação desse fluido em torno de um foco de inteligência ou alma. [...] O corpo carnal tem igualmente seu princípio nesse mesmo fluido transformado e condensado em matéria tangível; no perispírito, a transformação molecular se opera diferentemente, pois o fluido conserva sua imponderabilidade e suas qualidades etéreas. O corpo perispiritual e o corpo carnal, pois, têm sua fonte no mesmo elemento primitivo; um e outro são matéria, embora sob dois estados diversos.
>
> Elaborado em milhões de anos, nos laboratórios da Natureza, o perispírito herdou o automatismo permanente que o mantém atuante, transmitindo ao espírito as impressões dos sentidos e comunicando ao corpo as vontades daquele. Graças a este automatismo perispiritual, o homem não precisa se programar ou pensar para respirar, dormir, pro-

---

236 Allan Kardec. *A Gênese*. São Paulo-SP – LAKE (Livraria Allan Kardec Editora), 22ª ed., 2005 (1ª ed. francesa, 1868). 400 p.

mover os fenômenos digestivos, excretar, fazer circular o sangue e os hormônios e um "sem número" de funções que lhe passam despercebidas.

O corpo perispiritual é portador de todas as matrizes dos órgãos carnais, bem como participante nas funções que o corpo físico elabora. Estudar o corpo humano é estudar o perispírito e vice-versa, lógico que não desvinculando tal estudo da atuação mental, como fator de harmonização ou desagregação molecular dos mesmos[237].

O perispírito é o órgão por excelência da alma. Ele vem resolver todas as dificuldades aparentes, explicando perfeitamente a vida. Só por ele a memória pode ter explicação razoável, assim como todo o movimento de agregação e desagregação, de fluxo e refluxo da matéria de que é constituído o corpo carnal, com a sua organização e reorganização de tecidos.

O perispírito é o conservador da forma e do equilíbrio vital; é ele que mantém a tonicidade do organismo, além das propriedades psíquicas que lhe são peculiares.

Além de tudo, o perispírito não está em ação unicamente quando unido ao corpo carnal; mantém-se pronto a funcionar logo que se desembaraça do corpo físico. [...].

O conhecimento do perispírito vem, pois, trazer-nos os seguintes esclarecimentos:

1º - O espírito não é um produto dos nervos e do cérebro, pois preexiste, sobrevive e manifesta-se após a desagregação desses órgãos.

2º - Possui um organismo fluídico (perispírito), que o envolve durante a vida carnal e o individualiza ainda após a separação do corpo material.

237 Luiz Gonzaga Pinheiro. *O perispírito e suas modelações.* Capivari-SP – Editora EME, 15ª reimpressão, 2013. 352 p.

3º - Explica a conservação do tipo individual, apesar da renovação incessante de todas as moléculas.

4º - Explica a reparação das partes lesadas.

5º - Explica o equilíbrio das funções vitais apesar da renovação das células.

Além de todas essas considerações, poderíamos acrescentar que só com o auxílio do perispírito se poderão explicar as manifestações do inconsciente, tantas vezes constatadas nas sessões experimentais do nosso tempo e por todos os magnetizadores que souberam penetrar nos refolhos da psique humana[238].

Em verdade, espírito, perispírito e corpo físico são interdependentes e o que ocorre em um repercute no outro. É fácil deduzir que o espírito, movimentando cargas energéticas negativas, atinge o perispírito causando-lhe desarmonias que podem ser de curta ou de longa duração, graves ou superficiais, agudas ou crônicas, de acordo com a intensidade e a frequência com que incidem.

E o que forma essa energética espiritual? Pensamentos e sentimentos são a sua origem, os quais determinam a qualidade das energias movimentadas pelo espírito[239].

O conhecimento das consequências do suicídio, consciente ou inconsciente, sobre o futuro espiritual dos que o praticam é, certamente, a forma mais eficaz para que se atinja o objetivo de diminuir o elevadíssimo e crescente número de suicidas deste planeta, desafio almejado por toda sociedade. Todos os equívocos que co-

---

238 Cairbar Schutel. *A vida no outro mundo.* Matão-SP - Casa Editora O Clarim (1ª ed. 1932), 8ª ed., 2014. 136 p.

239 Adilson Mota. *Saúde e doença - o pensamento espírita.* Fortaleza-CE - Editora Vida e Saber, 2017. 336 p.

metemos, ao longo da jornada evolutiva, decorrem da ignorância acerca de seus nocivos e tristes efeitos.

Depoimento do espírito Raul Seixas, em mensagem psicografada no dia 23/3/2002, pelo médium Nelson Moraes, citado por Djalma Santos da Silva[240]:

> Depois de atravessar os vales escuros da dor e do sofrimento, minha visão ampliou-se e pude compreender que aqueles que buscam afogar suas ansiedades e frustrações nas drogas químicas e alcoólicas são como um epilético criado artificialmente, que sofre e faz sofrer. Por isso, vejo-me na obrigação consciencial de informar aos companheiros que estão a caminho que o sofrimento não para aí, ele se estende pelos vales espirituais do sofrimento, onde a epilepsia se torna real, processando a duras penas os elementos venenosos inseridos no corpo perispiritual.

O consumo de substâncias psicoativas, uma das formas mais comuns de suicídio inconsciente, apresenta importantes repercussões no perispírito.

> [...] Hoje já se sabe que o álcool provoca contaminação no perispírito, que certamente vai influir nas inibições físicas de novas reencarnações[241].

O escritor espírita, Xerxes Pessoa de Luna[242], escreveu matéria sobre o assunto, da qual extraímos o trecho a seguir.

---

240 Djalma Santos da Silva. *Os caminhos sombrios das drogas e a libertação do espírito.* Rio de Janeiro-RJ – Educandário Social Lar de Frei Luiz, 2013. 136 p.

241 Djalma Santos da Silva. *Os caminhos sombrios das drogas e a libertação do espírito.* Rio de Janeiro-RJ – Educandário Social Lar de Frei Luiz, 2013. 136 p.

242 Xerxes Pessoa de Luna. *As drogas e suas implicações espirituais.* Reformador. Rio de Janeiro-RJ – FEB, março, 1998.

Revela-nos a ciência médica que a droga, ao penetrar no organismo físico do viciado, atinge o aparelho circulatório, o sangue, o sistema respiratório, o cérebro e as células, principalmente as neuronais.

Na obra *Missionários da luz* - André Luiz (pág. 221 - Edição FEB), lemos: "O corpo perispiritual, que dá forma aos elementos celulares, está fortemente radicado no sangue. O sangue é elemento básico de equilíbrio do corpo perispiritual." *Em evolução em dois mundos*, o mesmo autor espiritual revela-nos que os neurônios guardam relação íntima com o perispírito.

Comparando as informações dessas obras com as da ciência médica, conclui-se que a agressão das drogas ao sangue e às células neuronais também refletirá nas regiões correlatas do corpo perispiritual, em forma de lesões e deformações consideráveis que, em alguns casos, podem chegar até a comprometer a própria aparência humana do perispírito. Tal violência concorre até mesmo para o surgimento de um acentuado desequilíbrio do espírito, uma vez que "o perispírito funciona, em relação a esse, como uma espécie de filtro na dosagem e adaptação das energias espirituais junto ao corpo físico e vice-versa.

Por vezes o consumo das drogas se faz tão excessivo, que as energias, oriundas do perispírito para o corpo físico, são bloqueadas no seu curso e retornam aos centros de força.

Lembremos que no Mundo Espiritual não podemos esconder os nossos centros de força lesados por nossa intolerância, por deveres não cumpridos, por drogas, por humilhações que impomos aos outros, por desvios de conduta quer no campo sexual, no comer, no beber, no falar, fora a inveja, o orgulho, o egoísmo e assim por diante. [...].

Toda a nossa luta evolutiva é pela tessitura de um corpo espiritual compatível com a natureza do próprio espírito. Assim, da maneira como chegarmos ao fim de nossa vida terrena, modelaremos através da mente o nosso corpo espiritual, e da maneira como estamos na erraticidade é que modelaremos a nossa vestimenta carnal através da genética[243].

Trecho de palestra de Bezerra de Menezes[244], proferida numa Colônia Espiritual:

> As drogas liberam componentes tóxicos que impregnam as delicadas engrenagens do perispírito, atingindo-o por largo tempo. Muitas vezes, esse modelador de formas imprime nas futuras organizações fisiológicas lesões e mutilações que são o resultado dos tóxicos de que se encharcou em existência pregressa.
>
> De ação prolongada, a dependência que gera, desarticula o discernimento e interrompe os comandos do centro da vontade, tornando os seus usuários verdadeiros farrapos humanos, que abdicam de tudo por uma dose, até a consumpção (definhamento) total, que prossegue, entretanto, depois da morte...
>
> Além de facilitar obsessões cruéis, atingem os mecanismos da memória, bloqueando os seus arquivos e se imiscuem nas sinapses cerebrais, respondendo por danos irreparáveis.
>
> Por seu turno, o espírito registra as suas emanações, através da organização perispiritual, dementando-se (enlouquecendo-se) sob a sua ação corrosiva. Quando isto ocorre, somente através de futuras reencarnações consegue restabelecer, a contributo de dores acerbas (severas) e alucinações demoradas, o equilíbrio que malbaratou.

---

243 Romário de Araújo Mello. *Morte e renascimento.* Salto-SP - Schoba Editora, 2017. 648 p.

244 Manoel Philomeno de Miranda / Divaldo Pereira Franco. *Nas fronteiras da loucura.* Salvador-BA - LEAL, 16ª ed., 2016. 320 p.

O ato do suicídio, como transgressão da lei, gera no perispírito, a depender do gênero de agressão usado, as mais variadas deformações anatômicas e fisiológicas, mantidas durante anos pela desorganização psicológica daquele que optou por tão desesperada fuga da existência física.

Desejosos do impossível, a morte, tais irmãos se violentam pensando mergulhar no nada, e se descobrem vivos com dores e problemas maiores que os anteriores, a exigir dos séculos futuros a devida reparação à lei. Se procurarmos a dor mais atroz, a deformação perispiritual mais duradoura, a dificuldade mais severa em pacificar a consciência, subtraindo-lhe os complexos mais profundos, geralmente encontraremos entre os suicidas. E como a mente é a construtora e mantenedora das linhas de harmonia perispiritual, projeta para o perispírito a sua carga de culpa, a traduzir-se em ulcerações e mazelas várias.

Acompanham os suicidas nesta descrição, os viciados de todos os matizes, pois não há uma só transgressão da lei que não produza um retorno com consequências danosas para o infrator, que inapelavelmente receberá a carga fatídica na proporção da gravidade da sua falta.

A lei funciona soberanamente, sem necessidade do "olho por olho" que alguns partidários da vingança (e não da justiça) costumam reivindicar. Deus fez a lei e permite que aqueles que, em sua ignorância, tentem burlá-la, sejam caridosamente tratados em suas dores e sequelas. Sendo justiça, não as subtrai; sendo amor, abre portas ao arrependimento e janelas à renovação; sendo caridade, mostra caminhos à reparação e convites ao crescimento.

A diminuição de tempo na matéria quando em caráter culposo, tal qual é o caso dos viciados, que impõem grande desgaste aos seus fluidos vitais e ao seu perispírito, e dos suicidas, os excluem da espiritualidade propriamente dita, pois não são livres para percorrê-la, limitando-se à região própria, ponto de convergência de mentes atormentadas, que se aglutinam pelo fenômeno da sintonia. Passam então por sofrimentos atrozes, pois que, ao tormento de um, adicionam-se as vibrações dos seus iguais, como se houvesse a repercussão do sofrimento sobre o sofrimento, resultando num somatório, cujo limite ou ponto de albergue, é a loucura completa sem perder a consciência.

Assim é o vale da dor, conhecido como vale dos suicidas. Indescritível pela linguagem humana. Incompreensível em sua essência para aqueles que lá não pernoitaram como vítimas, e que por tal sorte devem agradecer e louvar a Deus a assistência e a proteção. No vale da dor, cada habitante traz os estigmas do sofrimento lancinante e enlouquecedor. São como fantasmas que carregam em seus semblantes, o lodo, a lama das sepulturas, farrapos, coágulos sanguíneos e igualmente, o sangue que jamais cessa de jorrar, movimentando-se sem destino aparente sobre solo pestilento sem vegetação ou flores; sob o céu escuro, como se constantes rolos de fumaça espessa encobrissem o sol. Assustam-se a cada momento ao impacto das cenas de afogamentos, enforcamentos, tochas humanas, estampidos de armas de fogo, esgares (expressões de menosprezo), vísceras expostas daqueles que ingeriram o ácido que corrói as entranhas.

É que o suicida, vibrando poderosamente na imagem retida na memória, formada no instante dramático do suicídio, materializa no ambiente, desde a forca na qual se deixou aprisionar o infeliz que nela se mostra com os olhos a saltar das órbitas, ao barulho e estalar de ossos em trituramento sob os comboios, retalhando não apenas o corpo, mas igualmente o perispírito daquele que, como última e derradeira desgraça da vida, perdeu a esperança e a fé n'Aquele que o criou e ama.

> Em muitas situações, antes de serem transportados ao vale, o auxílio imediato é subtraído, porque seu desequilíbrio gera absoluta incapacidade de sintonia mental, ficando os amigos espirituais apenas a vigiá-lo em caridosa expectativa[245].

Conforme relato do médico espiritual Adamastor[246], os suicidas detêm graves lesões espirituais que se refletem em seus perispíritos, dilacerando-os. Ele, na qualidade de socorrista no Vale dos Suicidas, nos explica que estes doentes da alma necessitam de cuidados urgentes, semelhantemente ao pronto atendimento médico conferido aos encarnados. Segundo Adamastor, eles requerem curativos, suturas e, ocasionalmente, até intervenções cirúrgicas de difícil compreensão por parte dos encarnados.

Portanto, a busca da paz e do equilíbrio interior passa pelo conhecimento da realidade da vida nas distintas dimensões. É fundamental que estejamos atentos aos nossos atos, e que tenhamos coragem de enfrentar os efeitos de nossas atitudes equivocadas, superando-os e, sobretudo, não mais tornando a repetir os mesmos comportamentos inadequados.

Léon Denis[247] nos ensina:

> Todo pensamento ruim, todo ato criminoso, todo hábito pernicioso provoca um estreitamento, uma contração do ser psíquico, cujos elementos se condensam, entenebrecem, carregam de fluidos grosseiros.
>
> Os atos violentos, a crueldade, o homicídio e o suicídio produzem no culpado um abalo prolongado, que se reper-

245 Luiz Gonzaga Pinheiro. *O perispírito e suas modelações*. Capivari-SP - Editora EME, 15ª reimpressão, 2013. 352 p.

246 Adamastor, psicografia de Gilson Freire. *Ícaro redimido: a vida de Santos Dumont no plano espiritual*. Belo Horizonte-MG - Editora INEDE, 2006. 436 p.

247 Léon Denis. *O problema do ser, do destino e da dor*. Brasília-DF - Federação Espírita Brasileira, 2013. 374p.

> cute, de renascimento em renascimento, no corpo material, e traduz-se em doenças nervosas, tiques, convulsões e até deformidades, enfermidades ou casos de loucura, consoante a gravidade das causas e o poder das forças em ação. Toda transgressão da lei implica diminuição, mal-estar, privação de liberdade.
>
> As vidas impuras, a luxúria, a embriaguez e a devassidão conduzem-nos a corpos débeis, sem vigor, sem saúde, sem beleza. O ser humano que abusa de suas forças vitais, por si mesmo se condena a um futuro miserável, a enfermidades mais ou menos cruéis.

> Como a modelagem perispiritual requer a atuação mental do espírito, que a mantém ou desfaz, fácil se torna entender por que o suicida é um paciente de difícil tratamento e de torturada aparência. Como terapia básica, os técnicos procedem a tratamentos psicológicos e psiquiátricos com a finalidade de subtrair da mente a cristalização incrustada, obstáculo imediato ao auxílio mental que o enfermo pode prestar a si mesmo[248].

Outro modelo do efeito sobre a matriz perispiritual, de nossas atitudes de desamor, com repercussão no corpo físico em encarnações posteriores, nos é descrito por Divaldo Pereira Franco[249]:

> O drama de Argos começa no século XV, época em que aparece no cenário religioso, porque vivia sob as ordens do imperador Sigismundo e havia praticado arbitrariedades das mais graves.

248 Luiz Gonzaga Pinheiro. *O perispírito e suas modelações.* Capivari-SP - Editora EME, 15ª reimpressão, 2013. 352 p.

249 Osvaldo Hely Moreira e outros. *Doenças ou transtornos espirituais?* Belo Horizonte-MG - AME Editora, Órgão da Associação Médico-Espírita de Minas Gerais, 2015. 187 p.

Ele utilizava o punhal como arma para vencer os seus inimigos, invariavelmente pelas costas, assassinando aqueles que se colocavam no seu caminho, para impedir-lhes o avanço.

Passaram-se os séculos. Ele se reencarnou várias vezes com outras roupagens. Mas aquele débito, que estava profundamente arraigado no seu perispírito, veio, na atualidade, no século que passou - o século XX -, apresentar a predisposição para a tuberculose. Porque era um espírito rebelde e as características morais não se haviam modificado, o carma estava-lhe delineado. Não tendo ocorrido uma mudança de comportamento que poderia adiar, diminuir e até liberá-lo daquele tipo de carma, a doença - tuberculose - se lhe instalou no organismo.

Conforme Joanna de Ângelis[250],

> [...] o homem é um conjunto de elementos que se ajustam e interpenetram, a fim de condensar-se em uma estrutura biológica, assim formado pelo espírito - ser eterno, preexistente e sobrevivente ao corpo somático -, o perispírito - também chamado modelo organizador biológico, que é o princípio intermediário, substância semimaterial que serve de primeiro envoltório ao espírito e liga a alma ao corpo...
>
> De importância máxima no complexo humano, é o modelo organizador biológico que se encarrega de plasmar no corpo físico as necessidades morais-evolutivas, através dos genes e cromossomos, pois que, indestrutível, eteriza-se e se purifica durante os processos reencarnatórios elevados. Pode se dizer que ele é o esboço, o modelo, a forma em que se desenvolve o corpo físico. É na sua intimidade energé-

250 Joanna de Ângelis / Divaldo Pereira Franco. *O homem integral*. Salvador-BA: Livraria Espírita Alvorada Editora, 2004. 172 p.

> tica que se agregam as células, que se modelam os órgãos, proporcionando-lhes o funcionamento. Nele se expressam as manifestações da vida, durante o corpo físico e depois, por facultar o intercâmbio espiritual. É o condutor de energia que estabelece a duração da vida física, bem como é responsável pela memória das existências passadas que arquiva nas telas sutis do inconsciente atual [...].
>
> Na sua estrutura de energia se localizam os distúrbios nervosos que se transferem para o campo biológico e que procedem dos compromissos negativos das reencarnações passadas. Igualmente ele responde pelas doenças congênitas, em razão das distonias morais que conduz de uma para outra vida....
>
> Graças à sua interpenetração nas moléculas que constituem o corpo, exteriorizam, através deste, os fenômenos emocionais - carma -, positivos ou não, que procedem do passado do indivíduo e se impõem como mecanismos necessários à evolução.

Por essa descrição de Joanna, constata-se a magnitude do perispírito na manifestação da vida, tanto sob o ângulo físico como sob o espiritual, mostrando, claramente, que a autodestruição não resolve problema algum; pelo contrário, apenas agrava, de maneira extremamente profunda.

> O gênero de vida de cada um, no invólucro carnal, determina a densidade do organismo perispirítico após a perda do corpo denso. Ora, o cérebro é o instrumento que traduz a mente, manancial de nossos pensamentos. Através dele, pois, unimo-nos à luz ou à treva, ao bem ou ao mal[251].

---

251 André Luiz/Chico Xavier. *No mundo maior.* Rio de Janeiro-RJ – Federação Espírita Brasileira, 2008. 263p.

A violência cometida contra o próprio corpo físico determina estragos importantes na matriz espiritual do suicida, no perispírito, que levarão algum tempo (em alguns casos mais de um século) para serem completamente sanados. É inevitável que as lesões perispirituais causadas pelo suicida determinem limitações importantes na estrutura do corpo físico em uma ou mais encarnações[252].

No conhecimento do perispírito está a chave de inúmeros problemas até hoje insolúveis (Allan Kardec[253])

Muitas doenças que acometem o ser humano teriam sua origem no perispírito. Seriam o resultado de condutas equivocadas, conscientemente praticadas em vidas pregressas e que, de algum modo, acabam por provocar desarranjos na delicada trama fluídica perispiritual, alcançando, por meio desta, o corpo físico.

Nesse raciocínio, o genoma humano, o conjunto de genes responsáveis pela estruturação das proteínas que compõem nosso organismo, captaria estas notas desarmônicas no perispírito, extravasando-as ao nosso corpo físico sob a forma de doenças genéticas congênitas ou adquiridas. Essas enfermidades são determinadas pela produção de proteínas defeituosas geradas por genes anômalos.

Tudo em nosso corpo físico é constituído de proteínas... Trata-se de moléculas extremamente longas, formadas pelo encadeamento de unidades menores, chamadas aminoácidos.

Vinte tipos de aminoácidos compõem os quase quarenta mil tipos de proteínas humanas. O encadeamento, a sequên-

252 André Trigueiro. *Viver é a melhor opção - a prevenção do suicídio no Brasil e no mundo.* São Bernardo do Campo-SP - Editora Espírita Correio Fraterno, 2015. 190 p.

253 Allan Kardec. *O Livro dos Médiuns.* Brasília-DF - Federação Espírita Brasileira, 49ª edição, 2013. 446 p.

cia, a disposição espacial e o número de aminoácidos de cada proteína são ditados pela molécula maior existente no núcleo de cada uma de nossas células e conhecida por ácido desoxirribonucleico (DNA), o qual codifica uma segunda molécula, chamada ácido ribonucleico (RNA), que se desloca ao citoplasma celular, onde todas as nossas proteínas são então elaboradas, em um processo incrivelmente exato.

Os segmentos ou trechos do DNA que codificam cada uma de nossas proteínas é conhecido como gene, que, por sua vez, é formado por milhares de unidades menores. Basta que uma dessas unidades esteja alterada para a doença se manifestar [...].

No núcleo celular, os genes se acomodam ao longo de 23 estruturas, conhecidas como cromossomos. As alterações gênicas são chamadas mutações cromossomiais. Até o momento, a ciência só aceita as mutações como ocorrências espontâneas casuais ou ocasionadas por fatores extrínsecos, como radiações ionizantes, produtos químicos do tabaco e viroses, entre outros. Algumas correntes admitem ainda fatores intrínsecos, como o estresse emocional, capaz de deprimir nosso sistema imunológico, o que permitiria o escape de células anômalas normalmente eliminadas por nossas defesas naturais.

A filosofia e a ciência espíritas vêm apontar outro fator: as anomalias perispirituais alocadas nesse envoltório fluídico por nossas ações, pensamentos e palavras com potencial maléfico, seja nas existências passadas, seja na atual.

Por esse prisma, podemos considerar toda a Humanidade enferma e o planeta Terra, um imenso hospital. Seríamos todos nós doentes mais ou menos graves, trazendo enfermidades com manifestações clínicas evidentes, ou subclínicas e assintomáticas, geradas por nós próprios, já existentes como germes nos subterrâneos do nosso ser, no revestimento altamente energético dos espíritos, e prontas para danificar a

> tenuíssima fita de DNA de nossas células materiais, fazendo aflorar no corpo físico as mais diversas doenças.
>
> Por tudo que tenho lido e testemunhado, acredito hoje que as mutações cromossomiais não são um evento biológico fortuito ou aleatório. O acaso não existe. Em tudo se percebe um plano predeterminado de purificação do espírito eterno e soberano sobre o corpo perecível e temporal. É no genoma que repercutem as mazelas acumuladas há milênios em nossos perispíritos, e cada enfermidade, genética ou não, é o resultado fiel do mal que semeamos no próximo ou em nós próprios quando adotamos comportamentos viciosos e desrespeitosos com nosso corpo físico, o Templo do espírito[254].

Para Paulo Cesar Fructuoso[255], o perispírito é o depósito primário das enfermidades, e a busca de seu equilíbrio propiciaria alívio aos males do espírito. Entretanto, o organismo pode ou não ser completamente curado, na dependência de vários fatores, como:

> [...] tempo de curso da enfermidade física, a forma como aceitamos a prova da doença, a quantidade de fluidos deletérios residuais do perispírito a serem ainda drenados para o corpo físico e, acima de tudo, o nosso merecimento.

Acrescentou P. C. Fructuoso que:

> [...] o bálsamo curador de todas as enfermidades e o antídoto capaz de evitá-las, encontram-se na estrutura ener-

254 Paulo Cesar Fructuoso. *A face oculta da medicina*. Rio de Janeiro-RJ - Lar de Frei Luiz, 2ª ed., 2015. 301 p.

255 Paulo Cesar Fructuoso. *A face oculta da medicina*. Rio de Janeiro-RJ - Lar de Frei Luiz, 2ª ed., 2015. 301 p.

> gética de cada espírito, encarnado ou desencarnado. À medida que formos nos despojando de tudo aquilo que nos aprisiona à matéria, como o orgulho, a vaidade, o egoísmo e a avareza, de maneira simultânea vamos aperfeiçoando o envoltório perispiritual e despertando suas propriedades intrínsecas capazes de evitar as sutis deformações desencadeadoras das inúmeras enfermidades que eclodem no corpo carnal.

Seguindo essa linha, Márcia Regina Colasante Salgado[256], na abordagem do tema, "Saúde: perfeita harmonia da alma", comenta o reflexo da doença na condição evolutiva humana, citando ensinamentos de Emmanuel, Irmão X etc. Vejamos a seguir, um trecho de seu texto.

> Emmanuel destaca que o corpo doente reflete o panorama interior do espírito enfermo e a patogenia é um conjunto de inferioridades do aparelho psíquico.
>
> Comportamentos e estilos de vida podem gerar inúmeras enfermidades, entretanto, os sintomas patológicos, em sua maioria, provêm dos reflexos infelizes da mente sobre o veículo físico, produzindo desajustes nos órgãos e em suas devidas funções. A maior parte das enfermidades humanas tem as suas origens, portanto, no psiquismo [...].
>
> A mente aflita emite raios de energia desordenada que se precipitam sobre os órgãos, com consequências lastimáveis para as funções orgânicas....
>
> Todos os desequilíbrios que alteram as trocas vitais do corpo, como também os males que proporcionamos aos nossos semelhantes, plasmam nos tecidos fisiopsicosso-

256 Márcia Regina Colasante Salgado. Saúde: perfeita harmonia da alma. In: Saúde e Espiritismo – *As Conquistas de hoje para a medicina do futuro* (Autores diversos). São Paulo-SP – AME Brasil Editora, 2015. 341 p.

máticos campos de ruptura na harmonia celular, que desarticulam o trabalho sinérgico das células e favorecem a invasão microbiana e a formação de neoplasmas (tumores) benignos e malignos.

A doença, portanto, ainda é condição natural no estágio evolutivo em que nos encontramos. É um lembrete para que mudemos o nosso modo de ser. Enquanto não nos aprimorarmos, sofreremos em nosso corpo o resultado de nossos erros.

A abordagem de Luiz Gonzaga Pinheiro[257] no capítulo intitulado Patogenia Perispiritual, corrobora as afirmações dos autores anteriormente citados. Vejamos:

> A instalação da doença no corpo físico deve-se à vulnerabilidade perispiritual do indivíduo como causa primária, o que possibilita a instalação virótica ou bacteriológica como causa secundária. Como curar o homem, cujo físico ressente-se do acúmulo de substâncias tóxicas, que atingindo um limite insuportável reage com a desarmonia que é a doença, grito de alerta em última instância?
>
> Não são os vírus que determinam as doenças. Existem pessoas portadoras de vírus de doenças graves, que nunca se manifestam em pústulas no corpo. Não são as bactérias. Muitas pessoas, ao contato com elas adquirem imunidade, observando-se o efeito oposto ao esperado, substituindo a virulência pela resistência.
>
> O que faculta a instalação definitiva da doença é a queda do tônus vital no organismo ou em um órgão em particular. E a gênese da patogenia é quase sempre o perispírito, pelo adensamento fluídico pernicioso a que se condena o

---

257 Luiz Gonzaga Pinheiro. *O perispírito e suas modelações*. Capivari-SP - Editora EME, 15ª reimpressão, 2013. 352 p.

espírito pelo seu desregramento. Vírus e bactérias são fatores concorrentes; o afastamento das leis divinas são os fatores determinantes.

O perispírito do homem animalizado, cujo teor dos pensamentos se caracteriza pelo egoísmo, ódio, sensualidade e similares, fica impregnado de fluidos densos, cuja fuligem tóxica, aderente e nociva, superpõe-se em camadas, a exigir drenagem para clarificar-se. Quando esse fluido "petrificado" através dos séculos, é atraído pelo magnetismo natural do corpo físico, que funciona qual esponja absorvente, afeta o tônus vital da célula, trazendo como consequência imediata a redução nas funções de captação do fluido vital, do teor de oxigênio, forçando-a a sobrecarga de carbono, com efeito lesivo para seu núcleo. Sobressai-se o processo cancerígeno, no ponto mais frágil ou vulnerável do organismo. Movidas pelo instinto de conservação, essas células deficitárias se multiplicam em desarmonia, na ânsia de reter o oxigênio escasso. [...].

Viver é preciso! Essas células invadem o organismo instalando o caos orgânico, mas também liberando do perispírito o piche, produto mórbido das más paixões. [...].

A doença, pois, não é um castigo de Deus, que não chegaria à mesquinhez de anotar crimes para depois puni-los com a desgraça. Ventura ou sofrimento são criados por nós e para nós, sendo outras variáveis filosóficas a respeito do destino humano, meramente especulativas e vazias de bom-senso. Busque-se, pois, a patogenia onde ela se encontra, ou seja, no perispírito, lá impressa pelos desmandos do espírito. Difunda-se a profilaxia onde ela é mais eficiente; no pensar e no agir de cada um. Instale-se a terapia, obedecendo a triplicidade do homem, espírito-perispírito-corpo físico, para que o reinado dos paliativos não se perpetue sobre a Terra.

Andrei Moreira[258], em sua obra *Cura e autocura – uma visão médico espírita*, cita dois pensamentos muito elucidativos:

> Se os médicos fracassam na maior parte das doenças, é porque tratam do corpo sem a alma e porque, se o todo não se encontra em bom estado, é impossível que a parte esteja bem (Sócrates / Platão).
>
> Saúde é a real conexão criatura - criador, e a doença o contrário momentâneo de tal fato (Joseph Gleber).

Nessa mesma obra, Andrei faz uma profunda e real abordagem sobre a prática de saúde atual, conforme transcrito a seguir.

> Vive-se uma era de transição, em que a herança do materialismo, na visão mecânica do mundo, permite um aprofundamento no conhecimento das coisas, porém deixa quase todos órfãos de sabedoria, de sentido e significados profundos, filosóficos, existenciais.
>
> A prática de saúde atual, a despeito de todos os avanços científicos, apresenta-se fragmentada e focada na superespecialização e no tecnicismo. Além disso, muitas vezes falha em apresentar ou fornecer ao indivíduo recursos de autoconhecimento, instrução e autoamor que o capacite a sedimentar a busca pela saúde de forma eficaz e permanente.
>
> A grande maioria dos doentes da humanidade desejam anestesia e não consciência. Muito justo que se aliviem sintomas, evitando sofrimento desnecessário e improdutivo, mas o processo educacional que liberta o indivíduo da ignorância e da dependência é fundamental na reconstrução da saúde ou na profilaxia das enfermidades do corpo e da alma.

---

258 Andrei Moreira. *Cura e autocura – uma visão médico-espírita*. Belo Horizonte-MG – Associação Médico-Espírita de Minas Gerais Editora, 2013. 251 p.

Quando se aborda o tema relativo aos resultados das nossas imprudências sobre a matriz perispiritual, não podemos deixar de fazer referência à mais grave das consequências: a ovoidização do perispírito. Trata-se de deformação de elevadíssima magnitude e de difícil reversão, sendo necessária metodologia complexa e de longa duração para a normalização do quadro.

Para elucidação desta importante ocorrência, transcrevemos a seguir trecho da obra *Ícaro redimido*, pelo espírito Adamastor, psicografia de Gilson Freire[259].

> A ovoidização é uma das mais pungentes enfermidades que pode acometer o espírito depois da morte. Consiste na perda da consciência ativa, quando o eu consciente desmorona-se completamente, em decorrência de sofrimentos atrozes e insuportáveis, voltando-se sobre si mesmo, anulando-se e perdendo todo o contato com a realidade. A atividade consciente da alma entra em letargia, refugiando-se nas camadas do subconsciente. O pensamento contínuo se fragmenta, perdendo seu fio de condução, e a estrutura perispiritual se desfigura completamente, desfazendo sua natural conformação humana, adquirindo o formato aproximado de um ovo, cujas dimensões se aproximam de um crânio infantil....
>
> A ovoidização é processo incurável no plano espiritual, sendo uma das mais graves enfermidades de nosso mundo, e somente pode ser revertida em reencarnações expiatórias, quando o espírito reencontra-se com novo ambiente de manifestação e pode refazer o metabolismo do seu consciente. Várias reencarnações, porém, se consomem em tentativas frustradas, de modo que a perda evolutiva é imensa para estes infelizes seres. Muitos regridem a condições tão

259 Adamastor, psicografia de Gilson Freire. *Ícaro redimido: a vida de Santos Dumont no plano espiritual.* Belo Horizonte-MG – Editora INEDE, 2006. 436 p.

primárias da vida humana que necessitam reencarnar entre povos primitivos, a fim de que a rudeza dos organismos ainda involuídos possam suportar-lhes a grave patologia, sem se desfazerem em malformações congênitas incompatíveis com a biologia humana. Por isso existe, na Colônia Espiritual Portais do Vale, um departamento de serviços que se empenha em estudar e tratar preventivamente a ovoidização, onde eu situava naquela época os meus singelos esforços de serviços e pesquisas.

Os suicidas que dormem nas Cavernas do Sono são candidatos naturais à ovoidização. Permanecem em sono reparador, em baixíssima atividade consciencial, por anos a fio. Ao iniciarem, no entanto, o despertamento, a rápida percepção da amarga realidade que lhes assedia pode deflagrar, de imediato, mediante reflexo de defesa, a retirada apressada para camadas mais profundas do inconsciente inferior. Esse reflexo não somente inibe totalmente o despertar, como retrai o metabolismo mental, motivado por novo impulso de contração, estabelecendo-se a ovoidização de forma incondicional....

As causas do encistamento da alma são as mesmas que motivam o autoextermínio na carne: o desespero diante de sofrimentos intoleráveis, somados à falta de preparo para a existência no plano espiritual.

Sofrimentos, a bem da verdade, aparentemente intoleráveis, pois a sabedoria das Leis Divinas não nos proporciona nunca dores que sobrepassem nossa capacidade de suportá-las. Se parecem aniquilar-nos, é porque nossa revolta diante delas é incomensurável e indevida. O mais forte indutor de tais barbaridades, no entanto, está na falta de preparo para a vida espiritual, sendo o materialismo o seu mais poderoso protagonista. Materialismo que se desenvolve diante do enfraquecimento do pensamento religioso do homem moderno, desgastado na ideação de fórmulas mentais arcaicas, não lhe proporcionando mais subsídios para a crença no espírito. Os apelos de um ser que aprendeu a raciocinar e a crer na razão não podem mais ser satisfeitos por uma fé cega que macula o conhecimento, genuína conquista da ciência. Como se vê, urge lutarmos contra tal situação a fim de que a penúria do espírito seja desterrada do planeta e banidos os riscos do mergulho na inconsciência. Não destituindo as conquistas modernas que representam valores reais e não podem ser questionadas, mas renovando o pensamento religioso do homem terreno, para que o seu frio racionalismo não sufoque a alma que anseia pelos genuínos bens da eternidade. Semeemos novamente as verdades que consolam, verdades que nos foram reveladas desde que aprendemos a pensar, mas que acabaram esquecidas e que precisam ser relembradas e reestruturadas, compatibilizando-se com o nosso avanço intelectual. Por isso, a implantação do espiritismo na Terra, protagonizando a fé alicerçada na razão, pode ser vista como uma das maiores vitórias do plano espiritual superior na atualidade.

Os ovoides, espíritos em fuga de si mesmos, aumentam assustadoramente nos dias atuais. Permanecem espalhados pelo Vale dos Inconscientes, atados a rochas ou troncos de árvores, pois podem segregar substância pegajosa que os fixam a qualquer superfície. No entanto, preferencialmente, aderem-se a outros seres vivos, encarnados ou não. O ovoide se torna, na verdade, um parasita. Como todo ser vivo, seu metabolismo, embora baixíssimo devido às suas reduzidas necessidades, precisa da absorção de seivas vitais para a sua subsistência...

Embora qualquer tipo de energia vital possa servir-lhes para este fim, aquelas que melhor se adaptam às suas necessidades e para as quais eles se especializaram são as energias do psiquismo. Por isso, o hospedeiro natural do ovoide é a mente humana. Devido a essa característica, os ovoides, comumente, são colhidos por espíritos dedicados ao mal, que os utilizam como instrumentos de torturas humanas. Eles podem atá-los aos cérebros de inditosos obsediados, minando suas forças e deteriorando suas resistências psíquicas através do escoamento de suas forças mentais. Induzem assim, não somente a depressões, mas, à demência e à loucura, desequilíbrios de difícil remissão, tanto na carne quanto no mundo espiritual...

A ovoidização, contudo, não é uma adulteração das leis perispirituais, pois está subordinada aos mesmos princípios da miniaturização ou restringimento, fenômeno a que está submetido o espírito no processo reencarnatório, quando a tessitura plasmática do perispírito, antecedendo nova descida à carne, sofre uma contração involutiva, retornando aos patamares da evolução biológica, para abraçar um novo óvulo fecundado e elevá-lo, rapidamente, à condição das últimas conquistas no campo da vida carnal, através do milagre do desenvolvimento embrionário....

A ovoidização, portanto, em última análise, é apenas uma contração ou miniaturização patológica do perispírito, pois ocorre distante do momento reencarnatório. Não encontrando o reservatório uterino, meio indutor, mantenedor e protetor de tal processo, o ser, em franco processo de contração, estaciona-se na fase ovoide deste percurso, restringindo sua consciência às etapas mais elementares da vida biológica.

Adamastor[260] relatou, no capítulo 6 da referida obra, sintomas perispirituais atinentes aos suicidas, em tudo semelhantes aos observados no corpo físico. Ele afirma que "*a reatividade perispiritual*

---

260 Adamastor, psicografia de Gilson Freire. *Ícaro redimido: a vida de Santos Dumont no plano espiritual.* Belo Horizonte-MG – Editora INEDE, 2006. 436 p.

é muito mais rápida e enérgica do que a física", fato que impede a utilização de determinados medicamentos similares aos adotados no corpo carnal. Em vista disto, os médicos espirituais recorrem a *"substâncias medicamentosas sutis, modeladas e aplicadas segundo os princípios da homeopatia terrena"*, visando o restabelecimento do próprio equilíbrio do enfermo.

O nobre atendente ainda ressaltou, que no plano espiritual correspondente à psicosfera terrena, o espírito possui perispírito

> [...] em tudo semelhante ao corpo físico, possuindo a mesma tessitura celular e o mesmo arranjo de órgãos, com funcionamento exatamente idêntico. Os detalhes da conhecida anatomia humana se aplicam perfeitamente à anatomia perispiritual, por serem em tudo análogos. Estas estruturas funcionam em íntima conexão com o espírito, formando com ele uma unidade indissolúvel e, por isso, refletirão sempre, em forma de desorganizações estruturais ou funcionais, os mínimos desequilíbrios.

Diante de Alberto, internado na Casa de Apoio, nosocômio destinado aos resgatados do Vale dos Suicidas, Adamastor observava que a sua desvitalização perispiritual mostrava que não havia resposta aos estímulos energéticos, nem aos medicamentos.

> Seus membros enrijeciam-se e os movimentos oculares rápidos demonstravam a imediata reentrada nos pesadelos cruciantes.... A autodestruição opera graves danos à organização perispiritual, sobretudo nas delicadas estruturas encefálicas, onde induz suas lesões mais importantes. Para se compreender esta patologia da alma, conhecida em nosso meio por psicólise ou autocatálise, é preciso entender o comportamento das forças que operam no perispírito e identificar as etapas do processo desencarnatório, momento em que se estabelecem as suas perturbações...

> Apreciando a complexa patologia da psicólise, o homem encarnado poderá melhor ajuizar-se quanto à gravidade de suas levianas ações ao acelerar as forças destrutivas de sua alma. Não somente engendrando o suicídio consciente, mas se permitindo agredir de forma insciente e inconsequente, pelo abuso de substâncias tóxicas de toda natureza, que lhe facultem, nos prazeres fugazes, a fuga de suas insatisfações. Em que pesem todas as condições adversas que obstaculizem a plena concretização da felicidade na Terra, nada justifica a louca desventura de se autoaniquilar, pois as drásticas consequências do ato perdurarão por prolongados períodos, quando o autocida terá que conduzir a reconstrução de si mesmo em longa jornada de dores e refazimentos, perturbando sobremaneira a sua carreira evolutiva, entretecendo-a de agruras ainda maiores do que aquelas de que intencionou fugir.

Adamastor salientou que o refazimento do espírito só ocorrerá através de várias reencarnações em condições precárias. Acrescentou:

> No exercício paciente de novas e dolorosas experiências de vidas, sua trajetória evolutiva será restituída, ainda assim com graves danos às suas conquistas atuais, que praticamente se perderão. A memória de suas últimas experiências na carne será desfeita quase por completo, tornando-se de difícil acesso, por se verem resvaladas para os porões ocultos do subconsciente. Pouco proveito auferirá de suas últimas e preciosas lições de vida. Trata-se de um grave dano ao espírito, um dos quadros mais lamentáveis que se pode presenciar em nosso plano.

Andrei Moreira[261] cita em sua obra uma importante afirmação do espírito Joseph Gleber:

> Estudando os estados emocionais, as disfunções da moral e do sentimento, como energias latentes e atuantes através do psiquismo humano, podemos, com toda a certeza, afirmar que o comportamento equilibrado, a atitude sadia e a prática dos preceitos morais segundo nos ensina o evangelho, longe estão de constituírem atividades puramente religiosas ou místicas, mas uma resposta científica de nível energético superior. Pois sabendo que tais atitudes e comportamentos geram e nutrem correntes de energias ou campos magnéticos que influem de forma positiva e comprovadamente eficaz, no equilíbrio e harmonia do cosmos orgânico-espiritual, a terapêutica evangélica soa-nos como uma fórmula de quimismo espiritual que interfere diretamente nos campos de vibrações responsáveis pela interação espírito-perispírito-corpo físico, produzindo o estado de saúde psicofísica.

Na obra *O porquê da vida*, Léon Denis[262] publicou cartas transmitidas mediunicamente pelo espírito João Gaspar Laváter, em Zurique, na Suíça, no dia 01/8/1796.

Transcrevemos um trecho que se relaciona à lei de causa e efeito e que vem ao encontro do tema central desse capítulo:

> Tudo o que pode, e tudo o que aliás não se pode ainda dizer sobre o estado da alma depois da morte, será sem-

261 Andrei Moreira. *Cura e autocura – uma visão médico-espírita.* Belo Horizonte-MG – Associação Médico-Espírita de Minas Gerais Editora, 2013. 251 p.

262 Léon Denis. *O porquê da vida.* Rio de Janeiro-RJ – Federação Espírita Brasileira, 16ª ed., 1991. 165 p.

pre fundado neste axioma permanente e geral: o homem colhe o que houver plantado...

Existe uma lei geral da Natureza, estreitamente ligada e mesmo identificada com o princípio que acabo de mencionar, relativamente ao estado da alma depois da morte, uma lei que rege todos os mundos e todas as condições possíveis, tanto no mundo visível, como invisível, a saber: tudo o que se assemelha tende a reunir-se, tudo o que é idêntico se atrai reciprocamente, desde que não haja obstáculos que se oponham a essa união.

Toda a doutrina sobre o estado da alma depois da morte baseia-se neste princípio: tudo o que vulgarmente chamamos juízo prévio, compensação, felicidade suprema, condenação, pode ser explicado deste modo: se tiveres semeado o bem em ti mesmo e nos outros, pertencerás à sociedade daqueles que, como tu, semearem o bem em si e fora de si; gozarás a estima daqueles a quem te assemelhaste na maneira de fazer o bem.

Cada alma, separada do seu corpo, livre das prisões da matéria, se apresenta a si própria tal como é na realidade.

Todas as ilusões, todas as seduções que a impediam de ver e reconhecer suas forças, suas fraquezas ou suas faltas, desaparecerão nesse novo estado. Assim, ela manifestará irresistível tendência a dirigir-se para as almas que lhe estão em afinidade e a afastar-se das que lhe são dessemelhantes. Seu peso intrínseco, como que obedecendo à lei da gravitação, atraí-la-á aos abismos insondáveis, ou, segundo o seu grau de força, lançá-la-á, qual chispa por sua ligeireza, aos ares e ela passará rapidamente às regiões luminosas, fluídicas, etéreas.

Pelo ímã do pensamento doentio e descontrolado, o homem provoca sobre si a contaminação fluídica de entidades em desequilíbrio, capazes de conduzi-lo à escabiose e

> à ulceração, à dipsomania e à loucura, à cirrose e aos tumores benignos ou malignos de variada procedência, tanto quanto aos vícios que corroem a vida moral, e, através do próprio pensamento desgovernado, pode fabricar para si mesmo as mais graves eclosões de alienação mental, como sejam as psicoses de angústia e ódio, vaidade e orgulho, usura e delinquência, desânimo e egocentrismo, impondo ao veículo orgânico processos patogênicos indefiníveis, que lhe favorecem a derrocada ou a morte (*Instruções psicofônicas* – Federação Espírita Brasileira).

Nessa mesma linha de pensamento, José Carlos De Lucca[263] afirmou:

> Não aceite mais ficar magoado, não aceite mais ficar decepcionado com a vida ou com quem quer que seja. Você está ciente de que escolher a mágoa e a desilusão é escolher a doença [...].
>
> Uma leitura doentia, mórbida, baseada apenas na observação dos aspectos negativos das pessoas e circunstâncias, turvará nossas paisagens mentais com as mesmas tintas obscuras com que enxergamos a vida. Dessa forma, as sombras da mente se deitarão sobre a saúde do corpo.

Os profundos malefícios dos vícios vão muito além da destruição gradativa do corpo físico. A literatura espírita é muita clara em relação às suas gravíssimas consequências perispirituais e espirituais. Vejamos como Joanna de Ângelis[264] relata o efeito da ação dos espíritos obsessores.

---

263 José Carlos De Luca. *O médico Jesus.* São Paulo-SP - InteLitera Editora, 2010. 152 p.

264 Joanna de Ângelis/Divaldo Pereira Franco. *Conflitos existenciais.* Salvador-BA - LEAL, 2014. (Edição comemorativa dos 25 anos da Série Psicológica Joanna de Ângelis, volume 13). 240 p.

> [...] igualmente entorpecem-se, embriagam-se, pela absorção da substância danosa que o perispírito assimila, enlouquecendo, além do estado infeliz em que se encontram. Nessa situação, tomam da escassa lucidez do hospedeiro psíquico e emocional, ampliando-lhe o quadro alucinatório e levando-o à prática de atos abjetos e mesmo de crimes hediondos.
>
> A questão é tão grave e delicada, que nem sequer a desencarnação do obsidiado faz cessar o processo que, não raro, prossegue sob outro aspecto no mundo espiritual.
>
> O vício, de qualquer natureza, é rampa que conduz à infelicidade[265].

> A coisa mais cara que eu vendi um dia na Cracolândia foi a minha liberdade.
>
> Assim Marivalter de Oliveira resume a sua vida como dependente de crack - um período sombrio que ele tenta desesperadamente deixar para trás [...]. Uma pesquisa realizada em maio de 2017 pela Secretaria de Desenvolvimento do Estado de São Paulo estima que circulem pela Cracolândia quase 2.000 pessoas por dia. O chamado fluxo é um aglomerado de dramas humanos e comércio de drogas a céu aberto que funciona 24 horas como uma grande bolsa de valores da compulsão. Mais da metade dos usuários não volta para casa depois da primeira vez. Um homem de 35 anos, que vive em uma barraca no meio do fluxo, conta que já trocou a própria roupa, em uma noite de frio, por meia pedra de crack e 2 reais[266].

---

265 Joanna de Ângelis/Divaldo Pereira Franco. *Conflitos existenciais*. Salvador-BA - LEAL, 2014. (Edição comemorativa dos 25 anos da Série Psicológica Joanna de Ângelis, volume 13). 240 p.

266 Gabriela Di Bella. *Uma nova chance. Revista National Geographic*. São Paulo-SP - Setembro, 2017

À medida que o espírito evolui, seu perispírito sutiliza-se. Sutilizando-se, o ser, como um todo, torna-se, gradativamente, menos compatível com os elementos mais grosseiros que, via de regra, nos envolvem e nos destroem; lentamente.

Assim, o indivíduo torna-se cada vez mais seletivo quanto aos hábitos de ingestão, passando a ter repugnância por alimentos caracterizados por conterem energia extremamente pesada, colocando-se em primeiro lugar as carnes de todas as espécies animais, sem exceção; as bebidas alcoólicas etc. Além disso, não suporta mais situações e ambientes em que o padrão vibratório seja baixo, em virtude de comportamentos que fujam aos preceitos morais fundamentais.

Não significa que todos aqueles que se libertaram dos vícios físicos sejam mais evoluídos espiritualmente; mas, necessariamente, os mais evoluídos se libertaram dos vícios físicos mais graves ou estão em processo de transformação, já conscientes dos males que causam. O mais importante em nossa trajetória evolutiva é despertar a consciência e, a partir de então, iniciar a dificílima missão de superação dos vícios de todas as naturezas: os relacionados aos hábitos, e os morais. Em verdade, estão intimamente relacionados.

Por sinal, a questão 913 de *O Livro dos Espíritos*[267] destaca o egoísmo como o vício capital, pois todos os outros estão sempre acompanhados por ele. Vejamos a pergunta de Kardec e a respectiva resposta dos espíritos superiores:

> Dentre os vícios, qual o que se pode considerar radical?
>
> Já o dissemos inúmeras vezes: o egoísmo. Dele deriva todo o mal. Estudai todos os vícios e vereis que no fundo de todos há egoísmo. Por mais que luteis contra eles, não conseguireis extirpá-los enquanto não atacardes o mal pela raiz, enquanto não lhe houverdes destruído a causa. Que

267 Allan Kardec. *O Livro dos Espíritos.* Rio de Janeiro-RJ – Federação Espírita Brasileira, 2006 (primeira edição comemorativa do sesquicentenário). 615 p.

todos os vossos esforços tendam, pois, para esse fim, porque aí é que está a verdadeira chaga da sociedade...

Mas, a extirpação de qualquer vício exige que tenhamos paciência conosco mesmos, já que não é fácil nem imediata a transformação de qualquer hábito equivocado, em razão de suas raízes estarem, em grande parte das situações, aprofundadas em nosso inconsciente; arquivo de todas as experiências, vivências, acertos e erros acumulados em todas as existências pretéritas.

Usemos uma metáfora citada por Divaldo Pereira Franco[268], em palestra proferida no Seminário da Associação Médico-Espírita de Minas Gerais, em 2002, que retrata, contundentemente, o contraste entre vícios e virtudes.

> O Bhagavad Gita, por exemplo, uma das obras do Vedanta, narra-nos o momento clímax, quando Krishna convocou seu discípulo Ardjuna, na condição de príncipe Pândava, para lutar contra os adversários cruéis, seus parentes Kúrus. E o jovem, que amava a vida, rico de sonhos e de ilusões, perguntou-lhe como seria possível essa luta. O grande mestre explicou-lhe que os Pândavas constituem uma classe privilegiada e reduzida, enquanto os Kúrus são volumosos e agressivos. Apesar de parentes entre si, aos Pândavas cabia a tarefa de aniquilar os Kúrus, pois que, sem essa vitória, a plenitude e o samadhi seriam impossíveis. O jovem perguntou-lhe então: "Como será crível que eu possa matar meu irmão, meu primo, meu tio, meu familiar?" O mestre redarguiu-lhe: "Sem que o logre, a paz não será factível". Tomado de uma estranha melancolia, o rapaz sonhador interrogou-lhe: "E onde travarei essa bata-

268 Osvaldo Hely Moreira e outros. *Doenças ou transtornos espirituais?* Belo Horizonte-MG - AME Editora, Órgão da Associação Médico-Espírita de Minas Gerais, 2015. 187 p.

lha?" Ao que o mestre aduziu: "No campo da consciência, porque os Pândavas são as virtudes humanas e os Kúrus são os vícios. Se as virtudes não se sobrepuserem a esses legionários que se multiplicam na viciação, o encontro com a plenitude será postergado.

- Capítulo 6 -

Conceito de disciplina e autocontrole

> Mas a criatura, quase sempre, cai é pelo óbvio. É óbvio, mas a gente se esquece. Então, uma fraterna lembrança em torno dos nossos deveres imediatos nunca é demais. (Chico Xavier)

A palavra disciplina alberga abordagens das mais distintas. Em verdade, tudo aquilo que nos tira do eixo da evolução espiritual, ou seja, que nos afasta do exercício do amor, ou promova a distorção do significado dessa sublime palavra, se enquadra na indisciplina.

O título do capítulo XI de *O Evangelho segundo o Espiritismo*[269]: "Amar o próximo como a si mesmo", é intrigante. Por quê? Porque nos remete, necessariamente, a uma análise profunda do "eu". De que vale o magnífico conteúdo moral do Evangelho, se não utilizarmos seus subsídios para a facilitação da difícil busca do autoconhecimento?

O que é o amor a si próprio? É o autorrespeito em toda sua plenitude, é cuidar-se para que estejamos com os mecanismos fisiológicos, emocionais e espirituais em perfeito equilíbrio, favorecendo a alta eficácia da aprendizagem durante o rápido período de existência na esfera física. Então, para que aprendamos a amar

---

269 Allan Kardec. *O Evangelho segundo o Espiritismo.* São Paulo-SP - LAKE - Livraria Allan Kardec Editora, 59ª ed., 2003. 352 p.

o próximo, verdadeiramente, é fundamental que compreendamos o que é a vida e exercitemos todos os preceitos relativos ao processo do autoprogresso espiritual e também do nosso entorno, pois, energeticamente, estamos todos conectados à infinita rede universal, apesar de vibrarmos em diferentes frequências.

Estamos reencarnados, mais uma vez, com a única finalidade de buscar o sucesso. Mas, qual é o significado de sucesso? Joanna de Ângelis[270] nos apresenta duas definições: uma para SUCESSO e outra para sucesso.

> No dicionário do pensamento cristão, SUCESSO é vitória sobre si mesmo e sobre as paixões primitivas. O mundo convencionou que sucesso, porém, é triunfo nos negócios, nas profissões, nas posições sociais, com destaque da personalidade, aplausos e honrarias, todos eles de efêmera duração.

Isto não significa, porém, que seja ruim a busca da autorrealização profissional ou material, de maneira geral; desde que sempre envolta pelos princípios morais evangélicos e que, consequentemente, tenhamos como meta precípua e essencial a evolução espiritual, esforçando-nos, incansavelmente, para a superação do egoísmo, da mágoa, do orgulho, da vaidade...

Esta questão pode ser muito bem ilustrada através de fala sobre o Natal, pronunciada por Divaldo Pereira Franco[271], da qual transcrevemos um pequeno trecho:

> ... Ele dividiu a história da Humanidade antes e depois dele. O Natal significa uma evocação desse momento sublime, em que o Rei Solar desceu à convivência com as criatu-

270 Joanna de Ângelis/Divaldo Pereira Franco. *Desperte e seja feliz*. Salvador-BA – LEAL, 2014. (Edição comemorativa dos 25 anos da Série Psicológica Joanna de Ângelis, volume 7). 136 p.

271 Divaldo Pereira Franco. *O Natal de Jesus*. Vídeo publicado por Interlitera Editora: interlitera.com.br; facebook.com/interlitera (acesso em 19/12/2016).

> ras humanas miseráveis, sem se tornar miserável; quando ele conviveu conosco, os pecadores, sem se tornar um igual pecador; quando ele nos ensinou a amar a Luz e a dizer que a pobreza é o maior dom; mas não a pobreza da miséria que leva o indivíduo ao desespero, e sim aquela pobreza de ambições, a pobreza do ego, a pobreza do ódio, a pobreza das vaidades...
>
> A verdadeira pobreza é interior, quando se perdem as aspirações de crescimento e realização íntima. A financeira é sempre contornável, desde que o indivíduo se empenhe por superá-la, e o trabalho é assim fonte geradora de recursos externos, enquanto internamente aprimora o sentido de vida. Os verdadeiramente pobres perderam a razão de viver e entregam-se, funestamente, aos prazeres perturbadores, aos gozos desgastantes, aos jogos da ilusão cansativa...[272]

Nesse contexto, a vontade e o esforço despendidos para a autotransformação, estão intimamente atrelados à aceitação de todos os reveses que enfrentamos na vida.

Aceitar tudo, inclusive, por exemplo, o irrefreável e inexorável ciclo regressivo da vida biológica do corpo denso.

Por que o passar do tempo, e o consequente envelhecimento do mero invólucro físico nos aterroriza tanto?

Por que a busca de artifícios para a camuflagem de uma realidade implícita na trajetória evolutiva rumo à Divindade?

Por que a dificuldade em nos conscientizarmos que estes artifícios, que em muitos casos são instrumentos de suicídio inconsciente, servem apenas para que nos iludamos acerca das alterações temporais que deveriam ser encaradas com naturalidade?

---

272 Joanna de Ângelis/Divaldo Pereira Franco. *Vida: desafios e soluções*. Salvador-BA - Leal, 2014. (Edição comemorativa dos 25 anos da Série Psicológica Joanna de Ângelis, volume 8). 176 p.

Deveríamos sim, dedicar muitíssima atenção à saúde holística (física, emocional e espiritual), mas focamos, via de regra, a aparência do corpo carnal, decorrente do grave sentimento egoico denominado vaidade. Em suma, temos medo do envelhecimento do corpo físico e nos tornamos escravos dele. E quando, mais cedo ou mais tarde, nos conscientizamos da impossibilidade de frear o processo natural, mesmo lançando mão de todos os artifícios disponíveis, mergulhamos num mar de angústias, que chega à beira do desespero ou à sensação da definitiva proximidade do fim.

Outra ilusão, pois esse fim não existe. Afinal, somos espíritos imortais; não efêmeros, densos e restritivos corpos físicos. A esse respeito, precisamos pensar e agir diferentemente, transmutando a angústia em alegria, enfrentando naturalmente o processo de amadurecimento biológico, aproveitando todas as experiências vividas e seus aprendizados acumulados para o progresso do espírito.

Um claro indicador do cometimento de erro gravíssimo, sob a ótica evolutiva espiritual, é a contestação ou a não aceitação das indiscutíveis e imutáveis Leis Naturais do Universo. Ressaltamos: as Leis Naturais que nos conduzem não são restritas à Terra, pois não somos terráqueos; somos espíritos universais. Portanto, chocar-se com qualquer coisa que emane da Energia Suprema é assinar atestado de total ignorância espiritual.

> O passar dos anos não precisa roubar a beleza da vida. O segredo é saber a hora de mudar o que precisa ser mudado (Augusto Cury)[273]

Acrescentou o eminente psiquiatra[274]:

---

273 Augusto Cury. *Já é tempo de ter saúde emocional.* São Paulo-SP - Editora Escala, Revista Viva Saúde, edição 157, 2016, p. 72-73.

274 Augusto Cury. *Já é tempo de ter saúde emocional.* São Paulo-SP - Editora Escala, Revista Viva Saúde, edição 157, 2016, p. 72-73.

> Devemos aprender a encarar o envelhecimento como algo positivo, porque ele realmente o é. Quem chegou até o estágio mais pleno e completo da vida, a melhor idade, deve se sentir privilegiado por estar em uma etapa em que muitos, por inúmeros motivos, não conseguiram chegar. Quem acompanha a passagem dos anos torna-se um agregador de conhecimentos e experiências, as maiores riquezas que conseguimos acumular.
>
> É preciso se orgulhar de cada ruga, cada fio de cabelo branco, cada marca que o tempo deixou, pois essas marcas são sinais de que a vida passou por você e lhe trouxe importantes ensinamentos, responsáveis por todo percurso feito até agora, todas as alegrias e tristezas, todas as emoções e todos os sentimentos que o trouxeram até aqui.

Mas, uma questão é fundamental ao longo da trajetória de aprendizagem em que nos unimos a um corpo físico, que culmina com a volta à outra dimensão (desencarnação): aproveitar ao máximo a oportunidade de crescimento espiritual.

Vejamos o conselho de Joanna de Ângelis[275]:

> Tem coragem para proceder a uma autoanálise consciente, responsável, enriquecedora, de forma que ao constatares os resultados negativos te disponhas ao enfrentamento revolucionário da mudança de crenças, pensamentos, hábitos, comportamentos, de tudo quanto constitua obstáculo ao teu desenvolvimento, à valorização da vida e suas realizações.
>
> Velhos hábitos arraigados, pensamentos viciosos, vontade enfraquecida, atavismos perniciosos, ressentimentos

275 Joanna de Ângelis/Divaldo Pereira Franco. *Momentos de saúde e de consciência.* Salvador-BA - Leal, 2014. (Edição comemorativa dos 25 anos da Série Psicológica Joanna de Ângelis, volume 4). 175 p.

> conservados, conspirarão contra o teu programa de renovação [...].
>
> Os velhos hábitos criam fortes resistências e lutarão contra as tuas disposições de mudança. Trata-se de um novo programa, que vivenciarás passo a passo, firmando-se, a pouco e pouco, até o momento dos bons resultados.
>
> Não desistas, nunca, de te renovares para melhor, porquanto a vida não retorna às mesmas condições, circunstâncias e tempo, embora nunca cesse de manifestar-se e oferecer ensejos.

Seguindo essa mesma linha de raciocínio, Léon Denis[276] escreveu:

> Michelangelo adotara como norma de proceder os preceitos seguintes:
>
> Concentra-te e faze como o escultor faz à obra que quer aformosear. Tira o supérfluo, aclara o obscuro, difunde a luz por tudo e não largues o cinzel.
>
> Máxima sublime, que contém o princípio de todo o aperfeiçoamento íntimo. Nossa alma é nossa obra, com efeito, obra capital e fecunda, que sobrepuja em grandeza todas as manifestações parciais da arte, da ciência, do gênio. Todavia, as dificuldades de execução são correlativas ao esplendor do objetivo e, diante da penosa tarefa da reforma interior, do combate incessante travado com as paixões, com a matéria, quantas vezes o artista não desanima? Quantas vezes não abandona o cinzel? É então que Deus lhe envia um auxílio - a dor!

O grande mestre Johann Heinrich Pestalozzi (1746-1827), com quem Allan Kardec conviveu e muito aprendeu, dos 10

276 Léon Denis. *O problema do ser, do destino e da dor*. Brasília-DF - Federação Espírita Brasileira, 2013. 374p.

aos 18 anos de idade, é um ícone da pedagogia, mesmo tendo vivido numa época em que ela ainda não existia oficialmente como ciência.

Apenas no século XX a pedagogia se institucionalizou como campo de conhecimento científico e profissional, quando foram criados os primeiros cursos superiores na área[277].

Pestalozzi, em sua obra *Minhas indagações sobre a marcha do desenvolvimento da Humanidade,* descreveu a sua "teoria dos três estados" (estado natural, estado social e estado moral), que conforme a educadora e escritora Dora Incontri[278],

> [...] podem ser compreendidos como etapas da evolução humana, mas também como camadas existenciais do ser humano ou ainda como fases que a criança repete em seu desenvolvimento...
>
> O estado natural seria o nível dos instintos, dos impulsos básicos de sobrevivência... Tanto o homem primitivo, quanto a criança em sua primeira fase, vivem mais pelo instinto...
>
> O estado social é aquele em que entramos no momento de nossa socialização, coisa que se dá desde os primeiros agrupamentos humanos e também nas primeiras relações da criança com seu meio. Estado aliás que se perpetua, porque o ser humano sempre precisa viver com seus semelhantes. Para essa convivência, criam-se regras, engendram-se costumes, fazem-se as leis... Há que se conter, se limitar, se canalizar, se orientar a instância natural...
>
> Entretanto, cria-se o conflito, porque a regra segura o impulso, mas não o transforma. Do atrito entre a lei e o instinto, entre a regra e o desejo, entre a convenção e o impulso,

---

277 https://wikipedia.org/wiki/Pedagogia (acesso em 25/3/2016).

278 Dora Incontri. *Para entender Kardec.* Bragança Paulista-SP - Editora Lachâtre, 2004. 136p.

> podem surgir neuroses, desajustes individuais e coletivos, como guerras e revoluções (... teoria em tudo semelhante à de Freud, que, mais de cem anos depois, diagnosticaria a neurose como resultado do conflito entre os impulsos básicos do ser humano e as regras morais.)
>
> A solução do conflito está justamente no estado moral. Além de instintivo e social, o ser tem um status moral. Na alma, há o germe de divindade, proclamado por Jesus, entrevisto por Comenius, aceito por Rousseau. Quando despertada essa potencialidade divina, não há necessidade de regras que controlem o instinto, de convenções que imponham limites e punam os infratores. No reino do estado moral, vigora a liberdade do amor, a espontaneidade do bem, o desabrochar da divindade em nós... Transcende-se o instinto e a lei. Não há mais a escravidão aos desejos, nem a escravidão às convenções. É o plano da autonomia e da autoconstrução.

Dora Incontri resumiu, no final do capítulo II de sua obra, a essência filosófica de Pestalozzi, como importantíssimo precursor do espiritismo:

> - a autonomia do ser moral, que se autoconstrói;
> - a predominância da lei do amor e da evolução sobre todas as outras;
> - um conceito de religião moral, destituída de qualquer igrejismo, institucionalismo e autoritarismo.

A referida teoria de Pestalozzi se adequa perfeitamente às estruturas da personalidade (id, ego e superego), descritas por Sigmund Freud[279], em 1933, conforme conceituação a seguir:

Id: parte mais primitiva e menos acessível da personalidade. O id desconhece o julgamento de valores, o bem e o mal, a moralidade.

---

279 www.psicologiafree.com

Ego: representa a razão ou a racionalidade, ao contrário da paixão insistente e irracional do id. O ego não existe sem o id.

Superego: desenvolve-se desde o início da vida, quando a criança assimila as regras de comportamento ensinadas pelos pais, mediante o sistema de recompensas e punições.

Resumidamente, temos:

Id: fonte de energia psíquica e o aspecto da personalidade relacionado aos instintos.

Ego: aspecto racional da personalidade, responsável pelo controle dos instintos.

Superego: aspecto moral da personalidade, produto da internalização dos valores e padrões recebidos dos pais e da sociedade.

> Toda a existência humana é uma jornada formosa que capacita o indivíduo para a conquista dos elevados objetivos psicológicos a que se propõe.
>
> Uma vida sem significado psicológico é uma existência destituída de sentido e de busca. Reduz-se ao amontoado de fenômenos fisiológicos, em que os automatismos funcionam com mais vigor do que os sentimentos e as expressões da razão, do discernimento, que, embora ainda adormecidos, surgem e desaparecem, não logrando ser aplicados pelo Self.
>
> A predominância do ego é caracterizada pelos interesses mesquinhos num estágio de consciência de sono, sem imediatos vislumbres da realidade.
>
> Não havendo ideais relevantes, o sentido existencial é tímido, contentando-se com as satisfações orgânicas e os prazeres dos instintos, encarcerados nas sensações[280].

---

280 Joanna de Ângelis/Divaldo Pereira Franco. *Psicologia da gratidão.* Salvador-BA – Leal, 2014. (Edição comemorativa dos 25 anos da série psicológica Joanna de Ângelis, volume 16). 240 p.

> No pandemônio dos conflitos existenciais, o ser humano apequena-se e parece consumido pelas situações psicológicas em que se vê envolvido, como alguém num vale em sombras, sem perspectivas mais amplas que lhe facultem os horizontes de infinita alegria e de bem-estar.
>
> Os tormentos cegam a razão, o egoísmo limita os passos, estreitando as aspirações que pretendem abarcar tudo, sem possibilidade de fruí-lo, o que é lamentável, tornando o possuidor possuído pela posse possuidora [...].
>
> Quando se liberta dos tentáculos que arrastam tudo de maneira constritora para o centro do ego, respira o oxigênio saudável da alegria inefável por estar livre das conjunturas tormentosas do ter e do temer perder, do ser admirado pelo que possui, não pelo que é, de ser visto como triunfador de fora, no que é admirado, mas raramente amado [...]. Livre de qualquer tipo de dependência factual do cotidiano das coisas, pode voar pela imaginação e pelos sentidos em qualquer direção, sem medo nem ansiedade, porque se encontra pleno[281].

Disciplina e autocontrole: um gravíssimo exemplo atual, típico da ausência desses dois valores, é a nomofobia (fobia causada pelo desconforto ou angústia decorrente da impossibilidade de acesso à comunicação através de aparelhos celulares ou computadores[282]).

Transcreveremos, a seguir, artigo escrito por Daniela Carasco[283], intitulado: "Por que 56% das crianças querem ser um celular? Não parece, mas é sério".

---

281 Joanna de Ângelis/Divaldo Pereira Franco. *Em busca da verdade.* Salvador-BA – Leal, 2014. (Edição comemorativa dos 25 anos da série psicológica Joanna de Ângelis, volume 15). 272 p.

282 https://pt.wikipedia.org/wiki/Nomofobia (30/11/2017)

283 Daniela Carasco. Por que 56% das crianças querem ser um celular? Não parece, mas é sério. https://estilo.uol.com.br (publicado em 28/11/2017).

Sai desse celular! Essa frase não sai da boca de pais e mães, mas muitos deles mereceriam escutá-la também. Apesar de as atenções estarem mais voltadas aos impactos negativos do uso da tecnologia pelas crianças, pouco se fala sobre o assunto quando se trata de adultos.

Luci Pfeiffer, pediatra, psicanalista e coordenadora do programa DEDICA, trata da defesa dos direitos de crianças e adolescentes vítimas de violência grave e gravíssima. Ela diz que é preciso que os pais se debrucem cada vez mais sobre os próprios hábitos e percebam o quanto o convívio familiar tem sido negligenciado pelo vício na tecnologia.

Uma pesquisa global realizada pela AVG Technologies, mostrou o quanto os filhos estão invisíveis dentro de casa. Cerca de 83% das crianças entrevistadas disseram que se sentem trocadas pelo celular, 56% gostariam de ser um celular e afirmaram que confiscariam os aparelhos dos pais se pudessem.

Para o estudo foram ouvidos 316 brasileiros de um total de 6.117 entrevistados de países como Estados Unidos, Austrália, Canadá, República Tcheca, França, Alemanha, Nova Zelândia e Reino Unido.

Afirmou Luci: Vivemos uma realidade de violência virtual, que se dá por meio de abandono dos pais. A negligência, que é a falta do cuidar, é uma das piores formas de violência. Ela é velada, não deixa marcas evidentes, mas destrói a estruturação da personalidade de uma criança. Por isso é grave.

A especialista afirmou ainda que, até os seis anos, as crianças constroem todos os valores éticos e morais, que são aprendidos por espelhamento e estímulo dos adultos. Portanto, se o pai e a mãe não largam o celular em casa, é esse o comportamento que estarão ensinando. Isso tomará o tempo de atividades que valorizam o contato, gerando problemas como isolamento e vício. [...]. O problema é que nenhuma tecnologia substitui abraço, carinho, sorriso e olhar de aprovação. O que está acontecendo é uma grave terceirização do cuidar, que não tem afeto nem calor. [...].

Luli Radfaher, professor de Comunicação digital da Escola de Comunicação da Universidade de São Paulo, compara o vício em tecnologia ao de drogas. Ele afirmou que: Toda vez que o indivíduo atualiza as redes sociais atrás de novidades, por exemplo, ele recebe uma descarga de endorfina do cérebro e fica feliz.

Como agir no dia a dia?

Na prática, as associações de pediatria nacionais e internacionais recomendam mudanças por parte de todos os membros da família.

Aos filhos: até os dois anos, é aconselhado que a criança não tenha contato com nenhuma tela. Esse é o momento de aprender com o toque, o paladar e troca interpessoal. Dos três aos seis anos, a recomendação de uso do aparelho eletrônico é de, no máximo, uma hora por dia. Dos seis em diante, os filhos devem usá-los até duas horas por dia.

Aos pais: se estiverem na companhia dos filhos, deixem o telefone de lado, prestem atenção no que eles têm a dizer e brinquem o máximo possível. Além disso, deem preferência à comunicação oral.

Reproduza no mundo real as ações virtuais

Uma campanha batizada de "Conecte-se ao que importa", criada pela Associação dos Amigos do Hospital das Clínicas do Paraná, sugere com simples conselhos que atitudes tão comuns ao ambiente virtual sejam transferidas ao dia a dia:

- Tem gente solicitando a sua amizade dentro de casa.

- Quando você larga o celular, é o seu filho que vibra.

- Você não vai vê-lo crescer se continuar olhando para baixo.

- Seu filho passa muito tempo na TV? Pois é, crianças tendem a imitar os pais.

- A conversa em casa pode passar dos 140 caracteres.

- Ele só quer a sua curtida.
- Curta a vida dele como você curte a dos outros.

Em artigo da revista *Veja*, intitulado: "Viciados em Telas", o jornalista André Lopes corrobora Daniela Carasco. A seguir, alguns pontos de sua matéria:

> De acordo com um estudo liderado por pesquisadores da Universidade de Seul, na Coreia do Sul, a dependência de smartphones já pode ser, sim, chamada de vício. Isso porque seu uso excessivo produz alterações químicas no cérebro, com reações e síndrome de abstinência em moldes semelhantes ao que acontece com dependentes de drogas. [...].
>
> No estudo também se levou em conta quanto o convívio com a tecnologia afetava o contato com familiares, a produtividade e a forma de lidar com emoções. Num resultado previsível, os adictos apresentaram maiores níveis de depressão, ansiedade, insônia e impulsividade.
>
> Mas, a novidade maior mesmo foi a descoberta de como a nomofobia afeta a química cerebral. Os jovens dependentes apresentaram oscilações na presença dos ácidos gama-aminobutírico, glutamato e glutamina, todos ligados a dois neurotransmissores responsáveis pelo funcionamento da atividade cerebral. Quanto maior o nível de alteração deles, mais grave era o quadro de dependência. Pode-se ter uma sólida dimensão do problema quando se considera que, em países desenvolvidos, 92% dos adolescentes acessam a internet todos os dias, em geral por meio de telefones móveis. Um típico usuário costuma tocar mais de 2.600 vezes na tela do celular por dia. [...].
>
> O uso constante do aparelho prejudica especialmente os jovens, membros de uma geração que nasceu conectada, cuja mente e hábitos ainda estão em formação - podendo influir nos processos de aprendizagem. Adolescentes que

> usam o aparelho em excesso apresentam tendências maiores a desenvolver déficit de atenção, fobia social, depressão e compulsão para acessar redes sociais. Pesquisadores da Universidade de Kaohsiung, em Taiwan, publicaram um trabalho no qual relacionaram a dependência com transtornos mentais. Pela análise de comportamento de 2.300 adolescentes, concluiu-se que 10% deles possuíam algum tipo de alteração cognitiva ligada à nomofobia.
>
> Estudos como esse procuram confirmar uma suspeita desse século: será que a ascensão das redes sociais e dos smartphones tem relação direta com o aumento dos casos de depressão e ansiedade entre jovens? Ao longo da última década, o número de crianças e adolescentes americanos internados em hospitais por suspeita de quadros depressivos mais do que dobrou. Em paralelo, a taxa de suicídio entre os indivíduos da mesma geração também cresceu com igual intensidade. Suspeita-se que o isolamento proporcionado pelas novas tecnologias tenha influência no aumento dos índices. Nos Estados Unidos, o tempo médio que os jovens dedicam diariamente ao celular passou de uma hora e meia, em 2012, para duas horas e meia em 2016. A Organização para a Cooperação e Desenvolvimento Econômico, órgão ligado à ONU, considera que a Inglaterra apresenta o cenário mais grave: um em cada três adolescentes já pode ser considerado viciado por ficar on-line mais de seis horas diariamente.

A depressão é um transtorno emocional de altíssima prevalência no seio da Humanidade terrena, citado recorrentemente sempre que se abordam temas como os constantes desse livro. Cabe, então, um relato de Divaldo Pereira Franco[284] em palestra realizada em Belo Horizonte, no ano de 2002:

---

284 Roberto Lúcio Vieira de Souza e colaboradores. *Das patologias aos transtornos espirituais.* Belo Horizonte-MG – Editora Inede, 3ª edição, 2008. 210 p.

> Dentre as várias patologias, a depressão abre, como outras, espaço para a instalação de parasitoses espirituais, sendo, num grande número de vezes, um transtorno de ordem espiritual. Vivemos um momento clímax da ciência, da cultura e da tecnologia. Podemos vislumbrar que o homem do porvir, que será noético (que se caracteriza pela atividade intelectual), não apenas sapiens sapiens, poderá libertar-se das enfermidades de várias denominações através dessa proposta fantástica da doutrina espírita, adotada por diversas ciências, como de natureza terapêutica preventiva e curadora, que é a proposta do amor, da caridade e da solidariedade humana.

A disciplina ensinada e aplicada às crianças por seus pais e demais educadores é essencial para que esses espíritos, em processo de aprendizagem evolutiva, não percam tanto tempo e oportunidades de crescimento espiritual trilhando os equivocados caminhos da ilusão.

Quantos períodos reencarnatórios transcorrem quase que numa total inocuidade! Em sã consciência, admitiríamos tanta ineficácia em cada complexo período reencarnatório nos quais, nessa fase de provas e expiações, a inércia evolutiva prepondera?

Como alerta aos pais e educadores, transcrevemos, a seguir, um trecho da obra de Lourdes Carolina Gagete[285], no qual ela relata um diálogo bastante elucidativo entre Florissa e sua filha sobre Valério, o ex-marido, nesta encarnação.

> – Agora você aguçou minha curiosidade. Vamos lá, dona Florissa, vá contando.
>
> – Não tem muito para ser contado, sua curiosa. Eu me lembrei durante o sono, numa das minhas incursões ao passado, que já fui mãe de Valério…

285 Lourdes Carolina Gagete. *O lado obscuro da alma – Terapia de vidas passadas.* São Paulo-SP – Mundo Maior Editora, 1ª edição, 2009. 262 p.

- Hummm... Será verdade?

- Sinto que é. E eu sou a responsável por muitos dos desatinos que ele tem feito. Eu não soube ser mãe. Ser aquela mãe presente, atuante, que esclarece, corrige; que sempre chega na frente; que sabe dizer não, quando o "não" tiver que ser dito. Infelizmente, o mimei demais; erigi um altar à sua personalidade materialista, egoísta e imatura. Trabalhei para que todos os seus desejos, justos ou injustos, fossem realizados. Ignorei as razões alheias para somente idolatrar aquele filho que era todo meu orgulho.

Questão 187 do livro O Consolador"[286]:

> Qual a atitude mental que mais favorecerá o nosso êxito espiritual nos trabalhos do mundo?
>
> Essa atitude deve ser a que vos é ensinada pela Lei Divina, na reencarnação em que vos encontrais, isto é, a do esquecimento de todo o mal, para recordar apenas o bem e a sagrada oportunidade de trabalho e edificação, no patrimônio eterno do tempo...

Lembremo-nos que, sob o prisma espiritual, praticamos o mal a outrem, mas também a nós mesmos. Ambos nos aniquilam, atrasam nosso processo evolutivo, nos fazem sofrer. O suicídio inconsciente é a consequência do mal que direcionamos a nós próprios.

Palavras maravilhosas e profundas de Mário Quintana, nesse texto intitulado: *A vida*.

> Depois de muitas quedas, eu descobri que, às vezes, quando tudo dá errado, acontecem coisas tão maravilhosas que jamais teriam acontecido se tudo tivesse dado certo.

286 Emmanuel/Chico Xavier. *O Consolador*. Brasília-DF – Federação Espírita Brasileira, 29ª ed., 2013. 271 p.

Eu percebi que quando me amei de verdade pude compreender que, em qualquer circunstância, eu estava no lugar certo, na hora certa.

Então pude relaxar... pude perceber que o sofrimento emocional é um sinal de que estou indo contra a minha verdade.

Parei de desejar que a minha vida fosse diferente e comecei a ver que tudo o que acontece contribui para o meu crescimento.

Desisti de ficar revivendo o passado e de me preocupar com o futuro. Isso me mantém no presente, que é onde a vida acontece.

Descobri que na vida a gente tem mais é que jogar, porque os tombos são inevitáveis.

Percebi que a minha mente pode me atormentar e me decepcionar. Mas quando eu a coloco a serviço do meu coração, ela se torna uma grande e valiosa aliada.

Também percebi que sem amor, sem carinho e sem verdadeiros amigos a vida é vazia e se torna amarga.

Ser feliz é reconhecer que vale a pena viver, apesar de todos os desafios, incompreensões e períodos de crise.

É agradecer a Deus a cada manhã pelo milagre da vida.

Pedras no caminho? Guardo todas, um dia vou construir um castelo...

- Capítulo 7 -

Considerações finais

A caminho do final desse trabalho, salientamos, uma vez mais, que nosso objetivo sempre foi disponibilizar ao leitor subsídios para que, juntos, possamos refletir sobre a vida do espírito. As reflexões aprofundadas facilitam o difícil despertar da consciência, que remete o espírito recém-saído do primitivismo (agora numa fase de deslumbramento com o entorno material) a um outro patamar evolutivo.

Essa longa fase pré-despertamento leva a criatura ao mergulho no abissal oceano das ilusões, característica elementar de espíritos em provas e expiações, em face do desconhecimento da própria essência (origem, quem é, razão da existência e destino pós a morte do corpo físico).

Começar a compreender as Leis Naturais do Universo é fundamental para que o espírito abandone seu casulo de ignorância espiritual e inicie o complexo processo de aprendizagem do verdadeiro amor. Nesse sentido, Léon Denis[287] nos ensina:

> Nossos destinos são idênticos. Não há privilegiados nem malditos. Todos percorrem o mesmo caminho e, através de mil obstáculos, são chamados a realizar os mesmos fins. Somos livres, é verdade, para acelerarmos ou diminuirmos nossa marcha, para nos mergulharmos nos gozos grosseiros, para nos retardarmos durante vidas inteiras no vício

287 Léon Denis. *Depois da morte.* Rio de Janeiro-RJ - Centro Espírita Léon Denis, 3ª edição, 2011. 417 p.

> ou na ociosidade, mas, cedo ou tarde o sentimento do dever se revela, a dor vem sacudir nossa apatia, e retomamos, forçosamente, nossa jornada.

A evolução do espírito demanda muito treinamento da mente, muita observação, muito estudo, muita resignação, muito controle do pensamento.

> Seu pensamento é o escultor que pode criar a pessoa que você quer ser" (Henry David Thoreau)[288].

> Recorda-te de que a vida é curta; esforça-te, pois, por conquistar, enquanto o podes, aquilo que vieste aqui realizar: o verdadeiro aperfeiçoamento. Possa teu espírito partir desta Terra mais puro do que quando nela entrou! Pensa que a Terra é um campo de batalha, onde a matéria e os sentidos assediam continuamente a alma; corrige teus defeitos, modifica teu caráter, reforça a tua vontade; eleva-te pelo pensamento, acima das vulgaridades da Terra e contempla o espetáculo luminoso do céu[289].

Entretanto, nessa longa e árdua trajetória evolutiva, tropeçamos incontáveis vezes, buscamos atalhos inadequados, nos ferimos desnecessariamente por imprudências. É assim mesmo: somos espíritos ainda muito ignorantes sob a ótica holística, em processo de educação, até que atinjamos a Divindade. Então:

> Se você foi envolvido pela escuridão de um vício, acenda uma pequena vela. A maior das escuridões não resiste à tênue

---

288 Marcos Pontes. *É possível! Como transformar seus sonhos em realidade*. São Paulo-SP - McHilliard Editora, 2ª ed., 2010. 367 p.

289 Léon Denis. *Depois da morte*. Rio de Janeiro-RJ - Centro Espírita Léon Denis, 3ª edição, 2011. 417 p.

luz de uma vela. Em outras palavras, qualquer coisa que você fizer por si mesmo já será o começo da sua recuperação, desde que você o faça acreditando que é possível vencer! [...]

Perceber que está na escuridão do vício e buscar ajuda significa "acender uma pequena vela" [...].

Olhe para você. Olhe-se no espelho. É isso que você espera ver? Existem muitas coisas boas dentro de você. Traga-as para fora. Deixe no passado todas as dúvidas, os problemas, as discussões, as culpas, os medos, as decepções, as ofensas, tudo o que for ruim [...]. Todos aqueles que te amam acreditam que você é capaz de sair dessa![290]

Para qualquer cometimento que exija decisão, coragem, equilíbrio, definição, valor, humildade, estoicismo (rigidez moral), resignação, recorre à prece, mergulhando na reflexão, e haurirás os recursos preciosos para a vitória em qualquer situação, sob qual seja o impositivo.

Nunca te permitas a assimilação do vício, na suposição de que dele te libertarás quando queiras, pois que se os viciados pudessem querer não estariam sob essa violenta dominação[291].

A água inteira do mar não pode afundar um navio, a menos que ela invada seu interior. Da mesma forma, a negatividade do mundo não pode te derrubar; a menos que você permita que ela permaneça em você[292].

O amor [...], é sempre o grande auxiliar que a família deve proporcionar aos dependentes de qualquer vício de-

290 Marcos Pontes. *É possível! Como transformar seus sonhos em realidade.* São Paulo-SP - McHilliard Editora, 2ª ed., 2010. 367 p.

291 Joanna de Ângelis/Divaldo Pereira Franco. *Após a tempestade.* Salvador-BA - Livraria Espírita Alvorada Editora. 59ª ed., 1974.

292 Caio F. Abreu. *Negatividade. www.mensagens10.com.br/mensagem/11105.*

> vastador, a fim de restituir-lhes a autoconfiança, a disposição para submeterem-se à terapia conveniente, ao entendimento dos objetivos da existência, que deixaram de ter qualquer valor para suas existências fanadas[293].

> Quando tudo for pedra, atire a primeira flor. Quando tudo parecer caminho errado, seja você a tentar o primeiro passo certo. Se tudo parecer escuro, se nada puder ser visto, acenda você a primeira luz. Traga para a treva, você primeiro, a pequena lâmpada. Quando todos estiverem chorando, tente você o primeiro sorriso. Talvez não na forma de lábios sorridentes, mas de um coração que compreende, de braços que confortem [...][294].

O amor é o infalível remédio universal para todos os males! A educação contém o amor. Sempre que aplicarmos a terapia do amor, através de um processo educacional holístico, tenhamos a certeza que estaremos trilhando o caminho correto, independentemente do tempo que decorra para se atingir o objetivo, mesmo que transcenda o período de uma ou mais encarnações. A vida é um processo contínuo, acreditemos nisso; exercitemos nossas mentes incansavelmente, para que nela fixemos essa verdade.

> A educação, sem qualquer dúvida, desde a infância, é o recurso terapêutico preventivo mais valioso, porque é mais seguro evitar a dependência do que sair-se do seu cerco escuso. Diálogos francos e naturais, com as crianças e os jovens, devem fazer parte das conversações familiares, das disciplinas transversais nas escolas, antes que os traficantes

---

293 Joanna de Ângelis, psicografia de Divaldo Pereira Franco. *O despertar do espírito*. Salvador-BA - Leal,1ª ed., 2014. 212 p.

294 Rosemary Sadalla. *Atire a primeira flor*.

que estagiam em suas portas ou que alguns dependentes que nelas se encontram, comecem a iniciação dessas vítimas inermes (indefesas), ingênuas e inseguras[295].

Na linha educacional, é fundamental que transmitamos aos educandos que a trajetória do espírito em evolução é bastante árdua; para todos. Emmanuel[296] nos ensina:

> A luta e o trabalho são tão imprescindíveis ao aperfeiçoamento do espírito, como o pão material é indispensável à manutenção do corpo físico. É trabalhando e lutando, sofrendo e aprendendo, que a alma adquire as experiências necessárias na sua marcha para a perfeição.

Diante de qualquer dificuldade, de qualquer dor, devemos buscar, em nosso interior, a coragem para enfrentá-las com muita determinação, sempre vigilantes para evitar as tortuosas e escabrosas rotas de fuga representadas por qualquer tipo de vício, cujo resultado não é outro senão o da autodestruição, o suicídio inconsciente.

Outra questão essencial na profilaxia dos vícios é a religiosidade /espiritualidade. Conforme relatos do médico Alexandre de Rezende Pinto[297], a ciência comprovou, através de inúmeros estudos, que crianças e jovens submetidos a um processo de educação religiosa/ espiritual, desde a tenra idade, têm diminuído, significativamente, o risco do uso de álcool e de outras drogas. Em estudo da Universidade Federal de São Paulo (Unifesp), o impacto da religiosidade/espiritualidade mostrou-se superior à prática de esportes e de atividades

295 Joanna de Ângelis/Divaldo Pereira Franco. *Conflitos existenciais.* Salvador-BA - LEAL, 2014. (Edição comemorativa dos 25 anos da Série Psicológica Joanna de Ângelis, volume 13). 240 p.

296 Emmanuel/Chico Xavier. *O Consolador*. Brasília-DF - Federação Espírita Brasileira, 29ª ed., 2013. 271 p.

297 Alexandre de Rezende Pinto. Como realizar pesquisas em saúde e espiritualidade. Palestra no XIV Congresso de Saúde e Espiritualidade, 21/10/2017, na Faculdade de Medicina da UNESP, Botucatu-SP, pela Assoc. Médico-Espírita de Botucatu.

artísticas, como teatro etc., na prevenção do uso de drogas, apesar de essas atividades também apresentarem importância.

Pesquisa científica realizada com 12.595 estudantes universitários brasileiros, demonstrou que aqueles jovens que afirmaram não ter religião, apresentaram probabilidade 152% maior de usarem bebidas alcoólicas, 183% em relação ao tabaco, 109% para a maconha e 142% para outras drogas, em relação aos religiosos, independentemente da crença[298].

Num outro estudo, efetuado na periferia da capital paulista, por pesquisadores da Universidade de São Paulo, 62 jovens foram divididos em dois grupos: o primeiro era composto por 32 indivíduos não usuários de drogas, e o segundo por 30 usuários. Constatou-se que 81% do grupo de não usuários eram religiosos praticantes, enquanto que, no grupo dos usuários, apenas 13% seguiam alguma religião[299].

Portanto, é essencial que divulguemos incansavelmente essas informações, incentivando os pais e responsáveis a encaminharem as crianças para a educação espiritual.

> Numa época de transição como a que atravessa o nosso planeta, em instantes tão preocupantes da caminhada evolutiva do ser humano, o espiritismo vem difundir as informações antidrogas que chegam do plano espiritual, divulgando os seus informes e relatos, alertando para o uso irresponsável e infantil de substâncias, no seu aspecto preventivo e no de assistência aos já dominados pelas tre-

298 Alexandre de Rezende Pinto. Como realizar pesquisas científicas em saúde e espiritualidade. Palestra apresentada no XIV Congresso de Saúde e Espiritualidade, no dia 21/10/2017, na Faculdade de Medicina da UNESP, em Botucatu – SP, promovido pela Associação Médico-Espírita de Botucatu.

299 Alexandre de Rezende Pinto. Como realizar pesquisas científicas em saúde e espiritualidade. Palestra apresentada no XIV Congresso de Saúde e Espiritualidade, no dia 21/10/2017, na Faculdade de Medicina da UNESP, em Botucatu(SP), promovido pela Associação Médico-Espírita de Botucatu.

> vas. Pois uma das maneiras de as trevas atrasarem o plano de Deus é atrair os seres humanos pela brecha do egoísmo infantil, do "aproveitar a adolescência", do "aproveitar a vida", tão incentivados pela mídia capitalista e materialista, e levá-los para o mundo da ilusão[300].

Em artigo publicado na revista *Psicologia,* a cientista social Janine Targino[301] cita estudo científico realizado por Zila Van Der Meer Sanchez, no qual ela afirma que:

> [...] a prática religiosa frequente entre evangélicos, espíritas e católicos pode ser identificada como um fator de proteção para o consumo de drogas.

Acrescentou a pesquisadora que:

> [...] a experiência da religiosidade entre os adeptos das três vertentes religiosas funciona como um elemento capaz de fortalecer as possibilidades de recuperação de dependentes químicos que buscam recuperação.

Além disso, ela constatou que:

> [...] os evangélicos, ao manifestarem maior repulsa ao tratamento médico-farmacológico, constituem o grupo que mais recorre à religião como forma exclusiva de tratamento contra o vício de drogas. Em contrapartida, o grupo de indivíduos identificados como espíritas foi o que mais apresentou registros de casos onde o dependente químico buscou

---

300 Mauro Kwitko. *Como evoluir espiritualmente em um mundo de drogas.* Porto Alegre-RS - BesouroBox, 2011. 296 p.

301 Janine Targino. *Religião, espiritualidade e dependência química.* Revista *Psicologia.* São Paulo-SP - Mythos Editora, número 47, 2017.

> tratamento médico-farmacológico, concomitantemente ao apoio terapêutico oferecido pelo grupo religioso. Já o grupo formado por indivíduos identificados como católicos, expressou grande aceitação à terapia religiosa, mas sem rejeitar a possibilidade de um possível tratamento médico.

Janine Targino acrescentou em seu artigo:

> Em conformidade com a teoria proposta pelo professor Bruce Alexander [...], o contrário do vício em drogas não é a sobriedade, mas sim a conexão humana. Ou seja, para que o indivíduo dependente químico tenha êxito no processo de abandono do uso de drogas, ele precisa construir conexões saudáveis com as pessoas que o cercam, como amigos e familiares. Sob este ponto de vista, todo esforço dedicado à busca de sobriedade não seria suficiente se as conexões estabelecidas pelo indivíduo forem problemáticas como, por exemplo, quando o dependente químico em reabilitação apresenta dificuldades para se reinserir no convívio familiar.
>
> Seguindo a perspectiva na qual o oposto do vício em drogas seria a conexão, podemos considerar que a experiência da religiosidade constitui um fator bastante útil no âmbito do processo de reabilitação de dependentes químicos, uma vez que a participação ativa nas atividades cotidianas de determinado grupo religioso, bem como a convivência entre pares (ou seja, entre outros indivíduos que igualmente buscam o afastamento do vício), apresenta ao dependente químico a possibilidade de estabelecer conexões humanas benéficas que irão favorecer sua recuperação.
>
> Ainda, deve-se levar em conta que o suporte encontrado pelo dependente químico na esfera religiosa possui como particularidade o fato de que a "cura" proporcionada pela religião abarca tanto o corpo físico do indivíduo quanto suas questões emocionais e espirituais.

A seguir, trecho de palestra proferida por Bezerra de Menezes numa Colônia Espiritual[302]:

> [...] Como terapia para o grave problema das drogas, inicialmente apresentamos a educação em liberdade com responsabilidade; a valorização do trabalho como método digno de afirmação da criatura; orientação moral segura, no lar e na escola, mediante exemplos dos educadores e pais; a necessidade de viver-se com comedimento, ensinando-se que ninguém se encontra em plenitude e demonstrando essa verdade através dos fatos de todos os dias, com que se evitarão sonhos e curiosidades, luxo e anseio de dissipações (devassidão) por parte de crianças e jovens; orientação adequada às personalidades psicopatas desde cedo; ambientes sadios e leituras de conteúdo edificante, considerando-se que nem toda a humanidade pode ser enquadrada na literatura sórdida da contracultura, dos livros de apelação e escritos com fins mercenários, em razão das altas doses de extravagância e vulgaridade de que se fazem portadores. A estas terapias basilares adir o exercício da disciplina dos hábitos, melhor entrosamento entre pais e mestres, maior convivência destes com filhos e alunos, despertamento e cultivo de ideais entre os jovens...
>
> E conhecimento espiritual da vida, demonstrando a anterioridade da alma ao corpo e a sua sobrevivência após a destruição deste. Quanto mais for materialista a comunidade, mais se apresenta consumida, desequilibrada e seus membros consumidores de droga e sexo em desalinho, sofrendo mais altas cargas de violência, de agressividade, que conduzem aos elevados índices de homicídio, de suicídio, de corrupção.

302 Manoel Philomeno de Miranda/Divaldo Pereira Franco. *Nas fronteiras da loucura*. Salvador-BA - Leal, 16ª ed., 2016. 320 p.

Em artigo publicado pela Universidade Federal de São Paulo (Unifesp), foi citada afirmação do pesquisador McCord:

> Quanto mais grave e próximo da morte, mais de 90% dos pacientes sentem necessidade de serem abordados na esfera da espiritualidade.
>
> A espiritualidade depende de três componentes: necessidade de encontrar significado, razão e preenchimento da vida; necessidade de esperança e vontade de viver; necessidade de ter fé em si mesmo, nos outros e em Deus. A necessidade de significado é considerada uma condição essencial à vida e, quando um indivíduo se sente incapaz de encontrar um significado, sofre em função dos sentimentos de vazio e desespero[303].

A respeito do comportamento dos pais, cientes de que seus filhos mergulharam no mundo das drogas, Marco Prisco, pela psicografia de Divaldo Pereira Franco[304], alertou:

> Se você surpreendeu o seu filho, masculino ou feminino, usando qualquer tipo de droga, tenha muito cuidado com a maneira de agir. Passado o choque inicial, procure conversar calmamente, em tom de amizade e carinho, buscando saber as causas que o levaram a essa fuga infeliz. Uma atitude de bondade vale mais do que todos os argumentos produzidos pela cólera ou pela agressividade...
>
> Faça-o perceber que você está aberto ao diálogo [...]. Dê-lhe uma assistência de vigilância, sem tornar-se um guarda severo e algoz [...]. Sempre que possível, converse sobre

303 Roos. Revista Científica de Saúde, 1955. Citado por Marcelo Pio de Almeida, Revista de Saúde Pública, 2003.

304 Marco Prisco/Divaldo Pereira Franco. Citado por Alessandro Viana de Paula. Filhos e drogadição. *Tribuna do Espiritismo*. Matão-SP: Instituto Cairbar Schutel e Associação Chico Xavier para Divulgação Espírita, número 41, fevereiro de 2017.

> temas edificantes, cuidando de não se tornar cansativo em relação ao problema [...]. Proponha-lhe a ajuda especializada de um psicoterapeuta [...]. Todas as pessoas se equivocam, tendo direito à recuperação [...]. Demonstre que você também tem problemas e busca resolvê-los de maneira saudável. Faça-o perceber que a droga somente leva à destruição [...].
>
> Ame, em qualquer circunstância, o seu filho, masculino ou feminino, demonstrando-lhe que nada no mundo o afastará da sua ternura... Aplique sempre a terapêutica do amor e não tenha pressa. O resultado virá no momento próprio.

Jamais julguemos, jamais condenemos, jamais castiguemos nem achemos que estamos sendo castigados, jamais lamentemos. Afinal, todos nós, sem exceção, somos espíritos em processo de formação, de educação. Consequentemente, cometemos muitíssimos equívocos. Não nos esqueçamos também, que nossos arquivos das vidas passadas estão repletos de informações boas e ruins; muito mais ruins do que boas, que emergem no cotidiano atual.

Portanto, enfrentemos eventuais situações difíceis com serenidade, resignação; assumindo o verdadeiro papel de educador. E nesse contexto, aproveitemos a oportunidade para continuarmos o aprendizado do perdão.

> Muitas vezes, as pessoas são egocêntricas, ilógicas e insensatas. Perdoe-as, assim mesmo... Veja você que, no final das contas, é entre você e Deus e não entre você e os homens (Madre Teresa de Calcutá).

A calma, a paciência, a compreensão, a reflexão profunda são essenciais, em qualquer circunstância. Estamos sempre em treinamento naquilo que tanja o aprimoramento moral. Assim nos ensinou o *mahatma* Gandhi:

> Mantenha os seus pensamentos positivos, porque pensamentos tornam-se suas palavras.
> Mantenha suas palavras positivas, porque suas palavras tornam-se suas atitudes.
> Mantenha suas atitudes positivas, porque suas atitudes tornam-se seus hábitos.
> Mantenha seus hábitos positivos, porque seus hábitos tornam-se seus valores.
> Mantenha seus valores positivos, porque seus valores tornam-se seu destino.

Desta forma, é de bom alvitre que procuremos seguir os ensinamentos de Léon Denis:

> Instruamos a juventude, esclareçamos sua inteligência, mas, antes de tudo, falemos ao seu coração. Tende como templo o Universo; como altar a consciência; como lei a caridade; por imagem Deus; por religião o amor.

E que todos nós, que insistimos em persistir nos erros, aprendamos com André Luiz/Chico Xavier:

> A sua luta é consigo mesmo e não com mais alguém; é a si mesmo que você precisa vencer, ou seja, vencer seus defeitos, os seus vícios, os seus desejos, os seus pensamentos etc. O único mal a temer é aquele que ainda existe em nós.

> Sendo a pessoa livre para preferir ser saudável ou enferma, cabe à consciência agir com liberdade profunda, isto é, a opção de ser feliz.
> Começa por desfazeres dos padrões mentais antigos, negativos, que te condicionaram à aceitação dos comportamentos doentios.

O treinamento de novas maneiras de pensar, baseadas na ordem, no bem geral, na superação das próprias possibilidades, criará automatismos e reflexos que trabalharão pela tua harmonia e saúde[305].

O cultivo dos hábitos saudáveis, considerados como virtudes morais, oferece o bem-estar gerador de harmonia pessoal e social. Eles contribuem decisivamente para o equilíbrio orgânico, emocional e psíquico, facultando uma existência realmente prazerosa...

... Dentre os mais expressivos e edificantes, em toda a sua grandeza destaca-se a superação do egoísmo através da prática do bem com total desinteresse, definindo o biótipo espiritual triunfador.

Sob outro aspecto, os hábitos viciosos atormentam, desenvolvendo ou ampliando conflitos que entorpecem o indivíduo, enfermando-o, desarticulando- lhe as resistências morais.

Certamente, há aqueles que se afeiçoam com facilidade aos bons costumes e os vivenciam com relativa facilidade, em razão de se haverem exercitado em existências anteriores, enquanto outros que tombam na dependência viciosa, estão iniciando-se ainda na experiência da luta para adquirir imunização ao seu contágio...

Assim, o êxtase deve ser alcançado mediante perfeita sintonia com as faixas sutis da vida, sem a intoxicação resultante de qualquer substância vegetal ou química[306].

---

305 Joanna de Ângelis/Divaldo Pereira Franco. *Momentos de saúde e de consciência.* Salvador-BA - Leal, 2014. (Edição comemorativa dos 25 anos da Série Psicológica Joanna de Ângelis, volume 4). 175 p.

306 Joanna de Ângelis/Divaldo Pereira Franco. *Conflitos existenciais.* Salvador-BA - Leal, 2014. (Edição comemorativa dos 25 anos da Série Psicológica Joanna de Ângelis, volume 13). 240 p.

> Para acumular conhecimento, acrescente uma coisa nova todos os dias. Para acumular sabedoria, descarte algo todos os dias (Lao Tsé).

> Não basta crer na imortalidade da alma. Inadiável é a iluminação de nós mesmos, a fim de que sejamos claridade sublime (André Luiz/Chico Xavier)[307].

A evolução do espírito é inexorável, porém, é muito difícil, pois exige transformações muito profundas e de complicada execução. Nesse sentido, a metáfora a seguir é bastante didática:

> Se uma gota de água quer subir ao céu, ela precisa aceitar o sol e, com a ajuda dele, se transformar (Thiago Borges de Aguiar).

> O contágio moral. Tanto virtudes como vícios, tanto o bem quanto o mal, se transmitem principalmente pelo contágio, pela emanação fluídica, pela exemplificação (Dora Incontri).

> Se o amor é uma das finalidades da educação moral, também é o seu recurso principal. Só o amor tem o condão capaz de tocar a divindade essencial do espírito (Dora Incontri).

Educar para o futuro

> Avistai ao longe as margens do futuro! Lá está a terra prometida da paz e da esperança, que a Humanidade sonha desde os mais antigos mitos... Lá está o mundo pacificado, sem as fronteiras do ódio e da ambição; lá está a ilha da liber-

---

307 André Luiz/Chico Xavier. *No mundo maior*. Rio de Janeiro-RJ – Federação Espírita Brasileira, 2008. 263p.

dade, cercada pelo Universo, tornado habitado pelas almas afins de outras galáxias; lá está a fraternidade erigida em traço comum da conduta de todos os homens e mulheres...

Mas, para atingirmos esse futuro glorioso, que assalta a nossa imaginação, povoando nosso coração de estrelas e de alegrias, antes será preciso formar o homem que o habitará, o homem que o erguerá como um troféu de sua evolução moral... o homem que saberá aportar com segurança a essa terra prometida, porque saberá o caminho que a ela conduz!

Educar o homem do futuro é a missão primordial do homem do presente...

... Não se pode temer a abertura de horizontes e a quebra de velhos e desgastados modelos, desde que se saiba claramente o fundamento dessa revolução educacional. E esse fundamento está bem aí, fincado ante nossos olhos históricos, nas obras magistrais do espiritismo" (Jan Amos Comenius - comunicação mediúnica ocorrida em 25/4/1993)[308].

A educação moral à luz do Evangelho sem disfarces nem distorções; a conscientização espiritual sem alardes; a liberdade e a orientação com bases na responsabilidade; as disciplinas morais desde cedo; a vigilância carinhosa dos pais e mestres cautelosos; a assistência social e médica em contribuição fraternal constituem antídotos eficazes para o aberrante problema dos tóxicos - autoflagelo que a Humanidade está sofrendo, por haver trocado os valores reais do amor e da verdade pelos comportamentos irrelevantes quão insensatos da frivolidade..

O problema, portanto, é de educação na família cristianizada, na escola enobrecida, na comunidade honrada e não de repressão policial...

---

308 Dora Incontri. *A educação segundo o espiritismo.* Bragança Paulista-SP - Editora Comenius, 2012. 269 p.

Se és jovem, não te iludas, contaminando-te, face ao pressuposto de que a cura se dá facilmente.

Se atravessas a idade adulta, não te concedas sonhos e vivências que pertencem à infância já passada, ansiando por prazeres que terminam ante a fugaz e enganosa durabilidade do corpo.

Se és mestre, orienta com elevação, abordando a temática sem preconceito, mas com seriedade.

Se és pai ou mãe, não penses que o teu lar estará poupado. Observe o comportamento dos filhos, mantém-te atento, cuida deles desde antes da ingerência e do comprometimento nos embalos dos entorpecentes e alucinógenos, em cuja oportunidade podes auxiliá-los e preservá-los.

Se, porém, te surpreenderes com o drama que se adentrou no lar, não fujas dele, procurando ignorá-lo em conivência de ingenuidade, nem te rebeles, assumindo atitude hostil. Conversa, esclarece, orienta e assiste os que se hajam tornado vítimas, procurando os recursos competentes da medicina, como da doutrina espírita, a fim de conseguires a reeducação e a felicidade daqueles que a Lei Divina te confiou para a tua e a ventura deles[309].

Informações do plano espiritual mostram que atitudes simples, como conduta de vida em equilíbrio, livre de vícios e excessos, aliada a uma alimentação saudável e à prática constante de atividade física, podem ajudar o ser humano a cumprir sua jornada na Terra sem retornar à Pátria Espiritual antes da hora programada (J. M. Ferreira).

---

309 Joanna de Ângelis/Divaldo Pereira Franco. *S.O.S família*. Trecho publicado na Revista Fidelidade Espírita. Campinas: Centro de Estudos Espíritas Nosso Lar, edição 113, 2012.

O ser humano deve aprender a ser feliz conforme as circunstâncias, introjetando e vivendo a compreensão da sua transitoriedade física e da sua eternidade espiritual...

Será maravilhoso o dia, quando se possa difundir o significado da vida e estimular os começantes nas experiências humanas a descobrir, cada qual, conforme suas emoções, o que lhe será de melhor e de mais compensador proveito. Assim, serão evitadas muitas manifestações neuróticas, especialmente as que decorrem do vazio existencial ou da frustração pelas não conseguidas ambições desmedidas que não têm fim...[310]

A saúde integral, a paz, a alegria interior resultam da lucidez mental, que elege os atos corretos para a existência modeladora da ascensão. Enquanto não se convencerem as criaturas de realizar o equilíbrio, a homeostase ideal entre o psiquismo e o corpo físico, debater-se-ão nas malhas de qualquer tipo de sofrimento. Advertência ao desvio da linha de harmonia, ele se apresenta em forma de energia comprometida, bloqueada ou desequilibrada, facultando a instalação de doenças, de pesares, de padecimentos de qualquer natureza[311].

O processo psicoterapêutico que faculta o equilíbrio, auxiliando o paciente a eliminar as enfermidades reais, psicossomáticas, imaginárias ou traumáticas, que se apresentavam perturbadoras, leva, inevitavelmente, a comportamento desafiador, qual seja o da identificação das elevadas potencialidades de que dispõe para o enfrentamento com a própria consciência.

---

310 Joanna de Ângelis/Divaldo Pereira Franco. *Triunfo Pessoal*. Salvador-BA - Leal, 2014. (Edição comemorativa dos 25 anos da Série Psicológica Joanna de Ângelis, volume 12). 185 p.

311 Joanna de Ângelis/Divaldo Pereira Franco. *Plenitude*. Salvador-BA - LEAL, 2014. (Edição comemorativa dos 25 anos da Série Psicológica Joanna de Ângelis, volume 3). 160 p.

> Rompendo as algemas que o prendiam aos estados fóbicos e de sofrimentos variados, começa a sentir a claridade abençoada do sol primaveril do autoencontro e as possibilidades, antes inimaginadas, que lhe estavam ao alcance, enquanto recalcitrava e se atormentava na masmorra do encarceramento pessoal.
> A liberdade de pensamento e de ação é conquista lenta, que deve ser demarcada com vitórias sobre as pressões e condicionamentos psicológicos, morais e sociais[312].

> Senhor!
> Ajuda-me a transitar:
> ... da treva para a luz;
> ... da mentira para a verdade;
> ... e da morte para a imortalidade (Upanishads). In: Joanna de Ângelis[313].

> A criatura que busca a integridade, o estado de equilíbrio moral em toda sua amplitude, já adquiriu a consciência de si mesma, havendo logrado o amadurecimento psicológico resultante da observância correta das Leis da Vida[314].

Joanna de Ângelis[315], em sua obra *Vida: desafios e soluções*, nos apresenta as bases para a autorrealização, das quais extraímos um trecho.

---

312 Joanna de Ângelis, psicografia de Divaldo Pereira Franco. O *despertar do espírito*. Salvador-BA - LEAL,1ª ed., 2014. 212 p.

313 Joanna de Ângelis/Divaldo Pereira Franco. *Plenitude*. Salvador-BA - LEAL, 2014. (Edição comemorativa dos 25 anos da Série Psicológica Joanna de Ângelis, volume 3). 160 p.

314 Joanna de Ângelis/Divaldo Pereira Franco. *Momentos de saúde e de consciência*. Salvador-BA - LEAL, 2014. (Edição comemorativa dos 25 anos da Série Psicológica Joanna de Ângelis, volume 4). 175 p.

315 Joanna de Ângelis/Divaldo Pereira Franco. *Vida: desafios e soluções*. Salvador-BA - LEAL, 2014. (Edição comemorativa dos 25 anos da Série Psicológica Joanna de Ângelis, volume 8). 176 p.

Jesus, o mais notável psicoterapeuta que a Humanidade conheceu, afirmou: Vós sois deuses e podeis fazer tudo quanto faço e muito mais, se quiserdes. Trata-se de uma proposta-desafio para seres amadurecidos psicologicamente, capazes de ambicionar o além do habitual, e que estão dispostos a consegui-lo. Para lograr o êxito nesse tentame, é necessário possuir autoconfiança e fé, essa certeza coerente que existe entre o desejar e o poder realizar, saindo do mesmismo perturbador das ambições exclusivamente de natureza material, imediata.

Identificar-se com um deus é ampliar os valores que dormem no íntimo e são desconsiderados. Uma faísca sabedora do seu poder de combustão, que encontre substâncias fáceis de arder, consegue produzir um incêndio. Quando alguém se identifica possuidor desse recurso, pode atear o incêndio que devora os vícios e abre espaços virgens para a instalação dos elevados potenciais do desenvolvimento pessoal.

À medida que se amadurece psicologicamente, a alegria de viver constitui uma razão poderosa para o prosseguimento da atividade de iluminação. Tal alegria, certamente, não impede os episódios de reflexão pela dor, de ansiedade pelo amor, de espera pela saúde, de presença da enfermidade, de angústia momentânea, de inquietação diante do que esteja ocorrendo. Esses fenômenos, que fazem parte do curso existencial, não eliminam a alegria, antes dão-lhe motivo de presença, porque a cada desafio segue uma vitória; após cada testemunho advém uma conquista; a cada empreendimento de dor se apresenta um novo patamar de equilíbrio, fazendo que a alegria seja constante e motivadora para a produção de novos valores[316].

316 Joanna de Ângelis/Divaldo Pereira Franco. *Vida: desafios e soluções.* Salvador-BA - LEAL, 2014. (Edição comemorativa dos 25 anos da Série Psicológica Joanna de Ângelis, volume 8). 176 p.

Gabriel Delanne[317], o grande discípulo e seguidor da obra de Allan Kardec, sabiamente escreveu:

> A lei da evolução do princípio espiritual, completando-se pelas vidas sucessivas, nos permitiu compreender porque uma formidável desigualdade moral e intelectual separa os filhos de um mesmo pai, e como existem, no mesmo globo, selvagens e povos civilizados [...] É pelos inumeráveis e concordantes testemunhos dos que vivem no espaço que sabemos que não existe inferno, nem paraíso, mas que nós somos os únicos artífices de nossos futuros destinos.
>
> É lentamente, mas num esforço ininterrupto, que desenvolvemos nosso ser espiritual, que ampliamos nossa inteligência, que penetram em nós os sentimentos do justo, do belo, do bem; que desaparecem os obscuros instintos do egoísmo, as paixões e os vícios, para dar lugar ao sentimento de fraternidade, que nos aproxima dessa causa primária, que é todo amor.

Fraternidade, caridade; eis o caminho sereno da ascensão espiritual. O papa Francisco pronunciou-se sobre a caridade de forma especialmente didática, como lhe é peculiar.

> Os rios não bebem sua própria água; as árvores não comem seus próprios frutos. O sol não brilha para si mesmo, e as flores não espalham sua fragrância para si. Viver para os outros é uma regra da Natureza. A vida é boa quando você está feliz; mas, a vida é muito melhor quando os outros estão felizes por sua causa.

317 Paul Bodier e Henri Regnault. *Gabriel Delanne: sua vida, seu apostolado e sua obra.* Rio de Janeiro-RJ – CELD (Centro Espírita Léon Denis), 4ª ed. 2012. 145 p.

A psicoterapia que Jesus utilizava era centrada na reencarnação, por saber que o homem é o modelador do próprio destino, vivendo conforme o estabeleceu através dos atos nas experiências passadas...

Não te crucifiques na consciência de culpa, após reconheceres o teu erro.

Não te encarceres em sombras, depois de identificares os teus delitos.

Não te amargures em demasia, descobrindo-te equivocado.

Renasce dos teus escombros e recomeça a recuperação de imediato, evitando futuros retornos expiatórios, injunções excruciantes (experiências dolorosas), situações penosas.

Pede perdão e reabilita-te, ante aquele a quem ofendeste e prejudicaste.

Se ele te desculpar, será bom para ambos. Porém, se não o fizer, compreende-o e segue adiante, não mais errando.

Infelicitado por alguém, perdoa-o e desatrela-te dele, facultando-lhe a paz e vivendo o bem-estar que decorre da ação correta.

A reencarnação de que te utilizas é concessão superior, que não podes desperdiçar[318].

Sê sábio, investindo no futuro. O que ora te acontece, resulta do passado que não podes remediar.

Mas, aquilo que irá suceder, depende do que realizes a partir de hoje. Enquanto recolhes efeitos de ações passadas, estás atuando para consequências futuras. Conforme semeares, assim colherás.

A tua fatalidade é o bem. Como atingi-lo, será opção tua, mediante ação rápida ou retardada e contramarchas.

---

318 Joanna de Ângelis/Divaldo Pereira Franco. *Jesus e atualidade.* Salvador-BA – LEAL, 2014. (Edição comemorativa dos 25 anos da Série Psicológica Joanna de Ângelis, volume 1). 92 p.

Ninguém está fadado ao sofrimento. Este é o resultado da escolha errada.

Investe no amanhã e serás feliz desde hoje[319].

Quando o homem se resolve por modificar a conduta moral para melhor, parece defrontar uma conspiração geral contra os seus propósitos de enobrecimento.

Tudo se altera e desgoverna.

As mínimas coisas fazem-se complicadas, e o ritmo dos acontecimentos, por algum tempo, muda para pior.

Esse estado de coisas leva o candidato à reforma íntima a retroceder, a desistir.

É natural, porém, que assim aconteça. Toda transformação modifica o habitual.

Na área das ações morais a reação é maior, porquanto se penetra nas raízes do mal para extirpá-lo, a fim de dar surgimento a novos e equilibrados costumes.

Não abandones, desse modo, os teus intentos de moralidade e crescimento interior, em razão das primeiras dificuldades a enfrentar[320].

Dada como está, a prova das vidas sucessivas, o caminho da existência acha-se desimpedido e traçado com firmeza e segurança. A alma vê claramente seu destino, que é a ascensão para a mais alta sabedoria, para a luz mais viva. A equidade governa o mundo; nossa felicidade está em nossas mãos; deixa de haver falhas no Universo, sendo seu alvo a beleza, seus meios a justiça e o amor. Dissipa-se, portanto, todo o temor quimérico, todo o terror do Além.

---

319 Joanna de Ângelis/Divaldo Pereira Franco. *Vida feliz*. Salvador-BA - Leal (Livraria Espírita Alvorada Editora), 4ª ed., 1994.

320 Joanna de Ângelis/Divaldo Pereira Franco. *Vida feliz*. Salvador-BA - LEAL (Livraria Espírita Alvorada Editora), 4ª ed., 1994.

> Em vez de recear o futuro, o homem saboreia a alegria das certezas eternas. Confiado no dia seguinte, multiplicam-se-lhe as forças; seu esforço para o bem será centuplicado[321].

> Vitorioso não é aquele que vence os outros, mas o que vence a si mesmo, dominando seus vícios e superando os seus defeitos (André Luiz/Chico Xavier).
>
> Aos outros, dou o direito de ser como são. A mim, dou o dever de ser cada dia melhor (Chico Xavier[322]).

Finalizamos com uma oração maravilhosa de Santo Agostinho[323], escrita por volta do ano 400, que mostra muito bem o arrependimento de todos nós pelo tempo perdido durante a longa trajetória evolutiva, por vivermos por muito tempo no mundo das ilusões, afastados de quase tudo que nos permitiria uma existência mais proveitosa sob o ponto de vista do crescimento espiritual. Ou seja, nos afastamos da Espiritualidade Superior, até que de repente despertamos a consciência, quando então somos arrebatados por um arrependimento atroz, em virtude dos inúmeros equívocos que cometemos, com consequências, via de regra, dolorosas. Soma-se a isso, a sensação do tempo perdido.

Tarde te amei

> 1.Tarde Te amei, ó Beleza tão antiga e tão nova... Tarde Te amei! Trinta anos estive longe de Deus. Mas, durante

---

321 Léon Denis. *O problema do der, do destino e da dor.* Brasília-DF – Federação Espírita Brasileira, 2013. 374p.

322 Chico Xavier. www.mensagemespirita.com.br/pensamento/chico-xavier/ad/527

323 Santo Agostinho. *Confissões* (Livro X). Corvilhão, Portugal: LusoSofia press, Universidade da Beira Interior. Tradução de: Arnaldo do Espírito Santo, João Beato e Maria Cristina Castro-Maia de Sousa Pimentel. 2008.

esse tempo, algo se movia dentro do meu coração... Eu era inquieto, alguém que buscava a felicidade, buscava algo que não achava... Mas Tu Te compadeceste de mim e tudo mudou, porque Tu me deixaste conhecer-Te. Entrei no meu íntimo sob a Tua Guia e consegui, porque Tu Te fizeste meu auxílio.

2. Tu estavas dentro de mim e eu fora... "Os homens saem para fazer passeios, a fim de admirar o alto dos montes, o ruído incessante dos mares, o belo e ininterrupto curso dos rios, os majestosos movimentos dos astros. E, no entanto, passam ao largo de si mesmos. Não se arriscam na aventura de um passeio interior". Durante os anos de minha juventude, pus meu coração em coisas exteriores que só faziam me afastar cada vez mais d'Aquele a Quem meu coração, sem saber, desejava... Eis que estavas dentro e eu fora! Seguravam-me longe de Ti as coisas que não existiriam senão em Ti. Estavas comigo e não eu Contigo...

3. Mas Tu me chamaste, clamaste por mim e Teu grito rompeu a minha surdez... "Fizeste-me entrar em mim mesmo... Para não olhar para dentro de mim, eu tinha me escondido. Mas Tu me arrancaste do meu esconderijo e me puseste diante de mim mesmo, a fim de que eu enxergasse o indigno que era, o quão deformado, manchado e sujo eu estava". Em meio à luta, recorri a meu grande amigo Alípio e lhe disse: "Os ignorantes nos arrebatam o céu e nós, com toda a nossa ciência, nos debatemos em nossa carne". Assim me encontrava, chorando desconsolado, enquanto perguntava a mim mesmo quando deixaria de dizer "Amanhã, amanhã..." Foi então que escutei uma voz que vinha da casa vizinha... Uma voz que dizia: "Pega e lê. Pega e lê!".

4. Brilhaste, resplandeceste sobre mim e afugentaste a minha cegueira. Então corri à Bíblia, abri-a e li o primeiro capítulo sobre o qual caiu o meu olhar. Pertencia à carta

de São Paulo aos Romanos e dizia assim: "Não em orgias e bebedeiras, nem na devassidão e libertinagem, nem nas rixas e ciúmes. Mas revesti-vos do Senhor Jesus Cristo" (Rm 13,13s). Aquelas palavras ressoaram dentro de mim. Pareciam escritas por uma pessoa que me conhecia, que sabia da minha vida.

5. Exalaste Teu Perfume e respirei. Agora suspiro por Ti, anseio por Ti! Deus... de Quem separar-se é morrer, de Quem aproximar-se é ressuscitar, com Quem habitar é viver. Deus... de Quem fugir é cair, a Quem voltar é levantar-se, em Quem apoiar-se é estar seguro. Deus... a Quem esquecer é perecer, a Quem buscar é renascer, a Quem conhecer é possuir. Foi assim que descobri a Deus e me dei conta de que, no fundo, era a Ele, mesmo sem saber, a Quem buscava ardentemente o meu coração.

6. Provei-Te, e, agora, tenho fome e sede de Ti. Tocaste-me, e agora ardo por Tua Paz. "Deus começa a habitar em ti quando tu começas a amá-Lo". Vi dentro de mim a Luz Imutável, Forte e Brilhante! Quem conhece a Verdade conhece esta Luz. Ó Eterna Verdade! Verdadeira Caridade! Tu és o meu Deus! Por Ti suspiro dia e noite desde que Te conheci. E mostraste-me então Quem eras. E irradiaste sobre mim a Tua Força dando-me o Teu Amor!

7. E agora, Senhor, só amo a Ti! Só sigo a Ti! Só busco a Ti! Só ardo por Ti!...

8. Tarde te amei! Tarde Te amei, ó Beleza tão antiga e tão nova! Tarde demais eu Te amei! Eis que estavas dentro, e eu, fora - e fora Te buscava, e me lançava, disforme e nada belo, perante a beleza de tudo e de todos que criaste. Estavas comigo, e eu não estava Contigo... Seguravam-me longe de Ti as coisas que não existiriam senão em Ti. Chamaste, clamaste por mim e rompeste a minha surdez. Brilhaste, resplandeceste, e a Tua Luz afugentou minha cegueira. Exalaste o Teu Perfume e, respirando-o, suspirei

> por Ti, Te desejei. Eu Te provei, Te saboreei e, agora, tenho fome e sede de Ti. Tocaste-me e agora ardo em desejos por Tua Paz!

A você, querido leitor, desejo muita paz e luz no cumprimento de sua missão evolutiva espiritual.

Referências bibliográficas

Adamastor, psicografia de Gilson Freire. *Ícaro redimido: a vida de Santos Dumont no plano espiritual.* Belo Horizonte-MG - Editora Inede, 2006. 436 p.

Adilson Mota. *Saúde e doença – o pensamento espírita.* Fortaleza-CE - Editora Vida e Saber, 2017. 336 p.

Alessandra Regina Pepe Ambrozin; Sebastião Elias Cury e Marcos Roberto Monteiro. Corrosão metálica associada ao uso de combustíveis minerais e biocombustíveis. Química Nova, vol. 32, número 7. São Paulo-SP - 2009.

Alexandre de Rezende Pinto. Como realizar pesquisas científicas em saúde e espiritualidade. Palestra apresentada no XIV Congresso de Saúde e Espiritualidade, no dia 21/10/2017, na Faculdade de Medicina da Unesp, em Botucatu-SP, promovido pela Associação Médico-Espírita de Botucatu.

Alírio de Cerqueira Filho. *A sublime oração de Francisco de Assis.* Cuiabá, MT: Editora Espiritizar - Federação Espírita do Estado de Mato Grosso-MT - 2013. 245 p.

____________. *Saúde espiritual.* Santo André-SP - Editora Bezerra de Menezes, 2005. 277 p.

____________. *Saúde existencial, o despertar para a essência da vida.* Santo André-SP: EBM Editora, 1ª edição, 2008. 205 p.

____________. *Suicídio, falsa solução!* Santo André-SP - EBM Editora, 2011. 328 p.

ALLAN KARDEC. *A Gênese*. São Paulo-SP – Lake (Livraria Allan Kardec Editora), 22ª ed., 2005 (1ª ed. francesa, 1868). 400 p.

___________. *Instruções dos espíritos – os messias do espiritismo*. Revista Espírita - Jornal de Estudos Psicológicos, fevereiro de 1868. Brasília-DF – Federação Espírita Brasileira, tradução de Evandro Noleto Bezerra, 2009.

___________. *O Céu e o Inferno*. São Paulo-SP - Lake - Livraria Allan Kardec Editora, 11ª ed., 2004. 351p. (cap. VII.)

___________. *O Evangelho segundo o Espiritismo*. São Paulo-SP - Lake - Livraria Allan Kardec Editora, 59ª ed., 2003. 352 p.

___________. *O Livro dos Espíritos*. Rio de Janeiro-RJ – Federação Espírita Brasileira, 2006 (primeira edição comemorativa do Sesquicentenário). 615 p.

___________. *O Livro dos Médiuns*. Brasília-DF – Federação Espírita Brasileira, 49ª edição, 2013. 446 p.

___________. *Obras Póstumas*. Tradução de João Teixeira de Paula. Introdução e notas de José Herculano Pires. São Paulo-SP - Livraria Allan Kardec Editora (Lake), 12ª ed., 1998. 313 p.

___________. *Revista Espírita* (fevereiro de 1867). Rio de Janeiro-RJ – Federação Espírita Brasileira, 3ª ed., 2009.

___________. *Revista Espírita* (fevereiro de 1868). Rio de Janeiro-RJ – Federação Espírita Brasileira, 3ª ed., 2009.

___________. *Viagem Espírita em 1862*. Matão-SP: Casa Editora O Clarim, 1968. 120 p.

AMÁLIA DOMINGO SÓLER. *Memórias do padre Germano*. Brasília-DF – Federação Espírita Brasileira (tradução de Manuel Quintão), 1ª ed., 2015. 574 p.

ANDRÉ LOPES. *Viciados em telas*. São Paulo-SP – Editora Abril, edição 2560 - ano 50 - número 50, 2017.

ANDRÉ LUIZ, psicografia de Chico Xavier. *Missionários da luz*. Brasília-DF - Federação Espírita Brasileira, 45ª ed., 2013. 382 p.

___________. *Nosso Lar*. Rio de Janeiro-RJ - Federação Espírita Brasileira, 3ª ed. especial, 2009. 312 p.

___________. *Evolução em dois mundos*. Brasília-DF - Federação Espírita Brasileira, 2003. 248 p.

___________. *No mundo maior*. Rio de Janeiro-RJ - Federação Espírita Brasileira, 2008. 263p.

___________. *Sinal verde*. São Paulo-SP - Petit, 2004. 144 p.

André Luiz/Samuel Gomes. *Futuro espiritual da Terra*. Belo Horizonte-MG - Dufaux Editora, 1ª ed., 2016. 344p.

André Trigueiro. *Espiritismo e ecologia*. Brasília: Federação Espírita Brasileira, 4ª ed., 2017. 182 p.

___________. *Viver é a melhor opção - a prevenção do suicídio no Brasil e no mundo*. São Bernardo do Campo-SP - Editora Espírita Correio Fraterno, 2015. 190 p.

Andrei Moreira. *Cura e autocura - uma visão médico-espírita*. Belo Horizonte-MG - Associação Médico-Espírita de Minas Gerais Editora, 2013. 251 p.

Armando Falconi Filho. *Perdão gera saúde*. Capivari-SP - Editora EME, 1ª edição, 2014. 224 p.

Augusto Cury. *Já é tempo de ter saúde emocional*. São Paulo-SP - Editora Escala, Revista Viva Saúde, edição 157, 2016, p. 72–73.

Bezerra de Menezes/André Luiz Ruiz. *Saúde do espírito*. Araras-SP: Instituto de Difusão Espírita (IDE), 2010. 128 p.

Bezerra de Menezes/José Carlos De Lucca. *Recados do meu coração*. São Paulo-SP - Intelítera Editora, 2010. 160 p..

Bruce H. Lipton. *A biologia da crença*. São Paulo-SP - Butterfly Editora, 2007. 255 p.

Cairbar Schutel. *A vida no outro mundo*. Matão-SP - Casa Editora O Clarim, (1ª ed. 1932), 8ª ed., 2014. 136 p.

Camille Flammarion. *O desconhecido e os problemas psíquicos* (vol.1). Rio de Janeiro-RJ - Federação Espírita Brasileira, 6ª ed., 2001. 245 p.

Claire Baumard. *Léon Denis na intimidade*. Rio de Janeiro-RJ - Celd, 1ª ed., 2011. 240p.

CLAUDIA FABIANA DE JESUS. *A relação do homem com o álcool.* Revista Grandes Temas do Conhecimento - Psicologia. São Paulo-SP - Mythos Editora, número 44, 2017.

DANIELA PATRÍCIA NOGUEIRA MOTA. *Importância dos ritmos circadianos na nutrição e metabolismo.* Monografia apresentada à Faculdade de Ciências da Nutrição e Alimentação, Universidade do Porto, Portugal, 2010.

DAVID E. ZIMERMAN. *Etimologia de termos psicanalíticos* [recurso eletrônico] /David E. Zimerman. - Dados eletrônicos. - Porto Alegre-RS - Artmed, 2012.

DIVALDO PEREIRA FRANCO, ORGANIZAÇÃO DE LUIZ FERNANDO LOPES. *Vivências do amor em família.* Salvador-BA - Leal, 1ª ed., 2017. 576 p.

DIVALDO PEREIRA FRANCO. *O Natal de Jesus.* Vídeo publicado por Interlítera Editora: interlitera.com.br; facebook.com/interlitera (acesso em 19/12/2016).

DJALMA SANTOS DA SILVA. *Os caminhos sombrios das drogas e a libertação do espírito.* Rio de Janeiro-RJ - Educandário Social Lar de Frei Luiz, 2013. 136 p.

DORA INCONTRI. *A educação segundo o espiritismo.* Bragança Paulista-SP - Editora Comenius, 2012. 269 p.

____________. *Para entender Kardec.* Bragança Paulista-SP - Editora Lachâtre, 2004. 136p.

EDGARD ARMOND. *O livre-arbítrio e textos selecionados.* São Paulo-SP - Editora Aliança, 3ª ed., 2017. 159 p.

EMMANUEL/CHICO XAVIER. *O Consolador.* Brasília-DF - Federação Espírita Brasileira, 29ª ed., 2013. 271 p.

____________. *O Evangelho por Emmanuel: Comentários ao Evangelho segundo Lucas.* Brasília-DF - Federação Espírita Brasileira, 2014.

ESPÍRITO LUCIANO/MARIA HELENA AZULAY. *A loucura tem cura.* Rio de Janeiro-RJ - FEIC, 2012. 168 p.

FELICITAS VOGT. *O vício tem muitas faces: por que o uso de drogas? Compreender, prevenir, tratar.* São Paulo-SP - Antroposófica - Ad Verbum Editorial, 2013. 135 p.

FRAN SMITH. *O cérebro viciado*. Revista *National Geographic*. São Paulo-SP - setembro, 2017.

GABRIEL DELANNE. *A reencarnação*. Rio de Janeiro-RJ - Federação Espírita Brasileira, 11ª edição, 1998. 311 p.

GABRIELA DI BELLA. *Uma nova chance*. Revista *National Geographic*. São Paulo-SP - setembro, 2017.

HAMMED/FRANCISCO DO ESPÍRITO SANTO NETO. *A busca do melhor*. Catanduva-SP - Instituto Beneficente Boa Nova, 2016. 175 p.

___________. *Renovando atitudes*. Catanduva, SP: Boa Nova Editora, 1997. 243 p.

INÁCIO FERREIRA. *Psiquiatria em face da reencarnação*. São Paulo-SP - Federação Espírita do Estado de São Paulo, 4ª edição, 1992. 117 p.

JANINE TARGINO. *Religião, espiritualidade e dependência química*. Revista Psicologia. São Paulo-SP - Mythos Editora, número 47, 2017.

JOANNA DE ÂNGELIS/DIVALDO PEREIRA FRANCO. *Após a tempestade*. Salvador-BA - Livraria Espírita Alvorada Editora. 59ª ed., 1974.

___________. *Autodescobrimento: uma busca interior*. Salvador-BA - Leal, 2014. (Edição comemorativa dos 25 anos da Série Psicológica Joanna de Ângelis, volume 6). 168 p.

___________. *Conflitos existenciais*. Salvador-BA - Leal, 2014. (Edição comemorativa dos 25 anos da Série Psicológica Joanna de Ângelis, volume 13). 240 p.

___________. *Desperte e seja feliz*. Salvador-BA - LEAL, 2014. (Edição comemorativa dos 25 anos da Série Psicológica Joanna de Ângelis, volume 7). 136 p.

___________. *Em busca da verdade*. Salvador-BA - Leal, 2014 (Edição comemorativa dos 25 anos da série psicológica Joanna de Ângelis, volume 15). 272 p.

___________. *Jesus e atualidade*. Salvador-BA - Leal, 2014. (Edição comemorativa dos 25 anos da Série Psicológica Joanna de Ângelis, volume 1). 92 p.

___________. *Jesus e o evangelho à luz da psicologia profunda*. Salvador-BA - Leal, 2014 (Edição comemorativa dos 25 anos da Série Psicológica Joanna de Ângelis, volume 11). 256 p.

___________. *Momentos de saúde e de consciência*. Salvador-BA - Leal, 2014. (Edição comemorativa dos 25 anos da Série Psicológica Joanna de Ângelis, volume 4). 175 p.

___________. *O despertar do espírito*. Salvador-BA - Leal,1ª ed., 2014. 212 p.

___________. *O homem integral*. Salvador-BA - Livraria Espírita Alvorada Editora, 2014. 172 p.

___________. *Plenitude*. Salvador-BA - Leal, 2014. (Edição comemorativa dos 25 anos da Série Psicológica Joanna de Ângelis, volume 3). 160 p.

___________. *Psicologia da gratidão*. Salvador-BA - Leal, 2014 (Edição comemorativa dos 25 anos da série psicológica Joanna de Ângelis, volume 16). 240 p.

___________. *Refletindo a alma: a psicologia espírita de Joanna de Ângelis*. Núcleo de Estudos Psicológicos Joanna de Ângelis. Salvador-BA - Livraria Espírita Alvorada Editora, 2. Ed. 2012. 440 p.

___________. *S.O.S Família*. Trecho publicado na revista Fidelidade Espírita. Campinas-SP - Centro de Estudos Espíritas Nosso Lar, edição 113, 2012.

___________. *Triunfo pessoal*. Salvador-BA - Leal, 2014. (Edição comemorativa dos 25 anos da Série Psicológica Joanna de Ângelis, volume 12). 185 p.

___________. *Vida feliz*. Salvador-BA - Leal (Livraria Espírita Alvorada Editora), 4ª ed., 1994.

___________. *Vida: desafios e soluções*. Salvador-BA - LEAL, 2014. (Edição comemorativa dos 25 anos da Série Psicológica Joanna de Ângelis, volume 8). 176 p.

José Carlos De Luca. *O médico Jesus*. São Paulo-SP - InteLítera Editora, 2010. 152 p.

José Herculano Pires. *Obsessão, o passe, a doutrinação*. São Paulo-SP - Editora Paideia, 10ª ed., 2009. 98 p.

José Roberto Mattos. *Precisamos respeitar o nosso templo.* Revista Cristã de Espiritismo. São Paulo-SP - Editora Minuano, ano 11, número 93.

Léon Denis. *Depois da morte.* Rio de Janeiro-RJ - Centro Espírita Léon Denis, 3ª edição, 2011. 417 p.

___________. *O porquê da vida.* Rio de Janeiro-RJ - Federação Espírita Brasileira, 16ª ed., 1991. 165 p.

___________. *O problema do ser, do destino e da dor.* Brasília-DF - Federação Espírita Brasileira, 2013. 374p.

Letícia Ronche. *O cigarro atrapalha a vida.* São Paulo-SP - Editora Escala, Revista Viva Saúde, edição 157, 2016, p. 50-52.

Lourdes Carolina Gagete. *O lado obscuro da alma – terapia de vidas passadas.* São Paulo-SP - Mundo Maior Editora, 1ª edição, 2009. 262 p.

Luiz Gonzaga Pinheiro. *O perispírito e suas modelações.* Capivari-SP - Editora EME, 15ª reimpressão, 2013. 352 p.

___________. *Suicídio – a falência da razão.* Capivari-SP - Editora EME, 1ª ed., 2018. 216 p.

Lynne McTaggart. *O campo – em busca da força secreta do Universo.* Tradução de Claudia Gerpe Duarte. Rio de Janeiro-RJ - Rocco, 2008. 335 p.

Manoel Philomeno de Miranda/Divaldo Pereira Franco. *Loucura e obsessão.* Brasília-DF - Federação Espírita Brasileira, 12ª ed., 2011.

___________. *Nas fronteiras da loucura.* Salvador-BA - Leal, 16ª ed., 2016. 320 p.

___________. *Perturbações espirituais.* Salvador-BA - Leal, 2015. 248 p.

Márcia Regina Colasante Salgado. *Saúde: perfeita harmonia da alma. In: Saúde e espiritismo – As conquistas de hoje para a medicina do futuro (Autores diversos).* São Paulo-SP - AME Brasil Editora, 2015. 341 p.

Marco Prisco/Divaldo Pereira Franco. Citado por Alessandro Viana de Paula. *Filhos e drogadição.* Tribuna do Espiritismo. Matão-SP: Instituto Cairbar Schutel e Associação Chico Xavier para Divulgação Espírita, número 41, fevereiro de 2017.

Marcos Pontes. *É possível! Como transformar seus sonhos em realidade.* São Paulo-SP - McHilliard Editora, 2ª ed., 2010. 367 p.

Marcus De Mario. *Educando o espírito imortal.* Jornal Tribuna do Espiritismo. Matão, Instituto Cairbar Schutel, ano 4, número 38, novembro de 2016.

Maria Aparecida Martins. *Conexão, uma nova visão da mediunidade.* São Paulo-SP - Centro de Estudos Vida & Consciência Editora Ltda., 4ª edição, 2006. 277 p.

Mauro Kwitko. *Como evoluir espiritualmente em um mundo de drogas.* Porto Alegre-RS - BesouroBox, 2011. 296 p.

Mauro Oliveira. *Metanoia – a expansão da consciência.* Celd - Revista de Estudos Espíritas. Rio de Janeiro-RJ - Centro Espírita Léon Denis, ano VII, edição 82, 2017.

Miramez/João Nunes Maia. *Saúde.* Belo Horizonte-MG - Editora Espírita Cristã Fonte Viva, 1984.

Moacir Costa de Araújo Lima. *Afinal, quem somos?* Porto Alegre-RS - AGE, 2006. 126 p.

Osvaldo Hely Moreira e outros. *Doenças ou transtornos espirituais?* Belo Horizonte-MG - AME Editora, Órgão da Associação Médico-Espírita de Minas Gerais, 2015. 187 p.

Paul Bodier e Henri Regnault. *Gabriel Delanne: sua vida, seu apostolado e sua obra.* Rio de Janeiro-RJ - Celd (Centro Espírita Léon Denis), 4ª ed. 2012. 145 p.

Paulo Cesar Fructuoso. *A face oculta da medicina.* Rio de Janeiro-RJ - Lar de Frei Luiz, 2ª ed., 2015. 301 p.

Pierre Weil, Jean-Yves Leloup, Roberto Crema. *Normose – a patologia da normalidade.* Petrópolis-RJ - Vozes, 2011.

Ricardo de Souza Cavalcante. *Devemos resgatar nosso significado existencial.* Botucatu-SP - O Caminho da Luz (Informativo oficial do Centro Espírita Caminho da Luz), ano VIII, número 54, nov./dez. de 2016.

ROBERTO BRÓLIO. *Psicologia da alma*. São Paulo-SP - FE Editora Jornalística, 1998. 174 p..

ROBERTO LÚCIO VIEIRA DE SOUZA E COLABORADORES. *Das patologias aos transtornos espirituais*. Belo Horizonte-MG - Editora INEDE, 3ª edição, 2008. 210 p.

ROGÉRIO MIGUEZ. *Juventude e independência*. Revista Internacional de Espiritismo: Matão-SP - setembro de 2016.

ROMÁRIO DE ARAÚJO MELLO. *Morte e renascimento*. Salto-SP: Schoba Editora, 2017. 648 p.

ROOS. *Revista Científica de Saúde, 1955*. Citado por Marcelo Pio de Almeida, Revista de Saúde Pública, 2003.

ROSEMARY SADALLA. *Atire a primeira flor*.

SANTO AGOSTINHO. *Confissões (Livro X)*. Corvilhão, Portugal: LusoSofia press, Universidade da Beira Interior. Tradução de Arnaldo do Espírito Santo, João Beato e Maria Cristina Castro-Maia de Sousa Pimentel. 2008.

VIANNA DE CARVALHO/DIVALDO PEREIRA FRANCO. *Espiritismo e vida*. Salvador-BA - Livraria Espírita Alvorada Editora, 2009. 192 p.

VITOR MANFIO. *Os dois lados das drogas*. Revista Segredos da Mente - Cérebro e Inconsciente. São Paulo-SP - Editora Alto Astral Ltda, ano 2, número 3, 2016.

WALDENIR A. CUIN. *O alcoolismo juvenill*. Revista Espírita Verdade e Luz. Algés, Portugal, ano 12, número 68, setembro/outubro 2016.

Xerxes PESSOA DE LUNA. *As drogas e suas implicações espirituais*. Reformador. Rio de Janeiro-RJ - FEB, março, 1998.

YVONNE DO AMARAL PEREIRA. *Memórias de um suicida*. Rio de Janeiro-RJ - Federação Espírita Brasileira, 21ª ed., 2000. 568 p.

Sites acessados:

Andrea Zuppini. www.microfisioterapiaabc.com.br (16/9/2016)

Associação Brasileira do Sono. *Cartilha do sono.* https://www.semanadosono.com.br/assets/cartilha_do_sono_2018.pdf

Caio F. Abreu. Negatividade. www.mensagens10.com.br/mensagem/11105

Chico Xavier. www.mensagemespirita.com.br/pensamento/chico-xavier/ad/527

Daniela Carasco. *Por que 56% das crianças querem ser um celular? Não parece, mas é sério.* https://estilo.uol.com.br (publicado em 28/11/2017).

epocanegocios.globo.com (acesso em 10/01/2017)

Fermín Apezteguia. *La mitad de los jóvenes com psicoses y esquizofrenia son consumidores de cannabis.* www.elcorreo, publicado em 23/4/2018.

Fernanda Dias. *Resultados revelam que a deficiência de BNDF pode levar a uma disfunção do músculo cardíaco em condições como treinamento de resistência.* https://oglobo.globo.com (publicado em 24/6/2014).

Frederico Eckschmidt. *A cultura do ecstasy e a busca do prazer sem limites.* www.jornalconceitosaude.com.br (acesso em 19/9/2016)

globoesporte.globo.com, acessado em 23/8/2016.

https://exame.abril.com.br (20/5/2017)

https://globoesporte.globo.com (10/12/2017)

https://oglobo.globo.com (10/01/2017). Matéria sobre pesquisa realizada na Inglaterra, por Martina Milburn e colaboradores, acerca dos efeitos do álcool sobre a ocorrência de câncer.

https://oglobo.globo.com (publicado em 17/3/2017)

https://panoramafarmaceutico.com.br (publicado em 22/2/2018).
https://pt.wikipedia.org/wiki/Droga_psicoativa
https://pt.wikipedia.org/wiki/irritabilidade (acesso em 17/4/2016).
https://pt.wikipedia.org/wiki/Nomofobia (30/11/2017)
https://pt.wikipedia.org/wiki/pseudo (acesso em 28/10/2016).
https://pt.wikipedia.org/wiki/psicologia_transpessoal (acesso em 12/7/2018).
https://sportv.globo.com (12/12/2017).
https://terra.com.br. Publicado em 23/9/2013.
https://wikipedia.org/wiki/Pedagogia (acesso em 25/3/2016)
https://www.cartacapital.com.br (acesso em 23/7/2018)
https://www.significados.com.br/dieta (acesso em 22/7/2018)
https://www.todabiologia.com (acesso em 4/9/2018)
Karila Patrícia. *Veja quatro problemas graves que sua tatuagem pode causar*. https://diariodebiologia.com. Acessado em 30/8/2018.
Lars Grimm. *Chronic alcohol abuse: complications and consequences*. Medscape Drugs & Diseases, http//reference.medscape.com.
Lúcio Follador. *Cabeça de lutador – a lesão cerebral crônica*. infosport.com.br (publicado em 19/9/2014).
Michel Fleith Otuki. *Atividade anti-inflamatória tópica de extratos e triterpenos isolados da Protium Kleinii*. Tese de Doutorado apresentada ao Curso de Pós-Graduação em Farmacologia, Universidade Federal de Santa Catarina, Centro de Ciências Biológicas, 2004. Consulta efetuada em https://repositório.ufsc.br
Neerav Desai. *Tattoing in adolecents and young adults*. (Literature Review current through july 2018). https://www.uptodate.com
oglobo.globo.com (22/7/2016)
Paula Louredo. *Relógio biológico*. https://www.brasilescola.uol.

com.br/biologia (acesso em 24/7/2018)

Psicoandressa.blogspot.com.br/2015/10/ego-segundo-jung.html

Renata Medeiros. *Tinta de tatuagem pode causar câncer, diz estudo.* https://segredosdomundo.r7.com. Acessado em 13/1/2017.

Revista Scientific Reports. *Por que tatuagens podem causar câncer?* https://noticiaalternativa.com.br. Publicado em 12/9/2017.

sportv.globo.com/site/combate (26/11/2017)

Sri Prem Baba. Blogspot.com.br/2016/06/a-ilusao-do-homem-capitalista.html

Tales de Mileto. A ti mesmo. https://outrocais.com/2013/-10/04/a-ti-mesmo

Thiago Borges de Aguiar. www.geher.fe.usp.br (acesso em 23/9/2016).

William Sanches. *Seja uma boa companhia para você mesmo.* Vídeo produzido por Criativos do Bem - Comunicação Social.

www.acasadoespiritismo.com.br/reformaintima/diretrizes/relacionamentosconflituosos.htm

www.belezaesaude.com/resveratrol (acesso em 15/12/2016)

www.dicionarioinformal.com.br

www.dicionarioinformal.com.br

www.globo.com (G1) (acesso em 15/12/2016).

www.mundoboaforma.com.br (acesso em 15/12/2016)

www.origemdapalavra.com.br/site/palavra/suicídio.

www.psicologiafree.com

www.significados.com.br (acesso em 28/10/2016).

Yann Arthus - Bertrand. *Home - nosso planeta, nossa casa.* Europa Filmes, documentário, 2009.

CONHEÇA SOBRE O MESMO TEMA:

Suicídio – a falência da razão

Luiz Gonzaga Pinheiro

Estudo • 14x21 cm • 216 pp.

Por qual razão alguém se acha com o direito de agredir a vida? Todo aquele que atenta contra a vida comete um crime brutal contra as leis de amor instituídas por Deus. Nesta obra, Luiz Gonzaga Pinheiro analisa o suicídio sob diversos aspectos, sempre tentando desconstruir a ideia da sua prática, enfatizando o erro fatal que é a sua realização.

Respostas espíritas

Donizete Pinheiro

Estudo • 14x21 • 224 pp.

Temas intrigantes como mortes coletivas, aborto, suicídio, céu e inferno, eutanásia, doação de órgãos e outras questões, num total de 60 capítulos serão amplamente comentados com a lógica que o estudo espírita proporciona.

Além disso esse material, tão bem elaborado pelo autor, será muito bem aproveitado se utilizado em cursos dentro das casas espíritas, cuja maior finalidade é lançar luz sobre os problemas humanos.

Leila, a filha de Charles

Denise Corrêa de Macedo • Arnold de Numiers (espírito)

Romance mediúnico • 16x22,5 cm • 272 pp.

A história de Leila, arrebatadora e emocionante, revela todo o drama vivenciado por aqueles que se entregam ao suicídio, seja de forma consciente ou inconsciente, fugindo da vida e das responsabilidades assumidas, julgando assim se livrar de suas dores e sofrimentos.

CONHEÇA TAMBÉM

Peça e receba – o Universo conspira a seu favor
José Lázaro Boberg
Estudo • 16x22,5 cm • 248 pp.

José Lázaro Boberg reflete sobre a força do pensamento, com base nos estudos desenvolvidos pelos físicos quânticos, que trouxeram um volume extraordinário de ensinamentos a respeito da capacidade que cada ser tem de construir sua própria vida, amparando-se nas Leis do Universo.

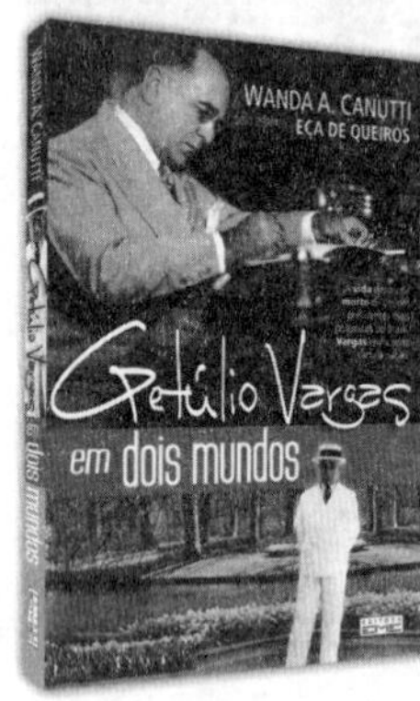

Getúlio Vargas em dois mundos
Wanda A. Canutti • Eça de Queirós (espírito)
Romance mediúnico • 16x22,5 cm • 344 pp.

Getúlio Vargas realmente suicidou-se? Como foi sua recepção no mundo espiritual? Qual o conteúdo da nova carta à nação, escrita após sua desencarnação? Saiba as respostas para estas e outras perguntas, agora em uma nova edição, com nova capa, novo formato e novo projeto gráfico.

A vingança do judeu
Vera Kryzhanovskaia • J. W. Rochester (espírito)
Romance mediúnico • 16x22,5 cm • 424 pp.

O clássico romance de Rochester agora pela EME, com nova tradução, retrata em cativante história de amor e ódio, os terríveis fatos causados pelos preconceitos de raça, classe social e fortuna e mostra ao leitor a influência benéfica exercida pelo espiritismo sobre a sociedade.

Não encontrando os livros da EME na livraria de sua preferência,
solicite o endereço de nosso distribuidor mais próximo de você através de
Fones: (19) 3491-7000 / 3491-5449
(claro) 9 9317-2800 (vivo) 9 9983-2575
E-mail: vendas@editoraeme.com.br – Site: www.editoraeme.com.br